SON CUENTOS

Antología del relato breve español, 1975-1993

LITERATURA / CONTEMPORÁNEOS

ESPASA CALPE

FERNANDO VALLS, ed.

SON CUENTOS

Antología del relato breve español, 1975-1993

COLECCIÓN AUSTRAL

ESPASA CALPE

COLECCIÓN AUSTRAL
LITERATURA/CONTEMPORÁNEOS

Asesor: Víctor García de la Concha

Director Editorial: Javier de Juan
Director Literario: Manuel Rodríguez Rivero
Editora: Celia Torroja

Maqueta de cubierta: Toño Rodríguez/INDIGO, S. C.
Ilustración cubierta y contracubierta: Fuencisla del Amo y Francisco Solé
—

Depósito legal: M. 29.960—1993

ISBN 84—239—7326—3

Impreso en España/Printed in Spain
Impresión: UNIGRAF, S. L.

Editorial Espasa Calpe, S. A.
Carretera de Irún, km. 12,200. 28049 Madrid

ÍNDICE

ANTOLOGÍA DEL RELATO BREVE ESPAÑOL,
1975-1993

EL RENACIMIENTO DEL CUENTO EN ESPAÑA
(1975-1993)[1]

Para Manolo Longares y Robert Saladrigas,
por su confianza y generosidad.

Cuando se intenta trazar una panorámica como ésta, referida a un tema tan poco estudiado como cercano a nosotros, surgen infinitas dificultades, y muchas de ellas insalvables[2]. Sentada esta importante premisa, vamos a intentar esbozar los rasgos característicos de lo que pudiéramos llamar la espina dorsal del cuento español en estos últimos años, deteniéndonos en los autores, títulos, antologías y colecciones que nos parecen más representativos. Y queremos empezar insistiendo en lo que ya indicamos en el título: que, beneficiándose de un mercado editorial más dinámico y atractivo, se ha producido durante estos últimos años un renacimiento del cuento literario en España, sobre todo si tenemos en cuenta la situación anterior, los decenios de los sesenta y los setenta. Pero como no queremos que se nos tache de

---

[1] En estas páginas, corrijo y amplío, considerablemente, el trabajo publicado en *Lucanor*, 6, septiembre de 1991, págs. 27-42.

[2] Véase ahora el citado número de *Lucanor*, dedicado a «El cuento en España. 1975-1990», y la tesis de licenciatura de Nuria Carrillo, *El cuento español en la década de los 80: catalogación y estudio,* Universidad de Valladolid, diciembre de 1990, que sentimos no haber podido consultar.

triunfalistas, también nos gustaría empezar afirmando que el género anda aún muy lejos de hallarse en una situación de normalidad, aunque empieza a dejar de ser considerado caza menor. Los testimonios, a favor y en contra de esta opinión, son muchos y variados, y el lector curioso que hojee la bibliografía encontrará ideas para todos los gustos[3].

Siempre había tenido el cuento cultivadores en nuestro país, existe de hecho una cierta tradición, pero más bien se ha cultivado el relato realista y costumbrista y muy poco lo que podemos denominar como *cuento literario moderno*, aquel que nace con E. A. Poe y tiene su último gran cultivador y teorizador, en castellano, en Cortázar.

El término *cuento* surge, según Baquero Goyanes[4], en 1870, aunque entonces designaba únicamente a los relatos de tradición oral. Su consolidación como género está estrechamente vinculada al resurgimiento, en esas últimas décadas del siglo, de la prensa y de las revistas que los recogían, como recordaba *Clarín* en un *palique* del 3 de agosto de 1892[5]. Como vemos, ya desde sus orígenes el género ha ido arrastrando unos singulares e

---

[3]   Los juicios más pesimistas suelen provenir de autores que siguen cultivando el cuento costumbrista o realista, tendencia que imperó entre nosotros casi hasta finales de los setenta, sobreviviendo incluso a la novela. No deja de ser sorprendente —es un decir— que el cuento —campo de experimentación por excelencia; piénsese, por ejemplo, en la fértil tradición hispanoamericana— haya sido en España el género de trayectoria más conservadora y donde más tarde se ha producido la evolución temática y técnica. Véase más adelante el juicio de Andrés Amorós.

[4]   No sabemos si es necesario recordar la importancia de los trabajos que el profesor Baquero Goyanes dedicó al género. Ahora, por suerte, volvemos a disponer de ediciones asequibles: *Qué es la novela. Qué es el cuento,* Universidad de Murcia, Murcia, 1988. Estudio preliminar de F. J. Díez de Revenga (1.ª ed., 1967), y *El cuento español: del Romanticismo al Realismo,* C.S.I.C., Madrid, 1992. Ed. revisada por Ana L. Baquero Escudero (1.ª 1949).

[5]   *Palique,* Labor (*Textos hispánicos modernos,* 26), Barcelona, 1973, págs. 92-95. Ed. de J. M.ª Martínez Cachero.

importantes problemas de denominación, debido a la ambigüedad y la inexactitud de su nombre en castellano. E incluso —y no deja de ser chocante— el término que define a sus cultivadores, *cuentista*, tiene un claro matiz peyorativo en nuestra lengua[6].

---

[6]   Buena prueba de que el asunto ha preocupado a los escritores actuales son los varios ejemplos, más o menos recientes, que vamos a traer a colación. Cela, en 1970, les decía a F. Tola de Habich y a P. Grieve (*Los españoles y el boom*, Tiempo Nuevo, Caracas, 1971, pág. 94), y se quedaba tan pancho, que «la diferencia entre novela y cuento sólo está en el tamaño. Una novela ha crecido y un cuento no. Después empieza allí a divagar... No hay más que el tamaño: si es pequeño es cuento; si es grande, novela. Lo demás son ganas de hablar». Unos años después, Juan Benet («Prólogo a la segunda edición», *Cuentos completos*, Alianza, Madrid, 1977, pág. 8) se quejaba de que seguramente «en fecha no lejana cualquier estudioso o comentarista nos vendrá a explicar, de manera tan concluyente como insatisfactoria, cuál es la diferencia entre novela corta y cuento». Fernando Quiñones («Basta de cuentos», *Las Nuevas Letras*, 8, 1988, pág. 67), por su parte, abogaba por la erradicación de términos minusvalorados, como *cuento* y *cuentista*, y su sustitución por *relato, narración* y *narrador*, y afirmaba que mejoraría tanto su proyección pública como su producción editorial. Pero no creemos que con los cambios que propone Quiñones solucionáramos el problema, pues relato y narración se emplean en castellano como sinónimos de novela y el término narrador también se utiliza para designar a quien escribe novelas. Sobre sus dimensiones, Álvaro Pombo, que ya había señalado una curiosa distinción entre cuento y relato («Una debilidad literaria», *Cambio 16*, 819, 10 de agosto de 1987, págs. 64-66), afirma que «un cuento deja de ser un cuento si pasa de diez folios» («Notas en torno al cuento», *Lucanor*, 6 de septiembre de 1991, pág. 160), sin más aclaraciones. Y José María Merino («El cuento: narración pura», *Ínsula*, 495, febrero de 1988, pág. 21) recordaba que «durante los años en que, pudiera decirse, se formó mi "conciencia literaria", el término cuento se aplicaba solamente a las fábulas, orales o escritas, que se consideraban apropiadas para el entretenimiento de los niños y de las gentes ingenuas. Las ficciones literarias de corta extensión, propias de la lectura adulta y del interés de las gentes que se suponían cultas, eran denominadas relatos (...). La actual tendencia a denominar indistintamente *cuentos* o *relatos* a las historias cortas destinadas al público adulto, indica claramente un cambio de actitud hacia la estructura y el contenido de los productos del género». Véase también: Jean Dupont, «Notes sur l'ambiguïte des termes "cuento" et de "novela corta"», *Mélanges à la mémoire d'André Joucla-Ruau*, Université de Provence, 1978,

Quizá los ejemplos en los que se miraron los actuales cultivadores del cuento, al comenzar su trayectoria narrativa, fueron los autores del llamado grupo de los cincuenta, que a lo largo de estos años han ido recogiendo sus cuentos completos en *El libro de bolsillo* de Alianza Editorial[7], y los escritores hispanoamericanos, que tuvieron una importantísima presencia en nuestro país, sobre todo a partir de los sesenta, cuando se produjo el llamado *boom*. A los libros de García Márquez, Cortázar, Vargas Llosa o Carlos Fuentes hay que sumar los de autores de generaciones anteriores, que nosotros —al calor del éxito de los más jóvenes— recibimos y leímos simultáneamente: Borges, Juan Rulfo, Felisberto Hernández, Alejo Carpentier, etc.[8]. El ejemplo de estos au-

---

v. II, págs. 655-670; Enrique Anderson Imbert, *Teoría y técnica del cuento*, Ariel, Barcelona, 1992 (1.ª ed., 1979); Nicasio Perera San Martín, «Elementos teóricos para la distinción entre cuento y relato», *Nueva Estafeta*, 21-22, agosto-septiembre de 1980, págs. 192-197, y Antonio-José Rioja Murga, «Vindicación del término cuento», *Lucanor*, 9 de mayo de 1993, págs. 49-53.

[7]   Ignacio Aldecoa (1973), Juan Benet (1977), Jesús Fernández Santos y Carmen Martín Gaite (1978), Juan García Hortelano (1979, ampliada en 1992), Antonio Ferres (1983), Fernando Quiñones (1987), Daniel Sueiro (1988), Jesús López Pacheco (1989) y Medardo Fraile (1991).

[8]   Recordar, por ejemplo, aunque las primeras ediciones suelen ser anteriores, que los cuentos de García Márquez, *Los funerales de la Mamá Grande*, que publicó la colección *Índice* de la editorial Sudamericana, nos llegaron en los últimos sesenta; *El libro de bolsillo* de Alianza publicó los tres volúmenes que contienen *Los relatos* de Cortázar en 1976, aunque antes, en 1971, la difundidísima *Biblioteca Básica Salvat*, en la que seguramente muchos españoles se aficionaron a la lectura, había publicado una antología: *La isla a mediodía y otros relatos;* en esa misma colección, un año antes, apareció *Los cachorros. El desafío. Día domingo*, de Vargas Llosa, y en 1971 Barral Editores publicó *Los jefes; Cuerpos y ofrendas*, de Carlos Fuentes, también pasó a formar parte del catálogo de Alianza, en 1972, y *Chac Mool y otros cuentos* apareció en la *Biblioteca General Salvat*, en 1973. O sea, que estos cuatro grandes cuentistas hispanoamericanos del llamado *boom* gozaron en España de la máxima difusión, si tenemos en cuenta las populares y prestigiosas colecciones en las que aparecieron sus libros. Sus antecesores corrieron similar fortuna: así, *El Aleph* y *Ficciones* de

tores supone, como decimos, un precedente importante y un modelo (no sólo en cuanto a la actitud y dedicación, sino también y sobre todo por la moderna concepción del género, como adecuado campo para la experimentación y la fantasía, por el uso que hacen del lenguaje, el tono y la estructura narrativa), pues muestran —si es que hacía falta— que el cuento en castellano se cultiva con la máxima calidad y que lectores y editores están interesados en él.

1973 es un año significativo que podemos escoger como punto de partida. En esa fecha, Jorge Campos[9] repite una queja que volveremos a oír con frecuencia: «El cuento sigue siendo entre nosotros —en España— un ser menor de la flora literaria... Las revistas ilustradas de gran público no acogen cuentos en sus páginas. Los libreros son igualmente hostiles a estos huéspedes de los que dicen no interesan al público. El cuentista... no ha logrado alcanzar la medida de su quehacer.» Pero también durante ese año, Luis Mateo Díez, uno de los grandes cultivadores del género en estos años, publicaba su primer libro de cuentos: *Memorial de hierbas*. Su último volumen de relatos, *Brasas de agosto* (1989), vale como una antología de sus piezas, de las cuales nueve ya

---

Borges aparecieron en *El libro de bolsillo* de Alianza en 1971; *El llano en llamas* de Juan Rulfo lo publicó Planeta en 1969; *Las hortensias* y *La casa inundada* de Felisberto Hernández llevan fecha de 1974 y 1975, respectivamente, en el catálogo de Lumen; *Guerra del tiempo* de Alejo Carpentier en Barral en 1973, y las *Historias de amor* y las *Historias fantásticas* de Bioy Casares, en 1975 y 1976, respectivamente, en *El libro de bolsillo* de Alianza. Véase también: Fernando Tola de Habich y Patricia Grieve, *op. cit.;* José Donoso, *Historia personal del boom*, Anagrama, Barcelona, 1972; Jorge Campos, «Divagaciones desde España en torno al cuento hispanoamericano», en E. Pupo-Walker, ed., *El cuento hispanoamericano ante la crítica*, Castalia, Madrid, 1973, págs. 371-383, y José Antonio Fortes, «La novela hispanoamericana en España. Apunte bibliográfico, años setenta», *Novelas para la transición política*, Libertarias, Madrid, 1987, págs. 43-50.

[9] *Op. cit.*, pág. 371.

estaban en aquel primer libro. En *Brasas de agosto*, pues, reconstruye el autor su propia historia literaria, ya que encontramos en estos relatos un cierto patrimonio embrionario de toda su narrativa, un fuerte sustrato de realidad, compaginable con algunas persistentes alteraciones que derivan hacia el simbolismo y el esperpento.

«Durante muchos años —ha escrito L. M. Díez—, tuve la convicción de que el cuento era mi único destino como escritor»[10]. Y no deja de ser curiosa esta declaración en un país en el que el cuento, hasta hace bien poco, no interesaba demasiado. En *Brasas de agosto* hay dos relatos que nos parecen excepcionales. Uno es «Albanito, amigo mío», en el que Braulio, desde el asilo en el que transcurre su vejez, nos cuenta la historia de Albanito Montero, un hombre minado por una vida desgraciada, el duro trabajo y las enfermedades, al que por caridad, por cariño, cosió a navajazos. El otro es BRASAS DE AGOSTO[11], y narra la historia de los amores y fuga de Elvira con su padre espiritual, don Severino, y cómo el tiempo y la vida los derrota. Pero también se nos muestra en este relato la imposibilidad de recuperar un amor y un tiempo perdido. El protagonista es un personaje que apostó fuerte y acabó con la vida frustrada, sin solución, pues tras separarse de Elvira su existencia se convirtió en anodina, gris, con el único objetivo de recordar la felicidad vivida. Casi todos los personajes que aparecen en el libro son perdedores, gentes con la vida frustrada, sin solución, como suele ser frecuente en el género.

Un misterioso pasado que se acaba desvelando, lo absurdo y grotesco de algunas situaciones de la vida cotidiana, la muerte (presente en los finales de varios de estos cuentos), la revelación de un trágico secreto, la

---

[10] «Contar algo del cuento», *Ínsula*, XLIII, 495, febrero de 1988, pág. 22. Ahora, en *El porvenir de la ficción*, Caballo Griego para la Poesía, Madrid, 1992, págs. 63-66.

[11] Citamos en versalitas los cuentos que incluimos en la antología.

impotencia ante la pérdida de la vida, el apego a la tierra, la imposibilidad de recuperar un antiguo amor, la memoria y la melancolía, son algunos de los temas de estos relatos, escritos en una lengua rica, llena de matices y de inflexiones. Todos ellos creo que tienen un alto nivel medio de calidad, cada uno en su registro peculiar, pues la variedad de tonos y motivos es otra de las características de esta recopilación. L. M. Díez cultiva, enriqueciéndola ostensiblemente, unas vetas del realismo que, tras el auge del experimentalismo en los últimos sesenta y primeros setenta, parecían más que agotadas. En la primera parte de su último libro, *Los males menores* (1993), persiste el tono de sus anteriores cuentos; pero en la segunda, que da título al volumen, compuesta por *cuentos mínimos*, ensaya una nueva manera de narrar, en la línea de Gómez de la Serna, Cortázar o Monterroso, en la que brilla el ingenio, el humor y la sorpresa.

Juan Pedro Aparicio publica en 1975 *El origen del mono y otros relatos*[12], que podríamos caracterizar por la utilización de un realismo distorsionado, mediante la ironía y el humor, bordeando a veces la fantasía. Su temática son los sueños imposibles del hombre sobre la vida y la muerte, la violencia, la intolerancia, etc. Para Aparicio, un buen cuento «ha de estar siempre listo para zarpar y ha de ser capaz de llegar a su destino en seguida y sin desvíos»[13]. Buen ejemplo es SANTA BÁRBARA BENDITA, que hasta ahora no había sido incluido en un libro. En sus páginas, el narrador recuerda sus años de estudiante universitario en Oviedo, durante los sesenta, donde compartió habitación con un singular compañero, Miguel Mirantes Marbella, que en sus sueños de libertad creía oír cada noche cantar a los mineros cuando se encamina-

---

[12]   En 1989 la editorial Destino rescató este libro, ahora titulado *Cuentos del origen del mono,* que aparece corregido y con importantes alteraciones.

[13]   «La navegación del cuento», *Ínsula,* XLIII, 495, febrero de 1988, pág. 23.

ban a su trabajo: «los heroicos hombres del camión, aquellos que con su empuje y valentía eran los únicos capaces de poner en jaque al régimen del general Franco».

En ese mismo año de 1975, Gonzalo Sobejano y Gary D. Keller editan en Nueva York una antología, excelente muestra del relato español a lo largo del siglo XX, que lleva por título *Cuentos españoles concertados. De Clarín a Benet*. En el prólogo, aclara Sobejano las características del cuento moderno, en contraposición al fabulístico anterior, resaltando «su condición *partitiva*: su capacidad para revelar en una parte la totalidad a la que alude», y en «la expansión del cuento como impresión, fragmento, escena, testimonio». Y todo ello como producto de su acercamiento a los presupuestos y fines de la novela: «descubrir cómo la conciencia experimenta el mundo y se experimenta a sí misma».

En 1977, entre otros libros de cuentos, aparecen los *Relatos sobre la falta de sustancia*, de Álvaro Pombo, y los *Cuentos del tiempo de nunca acabar*, de Vicente Soto, libro que E. Pupo-Walker calificó de «excepcional»[14]. En los relatos de Pombo encontramos en embrión los temas fundamentales de su ciclo sobre la falta de sustancia, compuesto por sus cinco primeras obras narrativas. Con estos relatos, como ha señalado Juan Antonio Masoliver[15], regresa Pombo a la descarnada escritura unamuniana en una visión filosófica y fatigadamente pesimista de la vida a través de lo más mezquino de nuestra existencia, desdramatiza los temas esenciales e indaga en lo más mínimo para descubrir en todo la insustancialidad igualadora. En TÍO EDUARDO se nos cuenta cómo el protagonista vive la última ilusión de su vida, el descubrimiento durante unos días de verano de su amor por Ignacio, su joven sobrino de diecinueve años, y la definitiva asunción de uno de los aspectos im-

---

[14] «Indicios de una plenitud: notas sobre el cuento español y un libro de Ricardo Doménech», *Ínsula*, 394, septiembre de 1979, pág. 4.

[15] «Álvaro Pombo: los oscuros símbolos de la insustancialidad», *El País*, 14 de mayo de 1978.

portantes de su personalidad, la homosexualidad. Éste es un relato protagonizado por antihéroes que viven pasiones humildes y cultivan delitos insignificantes —por usar el lenguaje del autor— para sólo rozar levemente la felicidad. Pero lo que salva la narración, que como es frecuente en Pombo está aderezada con tropezones de filosofía, es ese peculiar uso que el autor hace del lenguaje, siempre al servicio de lo que quiere contar, su humor soterrado y esa distancia crítica que adopta el narrador.

Todavía en 1978, Andrés Amorós calificaba el cuento como «cenicienta de nuestras letras»; y añadía: «Cualquiera que participe, como jurado, en un premio literario de cuentos, suele asombrarse del bajo nivel de la mayoría de los presentados (…). Muchos de los que concurren a concursos no parecen haber asimilado la revolución técnica que se ha producido en nuestro siglo en el arte de narrar»[16]. Y un año después Manuel Durán y E. Pupo-Walker se quejaban del encasillamiento en que se hallaba el género. Quejas que se han venido repitiendo, aunque cada vez con menos razón de ser, hasta nuestros días.

Por todo ello, 1980 es un año importante, porque en esa fecha se publica *Mi hermana Elba*, de Cristina Fernández Cubas, y *Largo noviembre de Madrid*, de Juan Eduardo Zúñiga, dos libros verdaderamente significativos. Cuando, tras un largo peregrinar por diversas editoriales, apareció el primer libro de cuentos de la escritora catalana, fue recibido con sorpresa y admiración, pero sobre todo les proporcionó a algunos de sus colegas (Enrique Murillo, Enrique Vila-Matas, Ignacio Martínez de Pisón, etc.)[17] un modelo a seguir, reinaugurando

---

[16]   «Fernández Santos o el arte de contar», *Literatura y Filología*, Fundación Juan March, Madrid, 60, mayo de 1987.
[17]   En 1987, en una tertulia que capitaneaba el profesor Rico en la Universidad Autónoma de Barcelona, Cristina Fernández Cubas afirmó, refiriéndose a E. Murillo e I. Martínez de Pisón, que compartían mesa con ella: «Nuestros cuentos, sin parecerse, tienen elementos en común, como la atmósfera, esas líneas que separan el más allá y el aquí, la locura de la vida cotidiana…» Véase en la Bibliografía los sa-

en nuestro país —aunque no en lengua española— una tradición, la que va de Poe a Cortázar, y sirviendo de acicate para el cultivo de un género poco prestigiado, en esos momentos, entre los editores, la crítica y el público lector. En aquellos relatos de su primer libro, como en los que después formaron parte de *Los altillos de Brumal* (1983), predominaba lo insinuado sobre lo constatado, en una realidad que tenía no sólo aspectos visibles, sino también otros inquietantes e inexplicables. Imperaba la reflexión, el anhelo de conocer a los demás, la indagación en el auténtico ser del otro, partiendo a menudo de una situación *normal* en la que un elemento extraño, fantástico, desencadenaba la acción. Pero ya en «La noche de Jezabel», el último cuento del libro de 1983, anunciaba los nuevos rumbos que tomarían sus relatos, por medio del personaje de Arganza, que «había conseguido arrinconar lo inexplicable en favor de un simple, común y cotidiano drama rural». Este abandono de lo sobrenatural lo podemos constatar en *El ángulo del horror* (1990), su último libro. En sus páginas, el horror —«esa sensación viscosa mucho más imprecisa que la pura y simple situación terrorífica», como lo ha definido la autora— lo hallamos ya en la vida cotidiana. Por ejemplo, al descubrir una nueva, insólita y horrorosa visión de las cosas y de los seres queridos. Visión que, en el cuento que da título al libro, tiene visos de ser contagiosa. En «Helicón», el instrumento es el causante de todos los desafueros que le ocurren al protagonista, quizá porque todavía hoy la imaginación, la inspiración, sigue siendo la loca de la casa. Pero en este relato también utiliza la autora el tema del doble y el problema de las relaciones de dependencia, que volveremos a hallar en «El legado del abuelo». Ésta es una historia de familia, pero también un cuento sobre la verdad y la mentira,

---

gaces prólogos de Enrique Murillo a las ediciones, en el Círculo de Lectores, de los relatos de Cristina Fernández Cubas, Soledad Puértolas, Vila-Matas y Martínez de Pisón.

sobre la ambición y la soledad, sobre la infancia, la madurez y la vejez, en el que el punto de vista del narrador, un niño de ocho años, y el contraste entre su percepción del mundo y la de sus mayores, se convierte en elemento primordial del relato. Al crecer el narrador, la historia se va enriqueciendo no sólo con nuevos datos, sino también con una explicación más compleja del pasado. En «La Flor de España», que cierra el volumen, una lectora de español en «el país del frío» decide quedarse allí a vivir, cuando ya había pensado abandonarlo, al ir conociendo los filos ocultos de la tupida red de complejas relaciones que se cruzan entre los en principio anodinos y tópicos personajes, algunas de las cuales ella misma ayuda a desencadenar. En LA VENTANA DEL JARDÍN, que formaba parte de su primer libro, en una atmósfera de inquietud y de duda, chocan dos realidades, dos códigos de signos, la del narrador y la de los Albert, que viven aislados en el campo. Técnicamente, lo más interesante de este relato es que rompe con el clásico final sorpresivo, pues en las últimas líneas, más que resolverse el enigma, se añaden a él nuevos interrogantes.

No menos significativo es el caso de ese escritor casi secreto que es Juan Eduardo Zúñiga. Su primer libro de éxito fue *Largo noviembre de Madrid*. Estaba compuesto por dieciséis cuentos en los que, sobre el fondo de la guerra civil, o sea, en una situación límite, el autor nos muestra —entre el realismo y la fantasía— los problemas habituales, los de la vida cotidiana, pero también los secretos del alma del ser humano: el egoísmo, el miedo, el hambre, la desolación, el recuerdo, las pasiones... En 1989 apareció su segundo libro de relatos: *La tierra será un paraíso*. En los ocho cuentos que componen el volumen, la lengua alcanza la tensión precisa para mostrarnos las vidas de unos personajes cuyo pensamiento, el anhelo de un paraíso imposible, nos presenta el autor como lleno de recovecos y matices. En estos dos libros de relatos hallamos, tanto temática como técnicamente, un claro ejemplo de lo que pudo y debió ser la narrativa española del realismo crítico. Leyendo estos cuentos podemos observar cuáles fueron las graves carencias literarias de aquélla.

En «Las ilusiones: el Cerro de las balas» se nos cuenta cómo, en los primeros años de posguerra, un grupo de amigos (Javier, Luis y el narrador), antiguos republicanos, se movilizan para intentar encontrar a un médico búlgaro, el desaparecido doctor Stoiánov, miembro del batallón Dimitrov de las Brigadas Internacionales. En ese tiempo, en el que cualquier idea de libertad y progreso era perseguida, en el que —como afirma el narrador— se hallan «huérfanos en una sociedad que nos había rechazado y negado todo afecto», ellos encuentran el sentido de su existencia en esa búsqueda, que los mantiene ocupados y los vuelve a poner en contacto con sus antiguos camaradas; en la fascinación que siente el narrador por una hermosa gitana («la necesidad de mujer era apremiante»), símbolo quizá del país sometido, de anhelos insatisfechos («su figura, pobre, descuidada, con vestidos harapientos pero hondamente atractiva la expresión del rostro y las proporciones del cuerpo»); y en la posibilidad de huir del país y reorganizar la vida en Francia. Vagan por Madrid, como «los consagrados a la vana quimera de aspirar a ciudades inventadas y a mujeres forjadas no de carne sino de meras palabras», y se reúnen a charlar, aislados, donde nadie los puede oír, en la cumbre del Cerro de las balas, alimentando quimeras y tratando de establecer un acuerdo de supervivencia.

Adela es la protagonista de «Antiguas pasiones inmutables». Ella, una chica del callejón, casual depositaria de una caja con valiosos documentos (de los que acaba desprendiéndose, como el que se desprende de un incómodo pasado), había admirado de niña el chalé de Reyes Sobrino, que le parecía «un palacio de ensueño», donde tras la guerra consigue entrar a trabajar. El cuento narra cómo Adela intenta dignificarse socialmente mediante la relación erótica que mantiene con su señorito, herido en la guerra y a cuya familia le han dado el paseo, y cómo ambos se enfrentan y viven de distinta forma el amor, la muerte, la ambición y el recuerdo de la guerra.

Un grupo de soñadores teósofos, en busca de un maestro que los guíe, son los protagonistas de «Camino del Tíbet». Puesto que todo se ha perdido, sólo les queda la esperanza, la capacidad de soñar, la utopía y el recuerdo de creencias y costumbres remotas. Pero don Ernesto, el maestro buscado, acaba de morir, quizá porque sólo fue un sueño. Y así la montaña de la realidad se les acaba haciendo inaccesible. En «Sueños después de la derrota», Carlitos, teniente durante la guerra, durante la cual lo abandonó su mujer, y ahora limpiabotas, vuelve a conectar con sus antiguos compañeros para seguir luchando y llegar a alcanzar una vida mejor, para «que la tierra sea un paraíso». Un tema recurrente en todos estos relatos es que sólo «la ilusión hace sentirse grandes a los que nada son», como leemos en «La dignidad, los papeles, el olvido», donde hallamos unos personajes «ensombrecidos por todo lo pasado y [que] se negaban a ser aliados del oprobio». En «Interminable espera» un hombre reflexiona sobre un posible futuro mejor, sueña con una huelga general, con que la historia les haga justicia, «aquella utopía era lo único que les compensaba», mientras espera en una oficina de Correos a una mujer, que no acaba de llegar, y que debe recoger un paquete de octavillas. En «El último día del mundo» tres muchachos espían a unos seres, vencidos en la guerra, que mientras esperan que derriben el chalé que habitan, y para olvidar el triste pasado, se dedican a «hacer nada más que aquello que les agradaba»: fiestas, banquetes, orgías, juegos de amor... Zúñiga, en resumen, traza en estos cuentos una épica de la militancia clandestina en los primeros años del franquismo. Son las vidas de unos hombres que, en un ambiente tan adverso, sólo pretenden seguir conservando ciertas esperanzas, que sólo encuentran en las ilusiones que se van forjando. El sexo, el compañerismo, la soledad, el secreto, desempeñan un papel importante en estos relatos sobre los vencidos.

A diferencia de en estos dos libros, en *Misterios de las noches y los días* (1992) impera lo simbólico, alegórico y fantástico. Sus antecedentes, sus modelos, podríamos hallarlos en las leyendas del romanticismo, pero también en esos motivos que los surrealistas —tras los trabajos de Freud y de la escuela sicoanalítica— rescataron de este movimiento artístico del siglo XIX. De esta fecunda tradición toma los temas sobre los que se articulan todas las piezas: la soledad, el amor y la muerte. No son estos cuentos, no obstante, un mero ejercicio de especulación imaginativa. El autor utiliza la retórica, los motivos, la imaginería y la ambientación del romanticismo fantástico (jardines, palacios, gitanos, música, embrujos, pesadillas, visiones, ángeles, cruces, estatuas...) para desvelar diversos aspectos de la compleja existencia humana, yendo siempre más allá de lo evidente. Así, las presencias inexplicables, la aparición de muertos o la humanización de lo inanimado valen para mostrarnos el poder, la fuerza y la persistencia de sentimientos como el odio, el orgullo, la venganza, la angustia, el amor, los celos o el deseo, incluso más allá de la muerte. Pero también para hacer una defensa de la libertad y de la justicia, del amor y del goce del placer, pues —como el mismo Zúñiga escribe en *El anillo de Pushkin*[18]— «sólo los que pueden crear con su imaginación una vida más noble, sienten nostalgia de ella».

En todos estos relatos, que poseen los elementos y la cadencia de aquellos que nuestros abuelos se contaban al calor de la lumbre, el destino se cumple inexorablemente y las culpas se acaban pagando, pues en ellos han desaparecido las fronteras entre la vida y la muerte, entre lo vivido y lo soñado. Los aires de leyenda, el tono, a

---

[18] Alfaguara, Madrid, 1992, pág. 146.

veces poemático, contribuye a que tengamos esa sensación.

Pero también 1980 es una fecha significativa porque en ella diversos autores que habían cultivado el realismo, el realismo crítico, empiezan a evolucionar con sus nuevos libros hacia un estilo más depurado y una visión más compleja de la realidad. Así, Ricardo Doménech, con su nuevo libro, *La pirámide de Khéops*, deriva hacia un realismo más simbólico; Fernando Quiñones, en *Nos han dejado solos*, sostiene su visión crítica de la realidad sobre la creatividad verbal, y Jorge Ferrer-Vidal, con «El cuadro», con el que obtiene el premio Hucha de Oro de 1982, un relato muy representativo de su estilo, influido por los clásicos españoles (Quevedo, Cervantes, etcétera), evoluciona del realismo social al intimismo[19], o años más tarde Ramón Gil Novales, con *El sabor del viento* (1988). Gran parte de los protagonistas de estos cuentos del autor aragonés se caracterizan por ser seres solitarios, ensimismados, sorprendidos por una realidad que les viene demasiado grande, que los supera. Todo esto nos lleva a reflexionar sobre la condición humana y el casi siempre azaroso destino del hombre, sometido a leyes y fuerzas que no puede controlar, pues a menudo tiempo e identidad se alteran y subvierten. Todo en estos relatos está dispuesto para que un elemento surta efecto en el desenlace, aunque a veces, como en «Señales», el final sorpresivo ya venga anunciado de antemano. Quizá la filosofía que subyace en ellos es que el hombre propone y el destino, el azar, o como queramos denominarlo, dispone... El peculiar lenguaje que utiliza

---

[19]   Véase *El hombre de los pájaros*, Espasa Calpe (*Selecciones Austral*, 108), Madrid, 1983, págs. 165-172. En el prólogo, José Luis Acquaroni afirma —y valga como una muestra más de la queja generalizada— que «entre nosotros, el género vive una vida depreciada, precaria», y ni lectores ni críticos se lo toman en serio, págs. 11 y 12. Ahora pueden verse también las memorias de Ferrer-Vidal, *Confesiones de un escritor de cuentos (1951-1993)*, Hierbaola, Pamplona, 1993. Prólogo de Lauro Olmo.

Gil Novales en sus cuentos, donde hábilmente baraja el término culto con el cotidiano, es seguramente la más interesante aportación de este libro. Una lengua tan rica como precisa y una sintaxis tan singular y adecuada para los fines propuestos logran crear la atmósfera y tensión convenientes en cada una de estas historias, donde la descripción de ambientes, y sobre todo de sensaciones, desempeña un papel preponderante. Modelo supremo de todas estas virtudes es el cuento que da título al libro, que narra la historia de un hombre que vuelve cincuenta años después al lugar donde nació, y su imposible lucha por casar los recuerdos de la infancia con la realidad presente. Mientras intenta «retener un señalín de vida», el viento, aspirado y saboreado en la última jornada, y el cielo que cae a copos, como telón teatral, borran los últimos vestigios de una vida pasada que se fue.

Manuel Longares y Raúl Ruiz son también dos de los autores que más han contribuido, en estos años, al enriquecimiento de la tradición realista. Buena prueba de ello es, en el caso del primero, LIVINGSTONE, una trágica historia de soledad y traición, recogido en *Apariencias* (1992). El protagonista, un moderno Stanley, que vive con su madre que está separada, y se siente muy solo, «aspiraba solamente a encontrar a un colega», porque como él dice: «un amigo es lo mejor de la vida». Pero su tutora en el colegio, por la que se muestra muy interesado, que le había prometido «aventurarse juntos por la ruta africana de Stanley», lo abandona y le deja en su lugar un gato. En una trágica escena final, en solidaridad con el animal que ha sido capado, pero también por el desengaño sufrido, acaba el chico castrándose. De Raúl Ruiz, que murió en 1987, sin haber cumplido los cuarenta años, apareció en 1992 un *Alfabeto de la luna* que permanecía inédito, aunque lo había dejado organizado y preparado para que viera la luz. El libro está compuesto por veintiocho textos breves, encabezados por una cita de un autor afín en la que se alude a la luna.

Todos ellos están coronados por un preludio, «A la luz de la luna», cómo no, en el que el autor define su trabajo como una «obrita, humilde, lunar, femenina». Pero lo más significativo de estas «breves fantasías», como ocurre en gran parte de la obra de Raúl Ruiz, es su carácter mestizo y fragmentario. Encontramos en ellas todas las obsesiones vitales y literarias del autor: la ilusión que hace más llevadera una existencia gris («El aficionado a la onomástica»), o cómo en un momento de lucidez podemos lograr romper con la rutina («Rotary potatoes blues»); el amor, la pasión, que logra que nos olvidemos de todo («Sobre el olvido» y «El límite del huracán»); la preponderancia de la vida sobre el arte («Rue de l'hirondelle»); el papel activo del lector, la exigencia de un lector cómplice («El caballero del pañuelo de encaje» y «La victoria de Salomé»); las trágicas diferencias entre las ilusiones juveniles y la realidad de la madurez y el poder concienciador del arte («El vídeo-vals»); el surgimiento de la pasión amorosa («Las puertas de la ciudadela»); la importancia de la ternura en el amor y la amistad («Epístola ante portam»); la contraposición de estirpe artaudiana entre Oriente y Occidente («Máximas de Cyril Hugh»), etc. Todo lo que venimos diciendo podríamos condensarlo en una frase de Duke Ellington que cita: «Yo no creo en catálogos ni en categorías. Sólo el hombre importa. Y lo que el hombre haga». Y siempre, trascendiendo la anécdota, utilizando el lenguaje para cargar de simbolismo la realidad. Destacan «Díptico de la noche», que podemos leerlo como un arte poética, en el que defiende las características de su obra: el «rigor estilístico», la «capacidad de imprimir sugerencias en el lector», «una nada ambigua postura ética» y, sobre todo, «ese hormigueo que nos deja la obra al acabar su lectura: ese irreprimible deseo de volverla a leer». Y, sobre todos, EL MUSEO DE CERA DE DUBROVNIK, cuento fantástico en el que un personaje de cera, que ocupa la única sala de un singular e intrigante museo, se transforma en cada uno de los visitantes —la entrada sólo puede ser individual— y relata sus intimidades, actuando como un espejo que nos devolviera en su imagen lo más insatisfactorio de nuestra vida privada.

Ricardo Doménech, en su artículo «Gracias, Jon»[20], con la excusa de la quema de novecientos ejemplares de un libro de cuentos (por orden del alcalde peneuvista de Bilbao Jon Castañares, secundado por los once conceja-les de su partido y los de la UCD), que recogía los rela-tos presentados al Premio Ciudad de Bilbao, por consi-derar obsceno el cuento ganador, «Epitafio del desalmado Alcestes Pelayo», obra del joven escritor na-varro Juan Jesús Fernández de Retana, se quejaba amargamente de que «hacía muchos años que los escri-tores españoles de libros de cuentos estábamos margina-dos. Ni los críticos literarios (...), ni los profesores de literatura, ni los editores, ni los libreros nos hacían nin-gún caso (...). Los periódicos y los semanarios no que-rían publicar cuentos. Escribiendo cuentos... no contá-bamos como escritores». Si en 1981 esa denuncia era cierta, hoy, doce años después, las cosas afortunada-mente están empezando a cambiar o al menos nadie, ni siquiera los cerriles políticos nacionalistas, mandan que-mar los libros que editan, aunque sean de cuentos[21].

En 1982 José María Merino publica sus *Cuentos del*

---

[20]   *Diario 16*, 2 de julio de 1981.
[21]   Sobre este tan peregrino como siniestro episodio puede consul-tarse: Ander Landaburu, «Farenheit a la vasca», y Ramiro Pinilla, «Cuéntame un cuento», ambos en *Cambio 16*, 501, 6 de julio de 1981; Ramiro Pinilla, «Farenheit a lo vasco», *La calle*, 171, 30 de junio-6 de julio de 1981, págs. 43 y 44; Victorino Ruiz de Azúa, «Los libreros de Guipúzcoa, dispuestos a difundir el libro destruido por el Ayunta-miento de Bilbao», *El País*, 2 de julio de 1981, y el editorial de este periódico, «El resplandor de la hoguera», del 28 de junio de 1981, así como los artículos de Patxo Unzueta del 15 de julio y 13 de agosto de 1981. El cuento ganador apareció publicado en *El País*, el 28 de junio de 1981. En 1983, cumpliendo una sentencia judicial, el mismo Ayun-tamiento de Bilbao reeditó el libro de cuentos.

reino secreto, en los que recrea de manera fantástica mitos de su propia cultura personal. A este volumen le siguió *El viajero perdido* (1990), once relatos que no son más que variaciones o ramificaciones de aspectos ya tratados por el autor en su obra anterior. Por tanto, hay toda una serie de obsesiones que se repiten: los avatares de la creación, el problema de dar forma a un sueño borroso («Los paisajes imaginarios»), y la capacidad creadora y destructora de los sueños que observamos en la lucha del autor con sus fantasmas, la reflexión metapoética y el «poder» de las palabras; los límites de la fantasía: los trasvases entre realidad y sueño, pero también el paso de la realidad a la ficción y viceversa («Un personaje absorto», entre otros); la nostalgia de un tiempo en el que los soñadores —que han acabado perdiendo la memoria y por tanto la identidad— no se avergonzaban de sus utopías («Imposibilidad de la memoria», «Un personaje absorto») y la literatura estaba cargada de referencias reales, en el sentido más dialéctico de estas palabras («Oaxacoalco»); el homenaje a aquellos libros que nos hacen amar las ficciones, en algún motivo de «El Edén criollo» que nos remite a *La isla del tesoro*; la revivificación de la memoria, a través de los viejos recuerdos y leyendas de los ancestros («La última tonada», «Oaxacoalco», «Un ámbito rural») y la ensoñada complacencia al vivir en la ficción —como un viajero perdido— lo que la realidad no nos proporciona («Oaxacoalco»). Siempre en los límites de lo fantástico, Merino nos muestra en sus cuentos los complejos avatares de unos seres que luchan por realizar unos deseos casi nunca satisfechos. En IMPOSIBILIDAD DE LA MEMORIA plantea Merino los problemas que acarrea la pérdida de la memoria, y por tanto de la identidad, entre los miembros de aquella generación, la suya, que en los sesenta quisieron cambiar el mundo, contraponiendo un pasado militante a un presente banal. Es más que significativo cómo se vale el autor de los procedimientos típicos del género fantástico para insuflarles un contenido crítico, y cómo el misterio está al servicio del sentido del relato.

También en esa misma fecha Enrique Vila-Matas, uno de los más interesantes y heterodoxos[22] cultivadores del género —su radical rechazo del realismo es proverbial—, publica su primer libro de cuentos, *Nunca voy al cine*. Al que después han seguido *Suicidios ejemplares* (1991), compuesto —según su autor— por «diez ficciones en las que se habla de diez distintas maneras de entender el mundo y, en consecuencia, abandonarlo»[23], e *Hijos sin hijos* (1993), en el que los grandes acontecimientos históricos, a lo largo de cuarenta años, quedan diluidos en las vidas cotidianas de extravagantes personajes. Empezó su trayectoria como narrador utilizando juegos de lenguaje, recreando escenas y mitos cinematográficos, para evolucionar hacia el cuento sicológico, introspectivo, neokafkiano, donde ha logrado sus piezas más acertadas, en las que sus peculiares personajes sufren la existencia en soledad, casi en la más absoluta incomunicación, como si fuera una terrible pesadilla. Sus mayores virtudes, nos las ha recordado J. A. Masoliver[24], son «la imaginación, el humor, la inteligencia, la ternura, la amargura, el efectismo y la intensidad simbólica». En ROSA SCHWARZER VUELVE A LA VIDA, que forma parte de su libro de 1991, se nos narra cómo una mujer de cincuenta años, que quiere suicidarse para acabar con su amarga y gris existencia (debida a su aburrido trabajo como vigilante de un museo, a la infidelidad de su marido, a la enfermedad terminal de su hijo y a su soledad familiar), se pregunta en un par de ocasiones: «Esta vida para qué», y encuentra siempre en sus sueños y en la toma de conciencia de su situación alguna razón

---

[22]   Sorprende mucho la ausencia de este autor en la antología consultada, que la revista *Lucanor* publicó en su número 6 de 1991.

[23]   «El acero del dolor», *El Sol*, 8 de marzo de 1991.

[24]   «Una coreografía de la destrucción», *La Vanguardia*, 5 de abril de 1991.

para seguir viviendo, tras debatirse entre sus rutinas cotidianas y los azares que le proporciona la libertad.

La publicación de *Incidente en Atocha* (1982), de José Ferrer-Bermejo, supuso la aparición de otra nueva veta, la que —entre el realismo y la excentricidad— barajaba la imaginación, la fantasía, el humor y la parodia. A los personajes de estos cuentos, seres algo extravagantes, casi siempre les ocurre algo que los sobrepasa. Se utiliza la fantasía para ironizar sobre ella y encontramos un despliegue de imaginación en el cuento que da título al libro, donde —con ironía socarrona— se nos cuenta cómo Dios se equivoca de persona al realizar un milagro. En «Carolina y el pájaro maravilloso» y en «El increíble hombre inapetente» hallamos una parodia de los cuentos infantiles, de los que se utiliza su estructura, tono y lenguaje. «Fascinación» es también un relato paródico, que incluye típicos elementos medievales: la casa con cuatro puertas, el caballo volador... En «Ponga un ciego en su vida» hay una parodia de ciertas cívicas costumbres cotidianas (pasar de acera a un ciego) y de los anuncios publicitarios. En EL ÁNGEL CUSTODIO DE VISITACIÓN MONTERA encontramos dos ejes principales y todo gira alrededor del lenguaje. Se parte de la oración infantil, «Ángel de la guarda...», y todo nos lleva a la frase final: «loca por no haber sabido querer a un ángel que un día quiso ser rebelde por mí». También ha publicado *El increíble hombre inapetente y otros relatos* (1982) y *La música de Ariel Caamaño* (1992)[25].

La aparición de los *Doce relatos de mujeres* (1982)[26],

---

[25]   Véase el prólogo de Óscar Barrero, «Introducción a la narrativa de José Ferrer-Bermejo», Hierbaola, Pamplona, 1992, págs. 7-14.

[26]   Geraldine C. Nichols (GN) (*Escribir, espacio propio: Laforet, Matute, Moix, Tusquets, Riera y Roig por sí mismas*, Institute for the Study of Ideologies and Literature, Minneapolis, 1989, págs. 83 y 84) entrevista a Esther Tusquets (ET):

GN — «¿Qué le ha parecido esa antología de cuentos editada por Ymelda Navajo, *Doce relatos de mujeres*? Los cuentos —mejorando lo presente y uno o dos más— son bastante malos, a mi modo de ver.

recopilados por Ymelda Navajo, del que destacaríamos
el excelente «Paulo Pumilio», de Rosa Montero, va a ser
el inicio de una serie de inventos comerciales, de libros
de encargo, de —en general— escaso interés literario,
pero útiles para la expansión, normalización y mayor
aceptación del género[27], con todas las ventajas e inconvenientes que estos encargos suelen traer consigo: se
cultiva el género, los autores hacen dedos, pero a menudo se improvisa y se nos da gato por liebre.

Otra de las frecuentadoras más asiduas del cuento ha
sido Soledad Puértolas, autora de dos volúmenes de relatos: *Una enfermedad moral* (1983) y *La corriente del
golfo* (1993). Son cuentos intimistas, sicológicos, epifá-
nicos, basados en las sensaciones, escritos en un estilo
que destaca por su gusto por la concisión, por la frase
sentenciosa, lo que produce un peculiar y apenas imperceptible ritmo en su prosa. LA INDIFERENCIA DE EVA
narra una singular lucha entre un novelista, que nos
cuenta la historia, y la enigmática periodista que va a
entrevistarlo, lo que produce un sutil forcejeo que se
desarrolla en cuatro espacios y etapas: en el primero, el
despacho del narrador, Eva se muestra indiferente y
poco atractiva; en campo propio, en el estudio de la radio donde lo entrevista, aparece brillante y agradable,
mientras que el novelista se muestra torpe; pero al salir
a la calle, él se la encuentra llorando; y en el bar donde
van a tomar una copa, entre caricias e intuiciones, el

ET — (...) Yo creo que a este volumen de cuentos todas dimos
cosas que no nos importaban tanto.
GN — Es lo que me ha dicho Carme Riera, también.»
[27] Pienso, por ejemplo, en AA.VV., *Cuentos eróticos*, Grijalbo,
Barcelona, 1988; AA.VV., *Cuentos de terror*, Grijalbo, Barcelona,
1989, aunque el prólogo es nuestro, nada tuvimos que ver con la selección de autores y relatos; AA.VV., *Cuentos barceloneses*, Icaria, Barcelona, 1989; AA.VV., *Siete narraciones extraordinarias*, Planeta,
Barcelona, 1989; AA.VV., *Los pecados capitales*, Grijalbo, Barcelona, 1990; Carmen Estévez, ed. *Relatos eróticos*, Castalia, Madrid,
1990; AA.VV., *La próxima luna (Historias de horror)*, Tanagra, Barcelona, 1990; AA.VV., *El fin del milenio*, Planeta, Barcelona, 1990, etc.

narrador reconoce que «mi importante papel en el mundo se desvaneció». Todo el cuento parece sostenerse en el casi absoluto silencio de la periodista, hasta que lo rompe con unas significativas frases: «ustedes, los novelistas, son todos iguales», que se completa un poco después con un «todos los novelistas...», que inicia el desenlace y nos lleva a la frase final del narrador: «El resto de la historia fue vulgar»[28]. Aquí lo sustancial estriba en el proceso de conocimiento que los lleva a la escena final, donde lo importante está en esas caricias e intuiciones, en lo soterrado, pues lo que vino después no dejó de ser una historia como cualquier otra.

Pedro García Montalvo, por su parte, ha publicado dos volúmenes de cuentos, con el título general de *La primavera en viaje hacia el invierno* (1983). Libro significativo, pues rompe con esa tradición hegemónica que venimos señalando, y se inscribe en aquella otra que se ha denominado narración lírica o simbólica, donde predomina la prosa sensorial, el ritmo marcado, la adjetivación, el gusto por la digresión... Su antecedente inmediato es Gabriel Miró. Estos relatos, narrados en tercera persona y con la presencia a menudo de un narrador omnisciente, andan a caballo entre lo que llamamos cuento y lo que podríamos denominar *escenas*, pues se nos presentan como montajes, puestas en escena, de breves situaciones, contadas desde las bambalinas, saltándose una de las características importantes del género: la primacía de la trama, pues aquí lo fundamental son los sentimientos, las sensaciones, la reflexión... El final del cuento «Sonata para piano» nos proporciona la clave para entender estos relatos. En él, Ángela de Yeste *(¿alter ego* del autor?) se pregunta: «¿Acaso, como en la vida [en sus pensamientos], pasaría junto a todos ellos [hombres], rozando un poco la existencia de cada uno

---

[28]   Sobre la anécdota que dio origen al cuento, véase Soledad Puértolas, «Lo que hay detrás de "La indiferencia de Eva"», en *La vida oculta,* Anagrama, Barcelona, 1993, págs. 258-263.

para encontrar en ese corto espacio de tiempo otra persona, otro hombre, gracias al cual cambiaría bruscamente su destino, su itinerario, sin someterlo al pensamiento ni al interés? (…). Como ocurre en la música, cuando un tema sucede imprevistamente a otro, para imbricarse en él o abandonarlo para siempre». El *leitmotiv* de estos relatos, narrados con una leve, discreta, ironía, es la belleza, el amor, la pasión, la sensualidad que produce el contacto con la naturaleza; no en balde gran parte de ellos transcurren en la huerta murciana. Buen ejemplo de lo que decimos es el relato que hemos seleccionado, LA CONDESA ÁNGELA DE YESTE, en el que se recogen esos momentos de perfección absoluta, sólo interrumpidos por el recuerdo de un niño que se ahogó en la acequia que limitaba el huerto, de la contemplación del equilibrio y la armonía del paisaje de un vergel, a lo que se suma la de la belleza de la condesa. Así, nos dice el narrador en la frase final del relato, contempló Pierre en silencio «la belleza que miraba a la belleza, recuperando esa sensación a través de la cual había tenido una peculiar intuición de la infinita y hermosa hondura del mundo».

Enrique Murillo, Ignacio Martínez de Pisón y Pilar Cibreiro empiezan su obra literaria como cuentistas y, aunque después han cultivado la novela, han obtenido mejores resultados en la narración corta, género que siguen utilizando, sin la necesidad de presentarse a premios, pues han encontrado un público lector y unos editores (Anagrama y Alfaguara) que los apoyan. Murillo, cuyos textos están más cerca de la novela corta que del cuento, hizo su aprendizaje como narrador traduciendo a los maestros anglosajones de finales del siglo XIX y comienzos del XX, como Henry James, Conrad, Stevenson, Kipling, etc. En estos últimos años no ha publicado, que sepamos, obras de ficción, pero nos sorprendió muy gratamente con los cuatro relatos que forman *El secreto del arte* (1984). Son historias que parten de lo cotidiano, de lo anodino, y se van enredando poco a poco, hasta mezclar lo fantástico y lo real, llegando a lo insólito.

En ELOGIO DEL TRANSPORTE PÚBLICO un empresario que —según él— lleva una vida corriente, descubre la fuente de todos los placeres en los viajes en autobús y metro: el blando pecho de una joven apoyado en su brazo, el roce de las nalgas de una mujer madura, la colegiala de quince años y estimables caderas... La última aventura termina con el estrangulamiento de una mujer con la que coincidió en el metro, con la quiebra fraudulenta de su empresa y la huida al extranjero, con nuestro hombre de negocios —«estoy divirtiéndome muchísimo», nos dice— subido a la grupa de su señora, atizándole con verdadero gusto unos buenos cachetes en las nalgas. En «El secreto del arte» se nos cuenta la relación entre un escritor, ya muerto, y el crítico que ha dedicado la vida a estudiar su obra, que busca una novela inédita que aquél ha dejado. Si el anterior relato está en la línea de «Cuello de gatito negro», éste —para seguir con Cortázar— tiene el peculiar fraseo de «El perseguidor». En resumen, excusas para, en un tono irónico, divertido, repasar toda una fauna de nuestra vida literaria.

Alguien te observa en secreto (1985) fue el primer libro de Ignacio Martínez de Pisón. El cuento que da título al volumen y «El filo de unos ojos» tienen varios elementos en común: transcurren en mansiones de aspecto más que peculiar, con una especial atmósfera, y cuentan la historia de una fascinación, un aprendizaje y el posterior sometimiento. En el segundo, fábula sobre la mirada, en el que se plantean unas relaciones de dominio, con el irresistible filo de sus ojos, el primo —uno de los protagonistas— consigue lo que se propone[28bis]. En el que cierra el libro, hay una presencia constante del mirar. Manuel, que disfruta contemplando a Bárbara en secreto, se siente observado por no sabe qué. En este relato se narra la peculiar relación que se crea entre Bár-

---

[28bis]. La versión teatral de *El filo de unos ojos*, que estrenó en 1990 el CDN, en el Teatro María Guerrero de Madrid, ha sido editado por la Diputación General de Aragón, Zaragoza, 1991. Véase la nota del autor, pág. 10, en la que comenta las dos versiones del texto.

bara (esa Lauren Bacall de ojos negros, también en la ensoñación Marilyn Bacall y Lauren Hayworth, que acaba como Jean Fontaine en *Rebeca*, ante el acantilado, mientras la contempla Laurence Olivier) y Manuel, que, tras negarse a aceptar la sumisión total, va enloqueciendo («un entomólogo —le dice ella— tiene más probabilidades de volverse loco que una persona normal») y acaba ensartándola, como buen entomólogo, con una lanza. Manuel acaba engullido por un sofá, en ese proceso de animalización de la casa, que él, demasiado racional, no percibía. Todo está dispuesto, desde el primer párrafo del cuento en que él la observa y le clava la mirada en su vientre, para lograr esa unidad de efecto que tanto ponderaba Poe. «La vida se rige por las leyes únicas e inalterables del teatro», escribe el 2 de julio en su diario un viejo, obsesionado por su deterioro físico, protagonista de «Alusión al tiempo», que ha ido a morir en una pequeña habitación, como las ballenas a las playas del sur. Algo de comediantes, de exhibicionistas, tienen todos estos personajes de Martínez de Pisón. Todos actúan, y siempre para un público reducido. Todos son conscientes de hallarse en el gran teatro del mundo. El recuerdo de *La ventana indiscreta*, de Hitchcock, o su posterior homenaje en *Doble cuerpo*, de Brian de Palma, es inevitable aquí. Todos estos cuentos nos reservan siempre una sorpresa final. Como quería Poe, la conclusión coincide con el punto culminante de la intriga. El mundo narrativo de este escritor, sus personajes, está lleno de fascinaciones, complejos procesos mentales y ensoñaciones. En sus páginas, los objetos, los animales (como en «Otra vez la noche»), de pronto cobran vida y son tuteados por los personajes. Casi todas las piezas de este libro de Martínez de Pisón poseen los elementos que debemos pedir a los buenos cuentos de la tradición que transita: condensación, ambigüedad, complejas relaciones mentales entre los personajes y, sobre todo, la habilidad de crear una atmósfera en un solo escenario. En nuestra antología aparece INTEMPERIE DE LOS FOSFENOS, cuento en el que un matrimonio ocupa sus frecuentes noches de insomnio jugando con unos bichitos, los fosfenos, mera ilusión óptica, mientras encubren la amargura de haber perdido a Alberto, el hijo que esperaban. En esa profunda tragedia, apenas aludida, pero que aparece con la fuerza de un torrente subterráneo, estriba todo el meollo del cuento.

En los relatos de Pilar Cibreiro, *El cinturón traído de Cuba* (1985), encontramos la fascinación y el deseo de rescatar las historias oídas en la infancia, sobre la mítica memoria colectiva de un pueblo. Geografía, historia y naturaleza que enmarcan las peripecias de unos individuos a menudo en los límites de la existencia, vidas de perdedores, con la muerte —casi siempre trágica— acechándolos con inusitada frecuencia. Al fondo, una guerra, unas condiciones sociales, que abocan a estos seres a llevar una existencia al margen, huidos o exiliados. Una voluntad de estilo, cuya clave está en ese deseo de poetizar lo real, lo cotidiano; de poetizar las trágicas vidas de estos hombres apegados a una tierra que casi siempre se les muestra hostil, madrastra más que madre, de la que a pesar de todo no pueden despegarse.

A la vez que Esther Bartolomé Pons[29] se quejaba, en 1986, de la inopia editorial, de que se escribían pocos cuentos y del progresivo deterioro del prestigio de los cultivadores del género, la editorial Almarabú sacaba a la calle una colección de libros de cuentos, *Textos tímidos*, que lamentablemente no tardó demasiado en desaparecer. En ella publicaron autores consagrados, españoles e hispanoamericanos, como García Márquez, Onetti, Carlos Fuentes, Cela, Torrente Ballester, García Hortelano o Perucho, y otros con un creciente prestigio como narradores, como Vázquez Montalbán, Luis Mateo Díez o José María Merino, o los entonces más bisoños en el cultivo del género, como Pedro Zarraluki (autor de dos libros de cuentos: *Galería de enormidades* 1983 y 1989, y *Retrato de familia con catástrofe* 1989) o Antonio Hernández.

---

[29]   «Genealogía del cuento», *La Vanguardia*, 21 de enero de 1986.

De Zarraluki hemos incluido en nuestra antología EL ESPEJO DEL SÁTRAPA, recogido en su segundo libro, que con los moldes y los personajes arquetípicos de la literatura legendaria oriental plantea una reflexión metaliteraria sobre la ilusión y la realidad, sobre el arte —en este caso, un espejo— como un medio de satisfacer los deseos, de vivir otras realidades. Pero también contrapone, sutilmente, el realismo y la fantasía, lo obvio, lo decorativo, y lo complejo. *El Betis: la marcha verde* (1987), de Antonio Hernández, luego recogido en *Goleada* (1988), es una pura delicia, un relato de humor que reproduce admirablemente ciertos rasgos del andaluz oral, de la zona occidental, en la misma onda que la narrativa de Fernando Quiñones, Julio M. de la Rosa y Eduardo Mendicutti.

Uno de los fenómenos más interesantes es el de la aparición de una gran cantidad de antologías del género[30]. Podríamos destacar, entre las más recientes, por su planteamiento general y su más o menos amplia difusión, las de Medardo Fraile, *Cuento español de posguerra* (1986); Óscar Barrero, *El cuento español, 1940-1980* (1989), y Joseluís González y Pedro de Miguel, con un prólogo de Santos Sanz Villanueva, *Últimos narradores. Antología de la reciente narrativa breve española* (1993), aunque —en el caso de las dos primeras— no tratan estos importantes últimos años, resultan imprescindibles, pues trazan un panorama general de lo que ha sido la historia del género en la posguerra. Pero tampoco sería justo olvidar las más parciales, aquellas que recogen a los autores de una provincia o región, o aquellas otras que se ocupan de un género (policíaco, erótico, terror), una generación o movimiento literario, o las compuestas por relatos de mujeres[31].

En 1987 el Ministerio de Cultura y la Universidad de

---

[30] Véase nuestro trabajo «El cuento español actual. Bibliografía», *Lucanor*, 6, 1991, págs. 93-97, que aquí se reproduce muy ampliado y puesto al día. En el apartado que dedico a las antologías aparecen, y deben de haberse publicado algunas más, entre 1975 y 1993, noventa volúmenes.

[31] *Ibídem.*

Salamanca dedicaron los encuentros de Verines al cuento, como siempre con participación de escritores y críticos de todas las lenguas de España. Algunos de los textos que allí fueron motivo de discusión y comentario los recogió la revista *Ínsula*[32]. Después de muchos años, en 1988, el premio de la Crítica de Narrativa lo obtuvo un volumen de relatos: *Grano de maíz rojo*, de José Jiménez Lozano. Y, lo que no es menos importante, empezó a publicarse en Pamplona —dirigida por José Luis Martín Nogales y Joseluís González— la revista *Lucanor*, que se subtitula «revista del cuento literario». Todos estos datos que venimos aduciendo, y no por vana erudición, parecen síntomas de algo, de los inicios —si se quiere ser prudente— del proceso de normalización de un género casi siempre olvidado por los autores, editores, estudiosos y público.

No hemos agotado, ni mucho menos, el análisis de la nómina de los cultivadores importantes del cuento en estos últimos años. Y no olvidemos a los autores de otras generaciones, no citados hasta ahora, que han seguido publicando en estos años: Alonso Zamora Vicente, José Jiménez Lozano, Agustín García Calvo, José Luis Sampedro, Luis Fernández Roces, Manuel Pilares, Esteban Padrós de Palacios, Alfonso Martínez-Mena, Fernando Quiñones, Jorge Ferrer-Vidal, Meliano Peraile, Antonio Pereira, Juan Marsé, Javier Tomeo, Andrés Berlanga, Ana María Moix, Javier Alfaya, Eduardo Chamorro, Raúl Guerra Garrido, Antonio J. Desmonts, Carlos Mellizo, Luis T. Bonmatí, Lourdes Ortiz, José Luis Giménez-Frontín, etc.

Voy a detenerme en cuatro autores más, novelistas también, que me parecen de sumo interés, aunque, por edad, estilo y formación, poco tengan que ver entre ellos: Ana María Navales, Javier Marías, Juan José Millás y Antonio Muñoz Molina. La primera ha publicado hasta ahora cuatro libros de cuentos: *Dos muchachos*

---

[32] XLIII, 495, febrero de 1988, págs. 21-24, y 496, marzo de 1988, págs. 21-24.

metidos en un sobre azul (1976), *Paseo por la íntima ciudad y otros encuentros* (1987), los excelentes *Cuentos de
Bloomsbury* (1991), uno de los mejores libros de relatos
de estos últimos años, y *Zacarías, rey* (1992). Hay dos
aspectos que singularizan estos relatos: la reescritura de
una tradición oral, legendaria, y la asunción y el homenaje a la tradición culta. WALTER NO HA MUERTO pertenece al libro de 1991, que es un intento de desvelar la
compleja personalidad de la escritora inglesa y una libre
recreación de los principales miembros del grupo de
Bloomsbury, de la atmósfera en la que ellos vivieron.
Este cuento está concebido como la sincera carta que
compone la escritora antes de suicidarse (el relato está
encabezado por una significativa cita de V. Woolf:
«Againts you I will fling myself, unvanquished and
unyielding, o death», y en un momento dado apunta:
«Esto es el fin»), mientras observa cómo su marido,
Leonard Woolf, trabaja en el jardín de la casa, haciendo
un balance de su vida y de su matrimonio. No llegó a
escribirla, o al menos a mandársela, pero redactó otra
más breve en la que trata de engañarse dando una versión de los hechos más que edulcorada. En esta hipotética misiva mezcla lo personal y lo artístico y sus sensaciones ante la naturaleza que la rodea. Recuerda con un
regusto de amargura e ironía sus amistades y amores
(Vita, Watt, Edward, Sidney, Violet, Katherine, Ethel,
Lytton y Clive, el marido de su hermana Vanessa, y sobre todo a Walter, con el que menos trato tuvo, pero
que quizá por eso mismo sigue vivo en su recuerdo, atri-
buyéndole las virtudes de las que carece su marido), «y
ver cómo se ahogaban lentamente y desaparecían en las
tranquilas aguas de la amistad». Pero, sobre todo, le re-
procha a su marido su falta de comprensión («hemos habitado mundos distintos») y su incapacidad para entender el complejo mundo de las mujeres («Tú nunca
supiste hallar los pasadizos que conducen a los tesoros
del alma de una mujer»). Y se retrata como una mujer
difícil, inestable, que nunca ha sido fuerte, pero firme en

sus escasas decisiones, que odia su cuerpo, fría ante los hombres e insatisfecha con los resultados de su escritura («Se intenta explorar en lo profundo y el resultado es sólo un temblor ligero del espíritu»). Éste es un cuento sobre las gentes de Bloomsbury, sobre las angustias vitales y literarias de una conocida escritora (su miedo al fracaso, su inseguridad...); un cuento que hoy también podríamos leer como las lúcidas cuitas, en carne viva, de muchas mujeres que se dedican a la escritura.

Javier Marías ha recopilado sus cuentos en *Mientras ellas duermen* (1990). Un volumen que refleja muy bien la revolución temática y estilística de su narrativa, desde 1975 hasta hoy. Pero también podemos observar en sus páginas cómo con el tiempo, con la madurez y la experiencia de escritor, su prosa ha ido ganando en sencillez, contención y rigor, a la vez que soltaba el lastre de ingenuos mimetismos. LO QUE DIJO EL MAYORDOMO no sólo tiene su origen en un artículo publicado en un diario[33], sino que ambos comparten unas páginas. Esto es una buena prueba, una vez más, de que «las mismas palabras pueden ser ficticias o reales», según el uso que hagamos de ellas. El narrador recuerda lo que le dijo un mayordomo con el que se quedó atrapado, durante una media hora, en un ascensor en Nueva York. Pero lo importante no es lo que se nos cuenta, no es el casi exclusivo monólogo del mayordomo, más o menos inverosímil y disparatado, sino el mismo hecho de contar, con el que éste consigue tranquilizar al narrador. Relato, por tanto, interesante, pues no sólo pone en cuestión la separación y las estrictas peculiaridades de los géneros, en este caso el artículo y el cuento, sino que también nos llama la atención sobre el uso práctico del contar y sobre el valor de lo que se nos narra.

Juan José Millás ha recogido sus relatos, que ya ha-

---

[33] «La venganza y el mayordomo», *El País*, 21 de diciembre de 1987. Recogido en *Pasiones pasadas,* Anagrama, Barcelona, 1991, págs. 133-139.

bían aparecido en periódicos y revistas, en *Primavera de luto y otros cuentos* (1992). Gran parte de éstos forman parte de la tradición que viene de Poe y de Cortázar, pues son relatos donde la fantasía, las transgresiones de la realidad, desempeñan un papel importante, y su desarrollo apunta hacia el efecto único y la sorpresa final. Pero también hallamos otros donde el efecto se halla agazapado y sólo se nos muestra tras toda una serie de revueltas y circunloquios, como —por ejemplo— en «El pequeño cadáver de R. J.». Los personajes de Millás, a menudo, sorprendidos por la vida, descubren lo que hay más allá de lo aparente, lo extraño de la condición humana, las otras dimensiones de la existencia y sus espejismos, el misterio de los objetos, los ¿trastornos? de la mente, la suplantación de la personalidad, los distintos yos que pudiera haber en nosotros, la simetría entre hechos y personas, etc. Todo esto los lleva a utilizar unas muletillas —qué vida, qué mundo…— que se repiten en sus obras como un *leitmotiv*.

Por ejemplo, en «El pequeño cadáver de R. J.», un individuo suplanta la personalidad de un escritor, de mutuo acuerdo con él, creando un tándem triunfador. Si el mundo cultural, donde impera la farsa y los espejismos de la fama, «la identidad no existe ni existe el individuo», y el novelista no es más que un instrumento, al que se le reconoce por sus «disfraces», sólo en el anonimato se puede gozar plenamente de la escritura. Un motivo que se repite en varios relatos es el que podríamos denominar como el de los armarios transmisores. En «Trastornos de carácter», partiendo del clásico problema del recinto cerrado, se nos cuenta cómo un hombre que ha descubierto que «todos los armarios empotrados del universo se comunicaban entre sí», viajando a través de ellos desaparece. En «Una carencia íntima», sin embargo, el armario le sirve a un cleptómano para acceder a un piso, en el que acaba enamorándose de la propietaria y suplantando por las noches a un marido poco atento.

Hallamos ecos de Cortázar, de «Circe», en «La Nochebuena más feliz», en el que una viuda de sesenta y siete años narra cómo comenzó a descubrir la existencia, que «hay otra vida», a través de la bebida. Así, al mirarse al espejo comprende que «envejecía, pues, para darle la juventud a su propio reflejo». Viendo cosas que los demás no ven, encuentra en una lata de atún el coñac que, la Nochebuena, deseaba y no tenía. En «Los otros», un individuo, tras sufrir un accidente, se siente distinto, volviendo a descubrir lo excitante que es su mujer. Gozando así de la posibilidad de «contemplar lo cotidiano con una mirada diferente, limpia...».

Borges, que reconocía estar buscando simetrías, un patrón de vida, ha escrito que «la realidad favorece la simetría»[34]. Opinión que debe compartir Millás, pues también aparece en diversos relatos y artículos suyos. En el titulado SIMETRÍA el protagonista es un curioso individuo solitario con una vida de hábitos (como ir al cine a las cuatro de la tarde para rozarse con quien ocupe la butaca de al lado, preferiblemente si son niñas pequeñas), al que su vecino no le hace caso, al que un desconocido persigue —según él— por delante, y al que la policía no comprende, pues su forma de relatar las cosas no logran un mínimo de credibilidad. En «Primavera de luto», una mujer cuyo marido ha muerto en extrañas circunstancias, tras sentirse otra, «dueña de sí misma», encuentra a otro hombre con el nombre y el coche de su esposo, al que tras un proceso de seducción acaba empujando a un abismo.

La serie «Ella...»[35], formada por catorce relatos, tiene unas dimensiones y unas características temáticas, todos están protagonizados por mujeres, que la hace complementarse y formar una unidad. Podríamos resumirla con una frase de «Ella es ancha»: «esta novela es de

[34]   Richard Burgin, *Conversaciones con Jorge Luis Borges,* Taurus, Madrid, 1974, págs. 129 y 130.
[35]   Apareció, originariamente, en 1988, en *El País,* bajo el título genérico de «En fin», expresión con la que concluyen todos los textos y que tanta presencia y significado tiene en la narrativa de Millás.

monstruos; todos sus personajes son extraordinarios». Y
así es. Estos seres encuentran la felicidad en su carencia,
acaban reconciliándose con una existencia poco gratificante, descubren lo sorprendente y raro de su vida, etc.
En «Ella no estaba en el Congreso» se utilizan diversas
excusas argumentales para mostrarnos una clasificación
de la crítica y de los novelistas, para recordarnos quizá la
incapacidad que tenemos de aceptar lo que los demás opi-
nan de nosotros y no nos satisface. Los personajes de Millás, casi siempre seres solitarios que llevan una vida vicaria, que a menudo esconden un doble[36], que necesitan
comunicarse, nos muestran que a menudo el enemigo habi-
ta en lo más hondo de nosotros mismos. Al contarnos su
caso, a través del lenguaje, nos muestran su patología[37].

[36]   El tema del doble tiene una larga prosapia en la historia de la
literatura: lo hallamos en Hawthorne («El Gran Rostro de Piedra»),
Poe («William Wilson»), Jean-Paul, Hoffmann, Nerval (Aurelia),
Dostoievski (El doble), Stevenson (El extraño caso del doctor Jekyll y
mister Hide), Maupassant («¿Él?»), Henry James («El rincón feliz»),
Papini («Dos imágenes en un estanque»), Bontempelli («Espejo»),
Borges («El otro», «Borges y yo», «Tres versiones de Judas», «La
forma de la espada», «El Sur» y «Tema del traidor y del héroe») y
Calders («Nosaltres dos»), por sólo citar unos cuantos casos. En la
literatura española más reciente, además de en Millás, lo encontramos
—por ejemplo— en varios cuentos de Cristina Fernández Cubas («Lú-
nula y violeta», «Helicon», etc.), L. M. Díez («Persecución») y
E. Vila-Matas, en «La canción de Lord Rendall» de Javier Marías, en
«El pacto» de Javier Cercas, en La orilla oscura (1985) de José María
Merino, y en El doble del doble (1988) de Justo Navarro. Véase Robert
Rogers, The Double in Literature, Wayne State UP, Detroit, 1970; Paul
Coates, The Double and the other: Identity as Ideology in Post-Roman-
tic Fiction, St. Martin's P., 1988; Clément Rosset, Lo real y su doble.
Ensayo sobre la ilusión, Tusquets, Barcelona, 1993, y R. M. Gleen,
«Gothic Indecipherability and Doubling in the Fiction of Cristina Fer-
nández Cubas», Revista monográfica, VIII, 1992, págs. 125-141.

[37]   El 24 de febrero de 1990 Millás comenzó a publicar periódicamente,
en la última página de El País, una columna a caballo entre el artículo y el
cuento. Y en ello estriba su encanto, en la ductilidad que le proporciona a
los dos géneros, trasvasando de uno a otro sus tradicionales recursos re-
tóricos, pero usando a menudo los peculiares de la literatura fantástica, sin
olvidar casi nunca el tono crítico, levemente irónico y jocoso. Así, encontramos desde artículos sobre cualquier cuestión candente de la actualidad
social o política, hasta relatos fantásticos o reflexiones metaliterarias.

Por último, Muñoz Molina ha recogido en *Las otras vidas* (1988) cuatro de los cuentos que ha venido publicando, en revistas y periódicos, a lo largo de estos años. En el prólogo afirma el autor que «el relato es un género al que le sienta muy bien el trabajo de encargo», y cumpliendo un encargo escribió en 1983 «Te golpearé sin cólera», que podemos incluir dentro del género policíaco, pero con una distancia irónica en el planteamiento argumental, en las situaciones y en el diálogo. «Las otras vidas» es un relato con un espléndido comienzo y un final sorpresivo, del que depende todo el resto de la narración, en el que descubrimos *las otras vidas* de los artistas. «El cuarto del fantasma», entrañable parodia de los cuentos de misterio, tiene un final novedoso, pues nada pasa, ya que el protagonista no cumple con el papel que el género le atribuye, al no inquietarse ante los hechos misteriosos. En «La colina de los sacrificios» se acerca más al tono habitual de su prosa. Aquí lo significativo no es la sorpresa final, ni el ambiguo desenlace, sino —como en sus novelas— el tiempo distinto y los diferentes valores que manejan el inspector y el acusado, cuya condición sólo le produce alivio, pues para él «eran exactamente iguales la culpabilidad y la inocencia, la desesperación y la mentira». En LA POSEÍDA, Marino, un oficinista que frecuenta un bar a la hora del desayuno, se enamora de una joven que se cita allí con un hombre maduro. Pero la tensión se crea con la turbia relación que Marino —con la complicidad del camarero— le supone a la joven y la existencia anodina y solitaria («el amor, comenta el narrador, [era un] sentimiento que ignoraba en gran parte») que nosotros entrevemos en el oficinista. Ahora acaba de aparecer *Nada del otro mundo* (1993), que recoge varios cuentos inéditos en libro.

Otros escritores más o menos jóvenes (Javier García Sánchez, Álvaro del Amo, Pilar Pedraza, Mercedes Abad, Beatriz Pottecher, Paloma Díaz-Mas, Vicente Molina Foix, Juan Campos Reina, Javier Cercas, Alberto Escudero, José Antonio Millán, Laura Freixas,

F. J. Satué, J. A. González Sainz, Jorge Ordaz, Agustín
Cerezales, José Fernández-Cavia, Gustavo Martín Garzo,
Luis G. Martín, Eliacer Cansino, Ignacio Vidal-Folch,
Neus Aguado, Juan Miñana, José Carlos Llop, Pedro
Ugarte, Antonio Soler, Javier Delgado, Eloy Tizón, et-
cétera), como vemos, una numerosa lista, han publicado
sugestivos libros de relatos en estos últimos años, lo que
nos hace pensar que el interés por el género no decaerá.

De entre todos estos nombres hemos escogido cinco
que nos parecen representativos. García Sánchez, que
en 1984 había publicado *Mutantes de invierno* y *Teoría
de la eternidad* y en 1987 *Los amores secretos,* recoge en
Crítica de la razón impura (1991) once relatos. En el
primero, que da título al libro, se nos narran los renco-
res y resentimientos de Casimiro Porras Rebollo, escritor frustrado. La lista que elabora, trazada con ingenio y
conocimiento de causa, de las doce tribus o familias literarias, no tiene desperdicio y refleja bastante bien nuestra realidad literaria. Del resto de los cuentos que componen el volumen, los titulados «Michelle» y Duncan
nos parecen los más logrados. En el primero, partiendo
de una anécdota que le ocurrió a Alex Gorina, mientras
entrevistaba a Michelle Pfeiffer, nos relata cómo a un
crítico de cine se le quedó durmiendo encima, literalmente, hasta acabar roncando, la maravillosa actriz que
estaba entrevistando. En el segundo, con la excusa de la
desaparición de Duncan, que aunque se lanzó desde la
azotea de un edificio nunca llegó al suelo, una variante
del problema de la habitación cerrada, se nos narra la obsesión de Carlos —que no se conforma con las explicaciones fáciles— por conocer, por dar con otras razones, por
poder imaginar... Quizá la tónica de casi todos los seres
que pueblan estos relatos (que oscilan entre la visión crítica y costumbrista de nuestra sociedad), unos individuos
insatisfechos que les ha tocado vivir en un mundo en el
que no se sienten bien, la da el desgraciado protagonista
de «Mi escarabajo y yo», que acaba confesando: «Nací y
me tocó vivir en una época que ni elegí ni me gusta.»

Paloma Díaz-Mas fue finalista en 1988 del Premio Nacional de Literatura con su libro de cuentos *Nuestro milenio* (1987), del que hemos seleccionado LAS SERGAS DE HROSWITH, que tiene su origen en una experiencia personal de la autora[38]. De tal forma que el memorable y desgraciado viaje a la Ciudad Procelosa, por los incontables avatares que tuvieron que sufrir, del caballero Hroswith y sus doscientos cuarenta acompañantes, los Peregrinos Errantes, plasmado en un tapiz medieval, cuyas viñetas nos va mostrando un narrador omnisciente, podría haber estado organizado hoy por cualquier agencia de viajes contemporánea, cuyos representantes en la expedición pudieron ser el Mal Navegante y el malvado enano Isbel, que torturan a los confiados viajeros con pagos imprevistos y vueltas sin rumbo, hasta que los acaba venciendo el hambre y el sueño, después de sufrir otras mil penalidades. La parodia de los relatos de viaje medievales, el crítico humor, la fantasía y la sabia utilización de odres viejos para el vino nuevo son sus características más destacadas.

José Antonio Millán, que ha destacado por su solvencia técnica, su dominio de la prosa y el peculiar mundo que nos muestra, ha publicado dos libros de cuentos: *Sobre las brasas* (1988), compuesto por nueve relatos que —como el autor ha señalado— «describen una cotidianidad ausente a nuestra percepción, por demasiado presente»[39], y *La memoria (y otras extremidades)* (1991). A este último pertenece EL MILLAR DE DESTINOS DE ERNESTO IMIZCOZ, que es la historia de un escarmiento moral, de una curiosa y refinada venganza, utilizando una cadena de correspondencia —cuyo lenguaje

---

[38] «*Las sergas de Hroswith* es una continua *private joke* sobre un viaje de grupo alucinante que me produjo mil quebraderos de cabeza; igualmente, bromas privadas son los nombres de algunos de los personajes de ese cuento: el mago Urrestar y, sobre todo, el malvado enano amarillo Isbel», «Los nombres de mis personajes», en M. Mayoral, ed., *El oficio de narrar*, Cátedra/Ministerio de Cultura, Madrid, 1989, pág. 116.

[39] *Cambio 16,* 17 de octubre de 1988, pág. 199.

parodia con indudable pericia— confiando en los principios de la crítica textual. Venganza que el narrador del
cuento trama contra su antiguo amigo Ernesto Imizcoz,
al que califica de «bajo» e «hijo puta», sintiéndose «representante o portavoz del extenso colectivo de padres y esposos damnificados por ese pene con patas», pues tiene la
sospecha de que su hijo mayor —al que llama «el *otro* facsímil»— es de su amigo. Aquí, «el clavo del que se tiene
que colgar el protagonista» podríamos decir que es la técnica para plegar la sábana inferior, que Ernesto le enseña
al narrador, pero que también conocía su mujer, Marisa.

Agustín Cerezales sorprendió al público y a la crítica
con un primer libro excelente, *Perros verdes* (1989), en
el que todos los cuentos están protagonizados por extranjeros que por una u otra razón llegaron a España y
acabaron quedándose a vivir aquí. En EXPEDIENTE EN
CURSO (BASILII AFANASIEV) se narra la disparatada y
algo kafkiana estancia de un ucraniano en Medina del
Campo, enviado por el partido comunista de la Unión
Soviética para estudiar la cría de ovejas. Si al principio a
Basilii no le gusta el campo castellano y desea volver a
su tierra («vivía una existencia real en un mundo
irreal»), poco a poco va integrándose, aprende a jugar al
mus, se enamora de una misteriosa Dama, con la que
suele coincidir en unas duchas que están contiguas y con
la que comparte un curioso lenguaje de grifos que se
abren y se cierran, y así «sus relaciones fueron ganando
en matices y complejidad». Historia, en resumen, rayan-
do lo inverosímil, de un autodescubrimiento, de un extraño personaje que acaba absorbido por España, de
unos momentos de plenitud y felicidad, los únicos de
una vida, mientras en la lejana URSS un expediente seguía su curso... *Escaleras en el limbo* (1991) está compuesto por cuarenta piezas, organizadas en siete seccio-
nes, de tono, temática e intención diversa. En «La vaca
de Gudirol» hay una frase que podría servir de pórtico al
comentario de este volumen: «así son ciertas vidas (...)
si alguien se fija en ellas por ventura, y decide averiguar-

las y decir cómo son o cómo fueron, resultan tan raras, tan extemporáneas, que parecen irreales». Y así opera Cerezales, utilizando el tono y los registros propios de los apólogos, fábulas y leyendas, de los relatos de tradición oral, pero con la elaboración lingüística propia de lo escrito. Con estos procedimientos nos muestra los fragmentos de unas vidas, que carga de contenido enigmático, didáctico o simbólico, para quizá tratar de comunicarnos «no una ilusión, sino la vida misma, algo que funciona gratuitamente». Esta cita proviene de «El licenciado Vidriales», donde en un momento determinado el narrador distingue entre el «genio» y el «escritor vulgar», o sea, aquel que «no hace más que ofrecernos un remedo, un espantapájaros incapaz de mover los brazos si no se le presta una fuerza espuria o extrínseca, que habitualmente procede de la moda, del momento, del propio lector en suma». Al fin y al cabo, como se afirma en «Un novelista», «la literatura es un oficio de cadáveres» y sólo los auténticos artistas consiguen insuflarles vida. Los temas de estos relatos son tan variados como las situaciones de la vida misma («este desperdicio de tiempo, de ilusión y de fuerzas, que llamamos vida», como se lee en «Anna Grass *[In memoriam]*»): amores imposibles, la visión triste y desengañada de la existencia, conductas extravagantes, fascinaciones misteriosas, las suertes de la muerte, etc. Hallamos en sus páginas ecos de Kafka, Borges, Bioy Casares, Cortázar, de la literatura fantástica, de la cuentística oriental... Pero quizá, y a pesar del interés del libro, estos cuentos valen más como conjunto que como piezas individuales, ya que gran parte de ellos nos saben a poco, les falta intensidad, pues su contenido simbólico o metafórico no los dota de suficiente entidad como para que las piezas nos subyuguen; pero cuentos como «Einim del río», «Nteb de Ternana» o «Apuntes para la descripción de un mundo infatigable», por sólo citar unos pocos, creemos que no desilusionarán a ningún lector.

De Juan Miñana, de su *Última sopa de rabo de la tertulia España* (1992), una metáfora sobre España vista desde la Barcelona olímpica, en el que, como el mismo autor ha señalado, impera un humor judío, mezcla de sátira y ternura, hemos escogido MACARRONES. En este cuento, Souto, un lacónico camarero gallego, por hacerle un favor a un amigo, un electricista del Liceo que narra la historia, trabaja como comparsa en una representación de *Aida*, en tan malas condiciones que en medio de la función —en una escena propia del cine mudo— acaba vomitando las excesivas cantidades de macarrones que un rato antes había ingerido («había cenado mucho y muy deprisa»). Pero bajo esa anécdota encontramos un hombre fiel a la amistad; el contraste entre dos mundos y dos espectáculos: un banquete de bodas de unos gallegos, con algo de «campo de batalla», y «aquella guerra de teatro», «casa de locos» que es una representación operística, que tanto deslumbramiento le produce a Souto; y, sobre todo, el egoísmo del narrador, que prevé lo que va a pasar («decidí no perderme nada de lo que estaba seguro iba a suceder»), pero no lo evita y acaba negando su relación con el gallego.

En *El asesino en la muñeca* (1988), único libro de Laura Freixas, quizá excesivamente deudor de Cortázar, se nos muestra, con un estilo que se caracteriza por su ironía soterrada y por el gusto por la parodia, cómo entre la realidad puede aparecer lo misterioso o sorprendente. Aquí hemos recogido FINAL ABSURDO, que vale como una poética, sobre el que Ángel Basanta ha escrito que «es un apretado compendio de vida y literatura en el cual la protesta existencialista se funde con la dimensión lúdica de la ficción para expresar afanes íntimos del ser creado —del hombre real y del personaje ficticio— e indagar en la naturaleza de la creación misma (en el doble sentido ya citado, y realzado por el nombre del supuesto autor Jesús Godet, de reminiscencias evidentes). La prosapia literaria de este cuento es clara y su contenido forma parte de esos cuatro o cinco temas recurrentes en la literatura de nuestro siglo. En él han confluido la herencia existencialista de Unamuno y Pirandello y el empeño metanarrativo de Julio Cortázar o un Torrente Ballester. Al final, lo fantástico (producido por la metalepsis) envuelve tanto la queja existencial de la figura creada como la culminación del proceso literario nacido de ¿los sueños de un autor o de un lector?»[40].

Quizá convencida de este interés del que venimos hablando, la editorial Edhasa inauguró, a comienzos de 1991, la colección *Relatos* de narrativa breve, dirigida por Marina Mayoral. En la presentación, tras afirmar que «el cuento es el género del siglo XXI», se concluye que pretenden «devolver al cuento español el lugar y el prestigio que le corresponde y que nunca debió perder». Lamentablemente sólo ha durado un año[41]. La profesora y escritora gallega Marina Mayoral también ha cultivado el género con fortuna, pues al reconocimiento crítico se une la obtención de diversos premios de prestigio, como el Hucha de Oro de 1983, por «Ensayo de comedia». De *Morir en sus brazos y otros cuentos* (1988), una antología de sus relatos, hemos escogido A TRAVÉS DEL TABIQUE, en el que Cristina, una mujer frustrada en su maternidad, encuentra consuelo en las conversaciones que en el apartamento contiguo al suyo tienen, o al menos ella así lo cree, una madre y su hijo Currito. Poco a poco vamos conociendo (y el tierno tono cómplice y delicado de la primera persona de la narradora es un detalle fundamental) la triste historia de la protagonista, una mujer desgraciada y sexualmente insatisfecha en su matrimonio con Chema, que no sólo se casó con ella por interés, sino que también la engaña y la trata mal. Pero que además, ha vivido dos experiencias que no ha logrado superar: la tierna relación con su padre y el aborto que tuvo en Londres.

En 1991, con motivo de la feria del libro de Frankfurt, dedicada a España en esa ocasión, la revista *Luca-*

---

[40]   *ABC*, 15 de agosto de 1988.
[41]   En el que aparecieron volúmenes dedicados a Galdós, Pereda, Gabriel Miró, Cunqueiro, Fernández Santos, Vicente Soto, Ana María Navales, Mario Onaindía y García Sánchez.

nor publicó un número especial («El cuento en España, 1975-1990», 6, septiembre de 1991), que incluía una interesante antología consultada[42]. También a final de ese año apareció en Pamplona, dirigida por Joseluís González y Pedro de Miguel, la colección *La letra pequeña,* de Hierbaola Ediciones, dedicada exclusivamente a la publicación de textos de creación, estudios y antologías dedicados al cuento, que hasta hoy goza de buena salud. Pero las dos casas editoriales que más han apostado por el género, en el período que aquí nos ocupa, han sido Anagrama y Alfaguara. En sus catálogos están recogidas muchas de las obras que aquí hemos ido comentando[43].

No es fácil señalar unas características generales que definan el trabajo de estos autores. Sí creemos que, al igual que en la novela, predomina la variedad, pues no vemos tendencias claras, aunque sí individualidades descollantes, pero notamos —sobre todo entre los más jóvenes— una excesiva sujeción al modelo y las ideas que provienen de Maupassant[44] o Chejov[45] y, sobre todo, de

---

[42]   A la pregunta de cuáles son los autores de cuentos más representativos surgidos entre 1975 y 1990, respondieron quince profesores y críticos especialistas en el género, resultando elegidos los siguientes, al ser votados por al menos el 25 por 100 de los encuestados: Agustín Cerezales, Luis Mateo Díez, C. Fernández Cubas, J. Ferrer-Bermejo, J. M.ª Merino, J. A. Millán, A. Muñoz Molina, A. Pombo, S. Puértolas, J. Tomeo, P. Zarraluki y J. E. Zúñiga.

[43]   No obstante, en 1990, Jorge Herralde declaraba (*El Periódico,* Barcelona, 27 de diciembre de 1990): «Yo he apostado por algunos autores con libros de relatos, y he de reconocer que es una especie de voluntarismo editorial. La vida comercial de la mayoría de esos libros ha sido tristísima».

[44]   El cuentista francés tiene en España tantos defensores como detractores. Entre los primeros podemos citar a Javier Alfaya («La actualidad de Maupassant», *El Mundo,* 10 de julio de 1993, donde escribe que «será raro encontrar aún hoy a un autor de cuentos que no lo cite como uno de los maestros indiscutibles del género») y a Pedro Zarraluki, que le señala como uno de sus padres literarios («La nueva narrativa en España. Perplejos y disipados», *Diario 16,* 20 de junio de 1992); y entre los segundos, a Vila-Matas («Cien veranos sin Maupassant», *El Periódico,* Barcelona, 19 de julio de 1990). Puede verse tam-

Poe y Cortázar[46], organizando (por usar palabras de
Víctor Sklovski) el relato sobre un argumento preciso y
neto al que proporcionan una solución inesperada. O
mostrándonos un determinado estado de ánimo, más o
menos patológico, pues no olvidemos que casi todos los
protagonistas de estos textos suelen ser antihéroes. El
cuento, en general, por su densidad, concisión, ambigüedad y peculiar atmósfera sigue siendo el género preferido para narrar lo inexplicable y misterioso de la existencia humana. También, siguiendo el modelo de
Cortázar, el relato se ha utilizado para la reflexión metaliteraria. En los últimos años (aunque parece ser un
rasgo de época, ha aparecido con cierta frecuencia a lo
largo de la historia de la literatura), hallamos a menudo

---

bién, aunque no se ocupa del período que aquí estudiamos, Juan Paredes Núñez, «Maupassant en Espagne: D'Une influence concrète du
Horla», *Revue de Littérature Comparée*, 3, 1985, págs. 267-279.

[45]   Un par de temas del escritor ruso han calado en nuestros autores: esa extraña sensación de cómo un pequeño suceso, un acontecimiento que parece sencillo incluso banal, puede llegar a alcanzar dimensiones míticas o esconderse tras él una tragedia, y cómo a través
de los episodios de la vida cotidiana se puede mostrar el fin de un
período histórico. En *La corriente del golfo*, de S. Puértolas, hallamos
ecos del cuentista ruso, que quedan aún más claros a la luz de *La vida
oculta, op. cit.*, págs. 130-133, pero también en los relatos más recientes de Muñoz Molina.

[46]   Sobre la influencia de Cortázar en los nuevos cuentistas españoles —sobre todo el cultivo de la metaficción y cómo lo fantástico puede
compartir nuestra vida cotidiana— pueden verse las poéticas que se recogen en el número 6 de *Lucanor*, septiembre de 1991, en el que autores como Luis Mateo Díez, Juan José Millás (señala que la influencia
del argentino, sobre todo la idea del efecto único, «en los autores españoles de las últimas décadas está fuera de toda duda», pág. 144) y Antonio Muñoz Molina, citan al autor de *Rayuela*. Pero también en los libros de Cristina Fernández Cubas (véase el prólogo de Murillo a *El año
de gracia. Mi hermana Elba*, pág. 12), de Martínez de Pisón o de Laura
Freixas, por sólo citar unos ejemplos, se podría rastrear con provecho.
En la ya citada tertulia de la Universidad Autónoma de Barcelona, comentaba el escritor aragonés que Cortázar, que no sólo es un teórico
sino que ha llevado sus ideas a la práctica, es el codificador de lo que
hoy entendemos por cuento contemporáneo, pues fue él quien introdujo en España la idea del cuento como un género con unas reglas particu-
lares, con una tensión y una esfericidad peculiares.

cuentos formando parte de novelas o novelas compuestas por unidades narrativas menores, que podrían funcionar como cuentos independientes, trastocándose así
las fronteras de los géneros, adquiriendo ambos una
nueva dimensión en su unidad y complementariedad. Se
produce dicho fenómeno, con distintos matices, por
ejemplo, en *Siete miradas en un mismo paisaje* (1981),
de Esther Tusquets; *El cinturón traído de Cuba* (1985), de
Pilar Cibreiro; *El desorden de tu nombre* (1988), de Millás;
en *Una casa para siempre* (1988), *Suicidios ejemplares*
(1991) e *Hijos sin hijos* (1993), de Vila-Matas; en *Lejos de
Marrakech* (1998) y *Territorio enemigo* (1991), de Riera de
Leyva, y en *El sueño de Venecia*, de P. Díaz-Mas[47].

Sería importante que se cultivaran, alcanzando similar calidad, las distintas tradiciones que del cuento literario moderno se han dado en este siglo, sin tantas suje-
ciones a un modelo casi único. Por ejemplo, la que Muñoz Molina[48] ha seguido en sus últimos relatos, y que él
tan bien ha descrito: «Ahora, tal vez por influencia de
Chejov, de Carver o de la relectura de *Dubliners,* me
gustan más los cuentos que trazan una suave línea recta que se interrumpe sin aviso, o que fluyen con una
apariencia de instantaneidad o de azar». También se
ha producido en estos años un alejamiento, o evolución enriquecedora, si se quiere, del realismo críti-

---

[47]   Pero también aparece en las literaturas de las otras lenguas de
España; por ejemplo, en el *Memorial de Claudi M. Broch* (1986), de
Robert Saladrigas; *Ababakoak* (1988), de Bernardo Atxaga; *El jardí
dels set Crepuscles* (1989), de Miquel de Palol, y en *Un millón de vacas*
(1989), de Manuel Rivas. Sobre este fenómeno ha llamado la atención
María Esther Lecumberri, «*Siete miradas en un mismo paisaje* de Es-
ther Tusquets: ¿Una novela o siete relatos?», *Revista monográfica,*
IV, 1988, págs. 85-96, y refiriéndose a libros de Millás y Riera de
Leyva, Gonzalo Sobejano («Sobre la novela, y el cuento dentro de una
novela», *Lucanor,* 2, diciembre de 1988, págs. 73-92), Juan Antonio
Masoliver («Aventuras de un fotógrafo experto en coartadas», *La
Vanguardia,* 1 de febrero de 1991) y nosotros mismos («La escritura de
la imagen», *El Sol,* 22 de marzo de 1991). Véase también AA.VV., *El
relato intercalado,* Caballo Griego para la Poesía, Madrid, 1992.
[48]   «Contar cuentos», *Lucanor,* 6, septiembre de 1991, pág. 152.

co o costumbrista que tanto se cultivó en los cincuenta y sesenta. Con frecuencia, los autores parten de una situación normal que acaba derivando en hechos fantásticos.

En pocos años, como venimos señalando, la situación del cuento ha mejorado: ha salido del encasillamiento en el que se hallaba y empieza a dejar de ser la cenicienta de los géneros literarios clásicos, viéndose favorecido —José María Merino lo ha recordado— por el abandono de las tendencias experimentalistas, que predominaron durante los últimos sesenta y primeros setenta, y la vuelta al gusto por la narración, la trama y los personajes bien perfilados. Hay autores de varias generaciones que lo cultivan con acierto, editores dispuestos a publicarlos, diarios y revistas que los recogen con asiduidad[49], y lo que es más importante: un público interesado en el género.

Sus habituales cultivadores echan de menos, y no les falta del todo razón, una crítica más preparada y especializada, que valore el género teniendo en cuenta sus peculiares características[50], como también echamos to-

---

[49] Periódicos como *El País, Diario 16, El Periódico, El Sol, El Independiente* y *El Mundo* han publicado con frecuencia relatos en estos últimos años. Así como diversas revistas, desde *Blanco y Negro* y *Cambio 16* a *Lucanor, Las Nuevas Letras, Ronda Iberia, Barcarola, Turia, Ínsula* o *Bitzoc*, por sólo citar unas cuantas. Si algo podemos reprocharles es la falta de un criterio selectivo, pues al lado de excelentes cuentos se han publicado otros de muy poca calidad.

El fenómeno de los muchos premios, dedicados al cuento, hay cientos, es tan extraño como curioso. En la mayoría de los casos los relatos no se editan (valgan como excepciones el premio Antonio Machado, que concede la Fundación de los Ferrocarriles Españoles, el del Círculo de Lectores y el Tiflos, que otorga la ONCE), ni el fallo tiene apenas repercusión en los medios de comunicación, y cuando se publican suelen ser en ediciones a las que el lector, y ni siquiera el crítico, tiene acceso (quizá el ejemplo más grave, por su bien ganado prestigio, sea el Hucha de Oro). ¿Para qué sirven entonces estos concursos?

[50] Gran parte de la crítica, sobre todo la que escribe en la prensa, sigue pensando que el cuento no es más que un entrenamiento para emprender empresas de más envergadura, o sea, para escribir novelas. Véase, por ejemplo, la reseña en *Cambio 16,* 22 de junio de 1987, a *Antofagasta,* de Ignacio Martínez de Pisón, donde se señala que el au-

dos de menos una reflexión teórica e histórica profunda.
No deja de ser sorprendente que a estas alturas no tengamos una historia del relato breve, e incluso los trabajos parciales son escasos. También llama la atención que
los autores españoles, cuando citan a sus maestros, casi
siempre mencionan nombres de escritores de otras lenguas [Poe[51], Joyce, Virginia Woolf y Katherine Mans-
field[52], Kafka[53], Doris Lessing, Bernard Malamud, John

---

tor ha mostrado en «la media distancia» «tan buenas maneras que tendría ya que tantearse las fuerzas y aventurarse más allá». No deja de
ser curioso que en los años cincuenta, cuando el cuento gozó en nuestro país de una época de auge, se pensara lo mismo. Como es igualmente chocante el poco espacio, más bien ninguno, que se le ha dedicado en las historias de la literatura. Por ejemplo, en el último
volumen de la *Historia y crítica de la literatura española*, que dirige
Francisco Rico, *Los nuevos nombres: 1975-1990* (Crítica, Barcelona,
1992), no se trata el género.

[51]   Si algún autor y teórico del género ha sido leído y tenido en
cuenta por los narradores contemporáneos ha sido Poe. Si se repasan
los trabajos que los cuentistas dedican a reflexionar sobre el género,
que recogemos en un apartado de nuestra bibliografía, se podrá constatar la importancia de la presencia del escritor norteamericano cuya
reciente influencia en España proviene de Cortázar. Véase, aunque
trata de otro período, John E. Englekirk, *Edgar Allan Poe in Hispanic
Literature,* Instituto de las Españas, Nueva York, 1934.

[52]   Por ejemplo, a la escritora inglesa y su mundo están, como ya
hemos visto, en gran parte, dedicados los *Cuentos de Bloomsbury,*
Edhasa, Barcelona, 1991, de Ana María Navales. A la autora de *The
Garden Party* la homenajea (la dedicatoria reza: «A Katherine Mans-
field en su centenario») en *Kot o la muñeca japonesa,* Cuadernos de
Aretusa, Zaragoza, 1988, después recogido en el citado volumen
págs. 39-46. Véase también S. Puértolas, *La vida oculta, op. cit.*
págs. 230-234.

[53]   Lo que interesa del autor checo es, sobre todo, esa idea suya de
destino humano como búsqueda angustiada de una identidad, condenada irremisiblemente al fracaso; la lucidez de la desesperación, de
que vive en los límites... Quizá, los que mejor han sabido actualizar su
herencia han sido José Leyva con *Leivmotiv* (1972), pero sobre todo
José María Merino en su novela *La orilla oscura* y Vila-Matas en *Hijos
sin hijos.* Véase sobre este último, la brevísima pero enjundiosa nota
de Jordi Llovet, «Kafka y Vila-Matas», *La Vanguardia,* 12 de marzo
de 1993, en la que apunta que «es neokafkiano todo escritor que haya
sido capaz de resumir las categorías de nuestro tiempo, o sus rarezas

Cheever, J. D. Salinger, Raymond Carver, etc.], y en contadas ocasiones, puede que las excepciones sean Borges y Cortázar, a los grandes maestros hispanoamericanos, como Horacio Quiroga, al que se recuerda más como teórico que como narrador, Felisberto Hernández, Juan José Arreola, Rulfo, Bioy Casares, Onetti, Julio Ramón Ribeyro, Augusto Monterroso, al que tanto admira Vila-Matas[53bis] y de quien hallamos ecos en la segunda parte de *Los males menores* de L. M. Díez, etc. Y, por ejemplo, alguien que tenemos tan a mano como Mercé Rodoreda y Pere Calders, excelentes cuentistas catalanes, lamentablemente siguen siendo casi unos desconocidos. En 1977, en un suculento prólogo que puso Francisco Umbral a su *Teoría de Lola y otros cuentos*[54], que no hemos visto citado nunca, afirmaba con la rotundidad que lo caracteriza: «Para mí, el cuento es el género que mejor se corresponde con el estado de conciencia del hombre de hoy.» Y más adelante señalaba: «Por influencia de las literaturas anglosajonas, los escritores de lengua castellana, más americanos que españoles, están escribiendo hoy los mejores cuentos que se hayan escrito nunca en nuestro idioma. La vanguardia de la narrativa actual no está en la novela, sino en el relato corto, y son sus grandes hallazgos estéticos, técnicos, psicológicos y estilísticos los que nutren y renuevan a la novela...»
Si las conclusiones y valoraciones literarias son siem-

---

en una mitología tan entrañable cuanto indiscutible; y ello con una dosis enorme de sentido del humor y ni una pizca de sentimentalismo». El mismo escritor catalán, en «El muerto en vida», *Diario 16*, 10 de julio de 1993, califica a Kafka de «el escritor más realista del siglo XX», y resalta que «sabía que el derrotado en la vida, el muerto en la vida, el superviviente —como lo era él— siempre tiene una mirada más lúcida y penetrante y descubre todo lo que se halla oculto entre los escombros». Toda una declaración estética que ilumina su último libro. Una lectura distinta del autor checo ha hecho S. Puértolas. Véase *La vida oculta*, *op. cit.*, págs. 224-230.

[53bis]   «Hoy me siento bien, medio Kafka y medio Monterroso, la combinación casi perfecta», escribe en *El viajero más lento*, Anagrama, Barcelon, 1992, pág. 16.

[54]   Destino, Barcelona, págs. 9 y 11.

pre provisionales, en nuestro caso, no lo olviden, por favor, lo son más que nunca, pues éste es un estudio en marcha, de un género que se halla hoy en plena renovación.

SOBRE LA ANTOLOGÍA

No hay antólogo sensato que no añada una disculpa a su ingrata labor; las leyes retóricas del género lo mandan, pues ya se sabe que toda antología no sólo es una apuesta, sino también un cúmulo de errores que el tiempo, implacable, acaba poniendo de manifiesto. Si se ocupa de la literatura que todavía hoy se está haciendo, es más que nada un irresponsable atrevimiento, rayano —permítanme la hipérbole— con la locura, que acaba convirtiéndose en una máquina generadora de odios, alimentada por todos los que creyendo que deberían figurar en ella no han sido incluidos. Esperemos que en este caso no sea así.

Como nos ha recordado Calvino, toda antología debe trazarse unos límites e imponerse unas reglas, aunque al llevarlas a la práctica nos hayamos tomado, como debe ser, ciertas libertades. En esta nuestra, sólo nos hemos ocupado de los autores españoles que escriben en castellano, aunque los hay excelentes en catalán, gallego y vasco: de Saladrigas, Carme Riera o Quim Monzó, a Carlos Casares, Manuel Rivas o Bernardo Atxaga. Los incluidos han editado al menos un libro de cuentos, aunque si se hubiera dado el caso —que no ha sido así— de que un autor suficientemente significativo sólo tuviera publicados cuentos sueltos (como hasta 1992, Millás), no habríamos dudado en incluirlo; tenían que haber nacido como muy tarde en 1939 y haber desarrollado su obra, básicamente, entre 1975 y nuestros días. Este segundo criterio no sólo es el que más dudas nos ha suscitado, sino también el que más problemas nos ha creado, sobre todo porque dejaba fuera a Juan Eduardo Zúñiga,

que es uno de los cuentistas más importantes de estos
años, como hemos intentado explicar en las anteriores
páginas, y uno de los que más apreciamos. Pero nos parecía importante que hubiera, aunque con un criterio
más que laxo (los mayores son Álvaro Pombo y Ana
María Navales, que nacieron en 1939, y el más joven,
Martínez de Pisón, que lo hizo en 1960, o sea, con unos
veinte años de diferencia), ciertas complicidades genera-
cionales, unas ciertas vivencias comunes. Si creyéramos
en ellas podríamos decir que aquí conviven dos generaciones de escritores. La fecha de 1975 parece histórica-
mente obvia, y estéticamente significativa por el cambio
de intereses y gustos que se produce en los lectores en la
segunda mitad del decenio; aunque tampoco la hemos
seguido a rajatabla, pues como señalábamos antes el año
clave nos parece el de 1980, y cuando ha habido que
tratar un libro de los primeros setenta, como en el caso
de Luis Mateo Díez, tampoco nos han dolido prendas.
Aunque hemos sido generosos en la selección, que recoge a veinticinco autores, somos conscientes de que varios
de los que no hemos incluido, y que figuran citados en
este prólogo, podrían —por la calidad de su obra— haber estado aquí. Sólo citaremos un nombre, Antonio Soler, porque su libro de cuentos *Extranjeros en la noche*
(1992) nos parece uno de los mejores de estos últimos
años. Su ausencia sólo se justifica porque cuando apareció el volumen ya habíamos completado la selección de
textos. El único criterio que hemos seguido para escoger
tanto a autores como cuentos ha sido nuestro gusto personal, aunque intentando que no desentonara con el valor y el interés literario. El prólogo, aunque destinado a
encabezar esta antología, está escrito también pensando
en que pueda tener una cierta entidad propia, lo que
explicaría el espacio que dedicamos a Zúñiga o los comentarios sobre los cuentos de Pilar Cibreiro o Ramón
Gil Novales, por sólo citar unos ejemplos que pueden
llamar la atención. Y todo ello para lograr el doble fin
que nos habíamos propuesto: que el lector pudiera ha-

cerse una idea, lo más exacta posible, de lo que es el cuento español actual, de su calidad literaria, pero también de la variedad de estilos y tendencias; pero, sobre todo, esta antología está pensada para contagiarle al lector una pasión, un placer, para que disfrute con la lectura de unos cuentos que se han escrito y publicado en la España de hoy.

Las antologías se gestan lentamente, y a lo largo de estos años hemos contado con las siempre inteligentes sugerencias, pero también con la ayuda de algunos de los mejores conocedores del género, como Gonzalo Sobejano, Santos Sanz Villanueva, Juan Antonio Masoliver, Anthony Percival, Santos Alonso, José Luis Martín Nogales, Ramón Jiménez Madrid y Ángel Basanta. En diversos momentos, varios de los autores aquí antologados nos han echado una mano con aclaraciones o materiales, que no siempre eran fácil de conseguir. Gracias a todos ellos. Gracias también a Carlos Pujol, que con su habitual sabiduría me solucionó algún problemilla de erudición, y a Víctor García de la Concha por su confianza, por aquellos días inolvidables de Verines, de La Franca, en 1987, donde empezó a gestarse este volumen. Y a Celia Torroja, cómo no, por su infinita paciencia.

FERNANDO VALLS.

BIBLIOGRAFÍA[1]

ANTOLOGÍAS

SOBEJANO, GONZALO, y GARY D. KELLER (eds.): *Cuentos españoles concertados. De Clarín a Benet,* Nueva York Harcourt Brace Jovanovich, Nueva York, 1975.

AA.VV.: *Cuentos premiados en el Concurso convocado por la Caja de Ahorros y Monte de Piedad de León,* León, 1975.

ARCE, CARLOS DE (ed.): *Premios Sésamo. Cuentos,* Sagitario, Barcelona, 1975. Epílogo de Dámaso Santos.

GARCÍA PAVÓN, FRANCISCO (ed.): *Antología de cuentistas españoles contemporáneos,* Gredos, Madrid, 1976 (3.ª ed. renovada), 2 vols.

BENEYTO, ANTONIO (ed.): *10 narradores españoles,* Bruguera, Barcelona, 1977.

AA.VV.: *El día que subió y subió la marea y 10 cuentos más,* Confederación Española de Cajas de Ahorros, Madrid, 1977. XI Concurso de Cuentos Hucha de Oro.

---

[1] La bibliografía se centra, sobre todo, en los autores que protagonizan el período, aquellos que publican su obra entre 1975 y nuestros días; aunque con un criterio generoso he incluido trabajos sobre narradores que, aunque no cumplen la anterior condición, han seguido publicando cuentos con asiduidad a lo largo de estos años.

MUÑIZ, MAURO; *et al.: El tren de las tres y otras historias,* Madrid, 1977. Prólogo de G. Torrente Ballester. I Concurso de narraciones breves Antonio Machado.

AA.VV.: *Cuentos de actualidad hispánica,* Universidad de Kent (EE.UU.), 1977.

—: *Las señas y nueve cuentos más,* Confederación Española de Cajas de Ahorros, Madrid, 1978. XII Concurso de Cuentos Hucha de Oro.

PÉREZ ZELASCHI, ADOLFO LUIS, *et al.: Deolindo, el de Puntarrieles y ocho relatos más,* RENFE, Madrid, 1979. II Premio de narraciones breves Antonio Machado.

AA.VV.: *Los cuentos de Contrebia,* El Toro de Barro, Cuenca, 1979. Prólogo de Carlos de la Rica.

—: *Motín de cuenteros,* Prometeo, Valencia, 1979.

—: *Narrativa vasca actual. Antología y polémica,* Zero, Madrid, 1979.

NAVALES, ANA MARÍA, (ed.): *Antología de narradores aragoneses contemporáneos,* Eds. del Heraldo de Aragón, Zaragoza, 1980.

GARCÍA PAVÓN, FRANCISCO, *et al.: El tren que no conduce nadie y nueve relatos más,* RENFE, Madrid, 1980. Prólogo de Josefina Carabias. III Premio de narraciones breves Antonio Machado.

AA.VV.: *Amar fue locura bien nacida y nueve cuentos más,* Confederación Española de Cajas de Ahorros, Madrid, 1980. XIV Concurso de Cuentos Hucha de Oro.

CÓZAR, RAFAEL DE (ed.): *Narradores andaluces,* Legasa, Madrid, 1981.

FORTES, JOSÉ ANTONIO (ed.): *Los andaluces cuentan,* Aljibe, Granada, 1981.

RINCÓN, JOSÉ MARÍA, *et al.: Rosa la cordera y nueve relatos más,* RENFE, Madrid, 1981. IV Premio de narraciones breves Antonio Machado.

AA.VV.: *El cuadro y diez cuentos más,* Confederación

Española de Cajas de Ahorros, Madrid, 1981. XV Concurso de Cuentos Hucha de Oro.

AA.VV.: *Para soñar con angelitos,* Madrid, 1981.

NAVAJO, YMELDA (ed.): *Doce relatos de mujeres,* Alianza, Madrid, 1982.

GÓMEZ DE LA SERNA, SUSANA, *et al.: Viaje por una terraza y nueve relatos más,* RENFE, Madrid, 1982. V Premio de narraciones breves Antonio Machado.

ALDECOA, JOSEFINA R. (ed.): *Los niños de la guerra,* Anaya, Madrid, 1983.

QUINTANILLA BUEY, PEDRO, *et al.: El pájaro y nueve relatos más,* RENFE, Madrid, 1983. VI Premio de narraciones breves Antonio Machado.

AA.VV.: *Cuentos de la Felguera,* Caja de Ahorros de Asturias, Oviedo, 1983.

BAQUERO GOYANES, MARIANO, (ed.): *Narradores murcianos,* Ed. Regional, Murcia, 1983.

AA.VV.: *Cuentos parabúlicos.* La Luna de Madrid, Madrid, 1984.

—: *Premios Clarín, Larra, Buñuel y Marconi (1983),* Universidad Complutense, Madrid, 1984. Prólogo de M.ª del Pilar Palomo.

MANFREDI CANO, DOMINGO, *et al.: Tú, Guiomar y nueve cuentos más,* RENFE, Madrid, 1984. VII Premio de narraciones breves Antonio Machado.

DÍEZ RODRÍGUEZ, MIGUEL (ed.): *Antología del cuento literario,* Alhambra, Madrid, 1985.

CELA TRULOCK, JORGE, *et al.: Tatatlán, tatatlán... y otros cuentos ferroviarios,* RENFE, Madrid, 1985. VIII Premio de narraciones breves Antonio Machado.

AA.VV.: *Los cuentos de La Granja,* Edición del Centro Cultural Canónigos, La Granja de San Ildefonso, 1985.

FRAILE, MEDARDO (ed.): *Cuento español de posguerra,* Cátedra, Madrid, 1986.

HERNÁNDEZ, RAMÓN, y LUIS GONZÁLEZ DEL VALLE, (eds.): *Antología del cuento español 1985,* Society of Spanish and Spanish-American Studies, Madrid, 1986.

ALONSO, SANTOS (ed.): *Figuraciones,* Diputación Provincial de León, León, 1986.

JIMÉNEZ MADRID, RAMÓN (ed.): *Narradores murcianos. II,* Editora Regional de Murcia, Murcia, 1986.

PANERO MARTÍNEZ, JOSÉ ANTONIO, *et al.: Eleonor Mermelada perdió el mixto a Cienfuegos y nueve relatos más,* RENFE, Madrid, 1986. IX Premio de narraciones breves Antonio Machado.

AA.VV.: *Concurso de cuentos Sara Navarro. 1981-1985,* Madrid, 1986.

PAREDES NÚÑEZ, JUAN (ed.): *Razón de amor. Cuentos eróticos de escritores granadinos,* Universidad de Granada, Granada, 1987.

PEREA, HÉCTOR (ed.): *Cuento español del siglo XX. Breve antología,* Premiá/UNAM, México, 1987.

AA.VV.: *Premios Clarín, Larra y Buñuel (1986-1987),* Universidad Complutense, Madrid, 1987. Prólogo de M.ª del Pilar Palomo.

LABRADOR, ÁLVARO, *et al.: Un tren de verano,* RENFE, Madrid, 1987. X Premio de narraciones breves Antonio Machado.

AA.VV.: *Relatos de mujeres,* Ed. Popular, Madrid, 1988, 2 vols.

—: *Cuentos eróticos,* Grijalbo, Barcelona, 1988.

CÓZAR, RAFAEL DE (ed.): *Relatos amorosos de hoy (Antología),* El Carro de la Nieve, Sevilla, 1988.

AA.VV.: «El cuento hoy en España», *Las Nuevas Letras,* núm. 8, 1988.

PARAÍSO, ISABEL (ed.): *Cuentos literarios hispánicos,* Alborada, Madrid, 1988.

MANRIQUE DE LARA, JOSÉ G., *et al.: El tren de los desterrados y catorce relatos finalistas,* RENFE, Madrid, 1988. XI Premio de narraciones breves Antonio Machado.

AA.VV.: *Amor en nuestro tiempo. Crónicas de soledad, ilusión, tristeza y ternura,* Círculo de Lectores, Barcelona, 1988. I Concurso literario.

BARRERO PÉREZ, ÓSCAR (ed.): *El cuento español, 1940-1980,* Castalia, Madrid, 1989.

AA.VV.: *Cuentos de terror,* Grijalbo, Barcelona, 1989. Prólogo de Fernando Valls.

—: *Cuentos barceloneses,* Icaria, Barcelona, 1989.

—: *Siete narraciones extraordinarias,* Planeta, Barcelona, 1989.

—: *Premios Clarín y Larra (1988),* Universidad Complutense, Madrid, 1989. Prólogo de M.ª del Pilar Palomo.

LEGARRETA, LETICIA DE, *et al.: Cayó usted en el olvido y nueve relatos finalistas,* RENFE, Madrid, 1989. XII Premio de narraciones breves Antonio Machado.

TORBADO, JESÚS, *et al.: La voz del centurión y nueve relatos finalistas,* RENFE, Madrid, 1989. XIII Premio de narraciones breves Antonio Machado.

AA.VV.: *Cuentos de la calle de la Rúa,* Ed. Popular, Madrid, 1989. Prólogo de Sabino Ordás.

—: *Hucha de cuentos para Miguel Amigo,* AINISA, Madrid, 1989. Homenaje a Miguel Allué Escudero.

—: *Vejez en nuestro tiempo. Historias de ilusión y desesperanza, de amor y nostalgia,* Círculo de Lectores, Barcelona, 1989. II Concurso literario.

—: *La próxima luna (Historias de horror),* Tanagra, Barcelona, 1990.

—: *El fin del milenio,* Planeta, Barcelona, 1990.

—: *Cuadernos del asfalto,* Grupo 16, Madrid, 1990. Prólogo de Juan Madrid.

—: *Los pecados capitales,* Grijalbo, Barcelona, 1990. Prólogo de Laura Freixas.

URIZ, FRANCISCO J. (ed.): *España cuenta,* Edelsa/Edi 6, Madrid, 1990.

—: *Cosas que pasan (Relatos breves),* Edelsa/Edi 6, Madrid, 1990.

ESTÉVEZ, CARMEN (ed.): *Relatos eróticos,* Castalia, Madrid, 1990.

CARBONERO, EDUARDO (ed.): *Cuentos urbanícolas,* Ed. Popular, Madrid, 1990.

FERNÁNDEZ FERRER, A. (ed.): *La mano de la hormiga,* Fugaz, Madrid, 1990.

MUÑIZ, MARÍA ELVIRA (ed.): *Cuentos literarios de autores asturianos, Antología (1945-1990)*, Fundación Dolores Medio, Gijón, 1990.

AA.VV.: *Cuentos Villa de Bilbao. 1980-1989*, Ayuntamiento de Bilbao, 1990.

—: *Literatura*, 11, VI/1990. Prólogo de Raúl Guerra Garrido.

—: *Relatos de la mar*, Ayuntamiento de Carreño, Candás, 1990.

—: *Toda va de cuentos*, Horas y horas, Madrid, 1991.

QUINTO, MANUEL (ed.): *Negro como la noche*, Júcar, Oviedo, 1991. Presentación de M. Vázquez Montalbán.

AA.VV.: *Doce cuentos de Navidad, Gente. Diario 16*, Madrid, 1991.

—: *Obras casi completas*, Horas y horas, Madrid, 1991.

AZÚA, FÉLIX DE (ed.): *Narraciones Biennal 91*, Ajuntament de Barcelona, Barcelona, 1991.

AA.VV.: *Navidad. Algunos cuentos*, Hierbaola, Pamplona, 1991. Prólogo de Medardo Fraile y selección de Pedro de Miguel.

—: «El cuento en España. 1975-1990», *Lucanor*, 6, 1991.

UMBRAL, FRANCISCO, *et al. Tatuaje y nueve relatos finalistas*, RENFE, Madrid, 1991. XIV Premio de narradores breves Antonio Machado.

AA.VV.: *Las autoridades sanitarias advierten y otros cuentos de humor*, Tabapress, Madrid, 1991.

MIGUEL, PEDRO DE, y JOSELUÍS GONZÁLEZ (eds.): *Narradores vascos. Antología de la narrativa breve vasca actual*. Hierbaola, Pamplona, 1992.

IRIGOYEN, RAMÓN, *et al.: Curación milagrosa y nueve relatos finalistas*, RENFE, Madrid, 1992. XV Premio de narraciones breves Antonio Machado.

AA:VV.: *Hermano animal, hermana flor, madre Tierra... Historias de una España herida*, Círculo de Lectores, Barcelona, 1992. III Concurso literario.

MASOLIVER, JUAN ANTONIO (ed.): *The Origins of De-*

sire. Modern Spanish Short Stories, Serpent's Tail, Londres, 1993.

GONZÁLEZ, JOSELUÍS, y PEDRO DE MIGUEL (eds.): *Últimos narradores. Antología de la reciente narrativa breve española,* Hierbaola, Pamplona, 1993. Prólogo de Santos Sanz Villanueva.

VALVERDE, JOSÉ A. (ed.): *Los colmillos de la luna,* Babilonia, Madrid, 1993.

MARTÍNEZ MENA, ALFONSO, et al.: *Un tal Champfleury y otros relatos,* Fundación de los Ferrocarriles Españoles, Madrid, 1993. XVI premio de narraciones breves Antonio Machado.

NUEZ, SEBASTIÁN DE LA, y FLORA LILIA BARRERA (eds.): *Retablo y geografía de cuentos canarios,* Gobierno de Canarias, Las Palmas, 1993.

ARTÍCULOS, PRÓLOGOS Y LIBROS

AA.VV.: *Literatura contemporánea en Castilla y León,* Junta de Castilla y León, Valladolid, 1986.

—: *Ínsula,* XLIII, 495, febrero de 1988 *a*, págs. 21-24.

—: *Ínsula,* XLIII, 496, marzo de 1988, págs. 21-24.

—: «La situación de las letras españolas. El cuento», *República de las letras,* 22, julio de 1988 *c*, págs. 53-109.

—: «Hispanic Short Story», *Revista Monográfica,* IV, 1988 *d*.

—: *Narradoras españolas de hoy,* Université de Perpignan, Perpignan, 1988 *e*.

AA.VV: *Seis calas en la narrativa española contemporánea,* Fundación Colegio del Rey, Alcalá de Henares, 1989.

ACÍN, RAMÓN: *Narrativa o consumo literario (1975-1987),* Universidad de Zaragoza, Zaragoza, 1990.

—: «El cuento y sus medios de difusión», *Lucanor,* 6, septiembre de 1991, págs. 67-82.

—: *Los dedos de la mano,* Mira, Zaragoza, 1992.

ALBORG, CONCHA: «Cuatro narradoras de la transición», en R. Landeira, y Luis T. González-del-Valle (1987), págs. 11-27.

ALONSO, ANTONIO: «Notas sobre los cuentos de Isaac de Vega», AA.VV., *Encuentro de narrativa canaria (1982)*, Ateneo y Ayuntamiento de La Laguna, 1985, págs. 13-17.

ALONSO, SANTOS: *Literatura leonesa actual. Estudio y antología de 17 escritores,* Junta de Castilla y León, Valladolid, 1986.

—: «Contar, crear libremente», *Las Nuevas Letras*, 8, 1988, págs. 68 y 69.

—: «Entre el vivir y el soñar... el recordar. Acercamiento a los autores leoneses de cuentos», *Filandón. Diario de León,* 9 de octubre de 1988.

—: «Los cuentos de Antonio Pereira», *Lucanor*, 2, 1988, págs. 45-62.

—: «Poética del cuento. Los escritores actuales meditan sobre el género», *Lucanor*, 6, septiembre de 1991, págs. 43-54.

ARANGUREN, JOSÉ LUIS: «Prólogo» a Á. Pombo, *Relatos sobre la falta de sustancia,* Anagrama, Barcelona, 1985, págs. 7-9.

BARRERO PÉREZ, ÓSCAR: «Introducción a la narrativa de José Ferrer Bermejo», en J. Ferrer Bermejo, *La música de Ariel Caamaño*, Hierbaola, Pamplona, 1992, págs. 7-14.

BERMEJO, JOSÉ MARÍA: «Medardo Fraile: épica de lo cotidiano», *Nueva Estafeta*, 25, diciembre de 1980, págs. 82-85.

BRANDENBERGER, ERNA: *Estudios sobre el cuento español actual,* Ed. Nacional, Madrid, 1973.

BRETZ, MARY LEE: «Cristina Fernández Cubas and the Recuperation of the Semiotic in *Los altillos de Brumal*», *Anales de la literatura española contemporánea,* 13, 3, 1988, págs. 177-188.

CAMARERO ARRIBAS, TOMÁS: «Lógica de una narrativa en *Una enfermedad moral* de Soledad Puértolas», en AA.VV. (1988 *e*), págs. 133-157.

CAMPOS, JORGE: «Divagaciones desde España en torno al cuento hispanoamericano», en E. Pupo-Walker (ed.), *El cuento hispanoamericano ante la crítica*, Castalia, Madrid, 1973, págs. 371-383. Recogido en J. González (ed.), *Papeles sobre el cuento español contemporáneo*, Hierbaola, Pamplona, 1992, páginas 182-194.

CANDAU, ANTONIO: *La obra narrativa de José María Merino*, Diputación Provincial de León, León, 1992.

CARRILLO, NURIA: *El cuento español en la década de los 80: catalogación y estudio,* Universidad de Valladolid, tesis de Licenciatura, 1990 (inédita).

—: «El esplendor del relato moderno; poética del cuento en los años 80», *Castilla* (en prensa).

—: «La fantasía: una opción estética en la narrativa corta de los 80», en las actas (en prensa) del *Congreso letras españolas de nuestro tiempo: en homenaje a Rosa Chacel*, Universidad de La Rioja.

CASTILLO DE BERCHENKO, ADRIANA: «Del cuento brevísimo y sus alrededores: "Rehilete" de Neus Aguado», en AA.VV. (1988 *e*), págs. 203-210.

CERCAS, JAVIER: *La obra literaria de Gonzalo Suárez,* Sirmio, Barcelona, 1993.

CHEVALIER, MARIE: «Eufemismo y densidad de expresión en los cuentos de Medardo Fraile», *Cahiers de Poétique et de Poésie Ibérique et Latino Americaine*, Université de París X, 2, junio de 1976, págs. 42-86.

DELGADO MARTÍNEZ, SANTIAGO: «Conciencia y voluntad de clásico en la prosa de Pedro García Montalvo», *Monteagudo* (Murcia), 79, 1982, págs. 29-32.

DÍAZ, EPÍCTETO: *Del pasado incierto. La narrativa breve de Juan Benet*, Ed. Complutense, Madrid, 1992.

DÍAZ DE REVENGA, F. J., y DE PACO, M.: *Historia de la Literatura murciana,* Universidad de Murcia / Academia Alfonso X el Sabio/Ed. Regional, Murcia, 1989.

FERRER-VIDAL, JORGE: *Confesiones de un escritor de cuentos (1951-1993),* Hierbaola, Pamplona, 1993. Prólogo de Lauro Olmo.

FRAILE, MEDARDO: «Guía del cuento contemporáneo en España», *Cahiers de Poétique et de Poésie Ibérique et Latino Americaine,* Universidad de París (Nanterre X), 2, junio de 1976, págs. 18-39.

FRAILE, MEDARDO: «Crónica de mí mismo y alrededores», *Las Nuevas Letras,* 8, 1988, págs. 70-79.

—: «¿El resurgir del cuento?», *Ínsula,* 512-513, agosto-septiembre de 1989, pág. 10.

—: «Los recuentos inútiles. Sobre el cuento español contemporáneo», *Atlántida,* 3, 1990, págs. 95-100.

GLENN, KATHLEEN M.: «Martínez de Pisón's "Alusión al tiempo" and Hitchcock's Rear Window: Voyeurism and Self-Reflexivity», en AA.VV. (1988 *d*), págs. 16-24.

—: «Gothic Indecipherability and Doubling in the Fiction of Cristina Fernández Cubas», *Revista monográfica,* VII, 1992, págs. 125-141.

—: «Back to Brumal: fiction and film», en AA.VV., *Romance Languages Annual, 1992,* Purdue Research Fundation, 1993, v. VI, págs. 460-465.

GONZÁLEZ HERRÁN, JOSÉ MANUEL: «Álvaro Pombo, o la conciencia narrativa», *Anales de la literatura española contemporánea,* 10, 1-3, 1985, págs. 99-108.

GOÑI, JAVIER: «El cuento en España. Un telegrama de 3.500 palabras, de destino incierto», *Leer,* 30, mayo de 1990, págs. 39-42.

GOULD LEVINE, LINDA: «Behind the "Enemy Lines": Strategies for Interpreting *Las virtudes peligrosas* of Ana María Moix», en Landeira, R. y L. T. González-del-Valle (1987), págs. 97-111.

GULLÓN, RICARDO: «Introducción» a Juan Benet, *«Una tumba» y otros relatos,* Taurus (*Temas de España,* 111). 1981, págs. 7-50.

—: «Introducción» a A. Pereira, *Cuentos para lectores cómplices,* Espasa-Calpe (*Austral,* núm. 101), Madrid, 1989, págs. 9-29.

—: «Laberintos de la narración», *ABC,* 16 de junio de 1990.

—: «Introducción» a Ricardo Doménech, *El espacio escarlata,* Endymión, Madrid, 1988, págs. 9-22.

HIGUERO, FRANCISCO JAVIER: «Multiplicidad funcional de la memoria en cuatro cuentos de José Jiménez Lozano», *Lucanor*, 5, 1990, págs. 39-57.

—: *La imaginación agónica de Jiménez Lozano*, Anthropos, Barcelona, 1991.

—: «Jiménez Lozano o la permanencia del significado originario», «Introducción» a J. Jiménez Lozano, *Objetos perdidos*, Ámbito, Valladolid, 1993, págs. 9-33.

JIMÉNEZ MADRID, RAMÓN: «García Montalvo, Pedro», *Narrativa breve de autor murciano*, Editora Regional de Murcia, Murcia, 1985, págs. 143-160.

—: «Tres generaciones frente al cuento (1975-1990)», *Lucanor*, 6, septiembre de 1991, págs. 55-66.

—: *El universo narrativo de Jesús Fernández Santos,* Universidad de Murcia, Murcia, 1991.

—: «La narrativa breve de Juan Eduardo Zúñiga», *Montearabí* (Yecla), 14, 1992, págs. 7-22.

JOHNSON, ROBERTA: «Agustín Cerezales: un narrador para el siglo veintiuno», *España contemporánea*, V, 2, otoño de 1992, págs. 121-127.

LANDEIRA, RICARDO, y LUIS T. GONZÁLEZ-DEL-VALLE (eds.): *Nuevos y novísimos. Algunas perspectivas críticas sobre la narrativa española desde la década de los sesenta,* Society of Spanish and Spanish-American Studies, Boulder (Colorado), 1987.

LAREQUI GARCÍA, EDUARDO M.: «Sueño, imaginación, ficción. Los límites de la realidad en la narrativa de José María Merino», *Anales de la literatura española contemporánea*, 13, 3, 1988, págs. 225-247.

LECUMBERRI, MARÍA ESTHER: *«Siete miradas en un mismo paisaje»* de Esther Tusquets: ¿Una novela o siete relatos?, en AA.VV. (1988 *d*), págs. 85-96.

LEZCANO, MARGARITA M.: «Cuentos canarios contemporáneos», en AA.VV. (1988 *e*), págs. 78-85.

LÓPEZ MARTÍNEZ, JOSÉ: «Los premios literarios hoy: El Sésamo», *La Estafeta Literaria*, 576, 15 de noviembre de 1975, págs. 13-15.

—: «Los premios literarios hoy: El Ateneo de Valladolid, de novela corta», *La Estafeta Literaria*, 596, 15 de septiembre de 1976.

LÓPEZ MARTÍNEZ, JOSÉ: «Los premios literarios hoy: Hucha de Oro, de cuentos», *La Estafeta Literaria*, 613, 1 de junio de 1977.

—: «Los premios literarios hoy: Certamen Internacional de cuentos *Diario regional*, de Valladolid», *La Estafeta Literaria*, 615, 1 de julio de 1977.

MARTÍNEZ CACHERO, JOSÉ MARÍA: «Luis Fernández Roces: de sus premios y de sus cuentos», prólogo a Luis Fernández Roces, *De algún cuento a esta parte*, Caja de Ahorros de Asturias, Oviedo, 1990, págs. 7-13.

MARTÍNEZ GARCÍA, FRANCISCO: *Historia de la literatura leonesa,* Everest, León, 1982.

MARTÍNEZ RUIZ, FLORENCIO: «El cuento español en su plenitud», *Magisterio español*, 15 de febrero de 1980.

MAYORAL, MARINA (ed.): *El personaje novelesco,* Cátedra/Ministerio de Cultura, Madrid, 1990.

MENDIZÁBAL OSTOLAZA, JUAN CRUZ: *Lo cotidiano y la situación límite: la narrativa de Raúl Guerra Garrido,* Júcar, Madrid/Gijón, 1993.

MIÑAMBRES, NICOLÁS: «Los relatos de Elena Santiago: claves líricas de la soledad», en AA.VV. (1986), págs. 410-415.

MURILLO, ENRIQUE: «Introducción» a I. Martínez de Pisón, *La ternura del dragón. Alguien te observa en secreto*, Círculo de Lectores, Barcelona, 1989, págs. 7-13.

—: «Introducción» a S. Puértolas, *Una enfermedad moral. Todos mienten,* Círculo de Lectores, Barcelona, 1989, págs. 7-13.

—: «Introducción» a C. Fernández Cubas, *El año de gracia. Mi hermana Elba.* Círculo de Lectores, Barcelona, 1992, págs. 7-13.

—: «Introducción» a E. Vila-Matas, *Suicidios ejemplares. Una casa para siempre,* Círculo de Lectores, Barcelona, 1993, págs. 7-13.

MYERS, EUNICE: «The Quixerotic Quest: Paloma Díaz-Mas's "La discreta pecadora, o ejemplo de doncellas recogidas», *Revista monográfica*, VII, 1991, páginas 146-155.

NICHOLS, GERALDINE C.: «Stranger Than Fiction: Fantasy in Short Stories by Matute, Rodoreda, Riera», en AA.VV. (1988 *d*), págs. 33-42.

ORDÁS, SABINO: «El cuento, olvidado», *Las cenizas del Fénix,* Diputación Provincial de León, León, 1985, págs. 158-162.

ORTEGA, JOSÉ: «La dimensión fantástica en los cuentos de Fernández Cubas», *Revista monográfica*, VIII, 1992, págs. 157-163.

ORTIZ-ALFAU, ÁNGEL: *Raúl Guerra Garrido*, Baroja, Bilbao, 1989.

PADRÓS DE PALACIOS, ESTEBAN: «Prólogo» a Pedro Ugarte, *Noticia de tierras improbables,* Hierbaola, Pamplona, 1992, págs. 7-20.

PALOMO, MARÍA DEL PILAR: «Medardo Fraile o el intimismo narrativo», *Crítica*, 766, junio de 1989.

PERCIVAL, ANTHONY: «El cuento en la posguerra», *Las Nuevas Letras*, 8, 1988, págs. 87-93.

PEREIRA, ANTONIO: «Repertorio de los cuentos de Antonio Pereira», *Lucanor*, 2, 1988, págs. 63-71.

—: «Prólogo» a Esteban Padrós de Palacios, *Los que regresan,* Hierbaola, Pamplona, 1991, págs. 11-13.

PÉREZ, JANET: «Characteristics of Erotic Brief Fiction by Women in Spain», *Revista monográfica,* VII, 1991, págs. 173-195.

PIÑA-ROSALES, G.: *Narrativa breve de Manuel Andújar,* Hispanofila, Valencia, 1988.

PUJANTE, ÁNGEL LUIS: «Del cuento», *Márgenes*, 3, invierno de 1981-1982, págs. 107-114.

PUPO-WALKER, ENRIQUE: «Indicios de una nueva plenitud: Notas sobre el cuento español, y un libro de Ricardo Doménech», *Ínsula*, XXXIV, 394, septiembre de 1979, pág. 4.

—: «La problematización del discurso en textos de Mario Vargas Llosa y Ricardo Doménech», *Revista Iberoamericana*, 47, 116-117, 1981, págs. 283-288.

RODRÍGUEZ FISCHER, ANA: «Introducción» a Rosa Chacel, *Sobre el piélago*, Torremozas, Madrid, 1992, págs. 7-28.

RODRÍGUEZ PADRÓN, JORGE: *Jesús Fernández Santos*, Ministerio de Cultura, Madrid, 1981.

ROGER, ISABEL M.: «La *trampa social* en los relatos de Medardo Fraile», *Revista Hispánica Moderna*, XLIII, 1, junio de 1990, págs. 49–47.

RUEDA, ANA: «Cristina Fernández Cubas: una narrativa de voces extinguidas», en AA.VV. (1988 *d*), páginas 257-267.

—: *Relatos desde el vacío. Un nuevo espacio crítico para el cuento actual,* Orígenes, Madrid, 1992.

SABUGO ABRIL, AMANCIO: «El relato. Un ensayo literario del fragmentado siglo XX», *El Independiente*, 25 de octubre de 1990.

SÁNCHEZ LOBATO, JESÚS: *Alonso Zamora Vicente*, Ministerio de Cultura, Madrid, 1982.

SÁNCHEZ VIDAL, AGUSTÍN: «Tipologías narrativas en *Apólogos y milesios* de Juan García Hortelano», en AA.VV., *Formas breves del relato*, Zaragoza, 1986, págs. 283-296.

SANZ VILLANUEVA, SANTOS: «El cuento, de ayer a hoy», *Lucanor*, 6, septiembre de 1991, págs. 13-25.

SOBEJANO, GONZALO: «Sobre la novela y el cuento dentro de una novela», *Lucanor*, 2, 1988, págs. 73-93.

—: «Sobre la obra de José María Merino», *España contemporánea*, V, 2, otoño de 1992, págs. 93-103.

SPIRES, ROBERT C.: «La estética posmodernista de Ignacio Martínez de Pisón», *Anales de la literatura española contemporánea*, 13, 1-2, 1988, páginas 25-35.

—: «El concepto de antisilogismo en la novelística del postfranquismo», *España contemporánea*, V, 2, otoño de 1992, págs. 9-16.

TALBOT, LYNN K., «Journey Into the Fantastic: Cristina Fernández Cubas *Los altillos de Brumal*», *Letras femeninas*, 15, 1989, págs. 37-47.

TIJERAS, EDUARDO: *Últimos rumbos del cuento español*, Columba, Buenos Aires, 1969.

TRONCOSO DURÁN, DOLORES: *La narrativa de Juan García Hortelano,* Universidad de Santiago de Compostela, 1985, págs. 221-251.

VALENTE, JOSÉ ÁNGEL: «Sobre fábulas apólogas y fábulas milesias», *Quimera,* 13, septiembre de 1981, páginas 54 y 55.

VALLS, FERNANDO: «El renacimiento del cuento en España (1975-1990)», *Lucanor,* 6, septiembre de 1991, págs. 27-42.

—: «El cuento español actual. Bibliografía», *Lucanor,* 6, septiembre de 1991, págs. 93-97.

VALLS, FERNANDO, y NURIA CARRILLO: «El cuento español actual. Cronología», *Lucanor,* 6, septiembre de 1991, págs. 83-92.

VÁSQUEZ, MARY S.: «Two Mourners for the Human Spirit: Ana María Matute and Flannery O'Connor», en AA.VV. (1988 *c*), págs. 51-59.

VERNON, KATHLEEN M.: «Amor, fantasía, vacío en un cuento de Juan Benet», *Ínsula,* 410, enero de 1981, pág. 10. Recogido en K. M. Vernon (ed.), *Juan Benet,* Taurus, Madrid, 1986, págs. 220-226.

VIDAL-FOLCH, IGNACIO: «Introducción» a P. Díaz-Mas, *El rapto del Santo Grial. Nuestro milenio,* Círculo de Lectores, Barcelona, 1993, págs. 7-13.

VOSBURG, NANCY B.: «*Siete miradas en un mismo paisaje* de Esther Tusquets», en AA.VV. (1988 *d*), páginas 97-106.

ZATLIN, PHYLLIS: «Tales from Fernández Cubas: Adventure in the Fantastic», *Revista monográfica,* III, 1987, págs. 107-108.

ZULETA, EMILIA DE: «Prólogo» a Alonso Zamora Vicente, *Voces sin rostro,* Espasa-Calpe (*Selecciones Austral,* núm. 161), Madrid, 1989, págs. 9-28.

LOS AUTORES REFLEXIONAN SOBRE EL GÉNERO:

AA.VV: *Ínsula*, XLIII, 495, febrero de 1988 *a*, páginas 21-24.

—: *Ínsula*, XLIII, 496, marzo de 1988 *b*. págs. 21-24.

—: «La situación de las letras españolas. El cuento», *República de las letras*, 22, julio de 1988 *c*, páginas 53-109.

ALPERI, VÍCTOR: «El cuento: algunas reflexiones», AA.VV. (1988 *c*), págs. 99-102.

APARICIO, JUAN PEDRO: «La navegación del cuento», en AA.VV. (1988 *a*), pág. 23.

—: «Un aire de familia», en Mayoral (1990), páginas 157-163.

ATXAGA, BERNARDO: «Acerca de los cuentos», *Ababakoak*, Ediciones B, 1989, págs. 197-207.

AYALA, FRANCISCO: *La estructura narrativa y otras experiencias literarias*, Crítica, Barcelona, 1984, páginas 44-48.

BERLANGA, ANDRÉS: «Sobre el cuento», en AA.VV. (1988 *a*), pág. 24.

CEREZALES, AGUSTÍN: «El cuento de la novela», *ABC*, 7 de enero de 1990.

—: *«Escaleras en el limbo»*, *Lucanor*, 6, septiembre de 1991, pág. 100.

DÍAZ-MAS, PALOMA: «Los nombres de mis personajes», en Mayoral (1989), págs. 107-120.

DÍEZ, LUIS MATEO: «Contar algo del cuento», en AA. VV. (1988 *a*), pág. 22. Recogido en *El porvenir de la ficción*, Caballo Griego para la Poesía, Madrid, 1992, págs. 63-66.

—: «Imagen del cuento», *Lucanor*, 6, septiembre de 1991, pág. 106.

FERNÁNDEZ CUBAS, CRISTINA: «Elba: el origen de un cuento», *Lucanor*, 6, septiembre de 1991, págs. 114-116.

FERRER BERMEJO, JOSÉ: «Los cuentos no se explican», *Lucanor*, 6, septiembre de 1991, pág. 118.

FERRER BERMEJO, JOSÉ: «Epílogo», en *La música de Ariel Caamaño*, Hierbaola, Pamplona, 1992, páginas 121-128.

FERRER-VIDAL, JORGE: «Situación del cuento literario, en España», en AA.VV. (1988 *c*), págs. 73-78.

—: *Confesiones de un escritor de cuentos (1951-1993)*, Hierbaola, Pamplona, 1993. Prólogo de Lauro Olmo.

FRAILE, MEDARDO: Véase el apartado anterior.

GUERRA GARRIDO, RAÚL: «Vivir del cuento», *El País*, 4 de enero de 1984.

MARÍAS, JAVIER: «¿Quién escribe?», en Mayoral (1990), págs. 91-99.

—: *Literatura y fantasma*, Siruela, Madrid, 1993.

MARTÍNEZ MENA, ALFONSO: en AA.VV. (1988 *c*), páginas 57-62.

MARTÍNEZ-MENCHÉN, ANTONIO: «Y va de cuento...», en AA.VV. (1988 *c*), págs. 81-84.

MATUTE, ANA MARÍA: «Los cuentos vagabundos», en M. Díez Rodríguez, ed., *Antología del cuento literario*, Alhambra, Madrid, 1985, págs. 173 y 174.

MAYORAL, MARINA (ed.): *El oficio de narrar*, Ministerio de Cultura/Cátedra, Madrid, 1989.

—: ed., *El personaje novelesco*, Ministerio de Cultura/Cátedra, Madrid, 1990.

—: «La autonomía del personaje novelesco», en Mayoral (1990), págs. 101-108.

MERINO, JOSÉ MARÍA: «El cuento: narración pura», en AA.VV. (1988 *a*), pág. 21.

—: «Género corto, pero no menor», *La Vanguardia,* 16 de noviembre de 1990.

—: «Contar historias», *Lucanor*, 6, septiembre de 1991, pág. 124.

MILLÁN, JOSÉ ANTONIO: «En breve», *Leer*, extraordinario C, junio de 1990.

—: «El escritor como Proteo cansado», *Lucanor*, 6, septiembre de 1991, pág. 134.

MILLÁS, JUAN JOSÉ: «Lo que cuenta el cuento», *El País,* 1 de noviembre de 1987.

MILLÁS, JUAN JOSÉ: «El cuento», *Lucanor*, 6, septiembre 1991, pág. 144.

MUÑOZ MOLINA, ANTONIO: «La invención del personaje», en Mayoral (1990), págs. 87-90.

—: «Contar cuentos», *Lucanor*, 6, septiembre de 1991, pág. 152.

—: *La realidad de la ficción,* Colección Los cuatro vientos, Renacimiento, Granada, 1993.

—: «Nota del autor», en *Nada del otro mundo*, Espasa Calpe, Madrid, 1993, pág. 9.

NAVALES, ANA MARÍA: «El auge invisible: notas sobre el cuento español en la actualidad», en AA.VV. (1988 c), págs. 63-66.

—: «Bloomsbury», *El Sol*, 27 de julio de 1991.

—: «El cuento en la literatura española reciente», *República de las letras,* 34, julio de 1992, págs. 53-57.

—: «Dos mujeres, una pasión y un paisaje: *Cuentos de Bloomsbury*», en Mercedes Bengoechea, ed., *La huella de Virginia Woolf*, Universidad de Alcalá de Henares, Alcalá de Henares, 1992, págs. 45-52.

—: *«Cuentos de Bloomsbury», El mono-gráfico* (Valencia), 4, diciembre de 1992, págs. 56-58.

PALOMINO, ÁNGEL, en AA.VV. (1988 c), págs. 103-106.

PERAILE, MELIANO: «Un preciso género: el cuento literario», *Turia*, 4-5, 1986, págs. 34-40.

—: en AA.VV. (1988 c), págs. 67-70.

—: «La literatura de la resistencia. El cuento», en AA.VV., *1939-1989. Medio siglo de literatura española, República de las letras,* 24, junio de 1989, págs. 63-65.

—: «El cuento, objeto de confusión», *ABC*, 13 y 14 de abril de 1990.

—: «Aguja de navegar cuentos, con la receta para hacer relatos en una hora», *República de las letras*, 34, julio de 1992, págs. 58-61.

—: «El espacio en literatura: el cuento», *República de las letras*, 37, abril de 1993, págs. 83-88.

POMBO, ÁLVARO: «Una debilidad literaria», *Cambio 16*, 819, 10 de agosto de 1987, págs. 64-66.

POMBO, ÁLVARO: «Notas en torno al cuento», *Lucanor*, 6, septiembre de 1991, pág. 160.

PUÉRTOLAS, SOLEDAD: en AA.VV. (1988 *c*), págs. 107-109.

—: «Pauline a la luz del día», en Mayoral (1990), páginas 147-155.

—: «La gracia de la vida, la inmortalidad», *Lucanor*, 6, septiembre de 1991, pág. 172.

—: *La vida oculta*, Anagrama, Barcelona, 1993.

PUIG, VALENTÍ: «Sobre el cuento», en AA.VV. (1988 *a*), pág. 24.

QUIÑONES, FERNANDO: «Basta de cuentos», *Las Nuevas Letras*, 8, 1988, págs. 66 y 67. Los mismos argumentos en «Lo hablado allá, quede aquí», en AA.VV. (1988 *c*), págs. 87 y 88.

RENDÉ, JOAN: «Desiderátum y utopía del cuento», en AA.VV. (1988 *a*), pág. 23.

RUBIO, RODRIGO: «El cuento, un desafío para mí», en AA.VV. (1988 *c*), págs. 89 y 90.

SORIANO, ELENA: en AA.VV. (1988 *c*), págs. 91-96.

TOMEO, JAVIER: «Apenas un guiño literario», *Lucanor*, 6, septiembre de 1991, pág. 180.

UMBRAL, FRANCISCO: «Prólogo» a *Teoría de Lola y otros cuentos,* Destino, Barcelona, 1977, págs. 7-23.

VILA-MATAS, ENRIQUE: «El acero del dolor», *El Sol*, 8 de marzo de 1991. Recogido en *El viajero más lento*, Anagrama, Barcelona, 1992, págs. 104-106.

—: «Un gran río de dos corazones», *Diario 16,* 20 de marzo de 1993.

ZAMORA VICENTE, ALONSO: «Carta-prólogo» a *Mesa, sobremesa,* Magisterio Español (*Novelas y cuentos*, 253), Madrid, 1980, págs. 5-15.

ZARRALUKI, PEDRO: «En defensa del relato», *ABC*, 10 de junio de 1989.

—: «El corazón del relato», *Lucanor*, 6, septiembre de 1991, pág. 184.

ZÚÑIGA, JUAN EDUARDO: «Destellos de la memoria», *Lucanor*, 6, septiembre de 1991, pág. 194.

Para no alargar infinitamente esta bibliografía he preferido prescindir tanto de las reflexiones teóricas, escasas en castellano pero abundantes en otras lenguas, sobre todo en inglés, como de las reseñas. (El lector curioso puede consultar, por ejemplo, la bibliografía que cierra el librito de Ian Reid, *The Short Story*, Methuen, Londres y Nueva York, 1977, y la puesta al día de Jo Ellyn Clarey, «General Guide to Recent Short Story Theory», Susan Lohafer y Jo Ellyn Clarey, eds., *Short Story Theory at a Crossroads,* Louisiana State University Press, 1989, págs. 328-336.

ANTOLOGÍA
DEL RELATO BREVE ESPAÑOL,
1975-1993

ÁLVARO POMBO

TÍO EDUARDO

El mal tiempo emborrona aún aquellas tardes, los cristales de las ventanas del comedor, el mundo. Lluvia en todos los barrios de la ciudad aquella, en los de la gente bien y en los bajos que quedaban en alto cara al puerto. Recuerdo las doncellas de casa de tío Eduardo, el raso negro y cano de los uniformes, el piqué blanco de los delantales, el tic tac inmóvil del reloj de la sala vecina que aún se cuela, soso y fértil, en el comedor a la hora del té, aprovechando los hiatos, los lugares comunes y las pausas de las conversaciones.

Siempre en esas veladas se habla un ratito de tía Adela, la esposa de tío Eduardo, fallecida treinta años atrás, a los dos años de casarse. «¡Cuánto le gustaban a la pobre Adela las frutas escarchadas!», se decía, por ejemplo, con ocasión de una referencia cualquiera a esas frutas. Y la frase, súbitamente, repone la melancolía gastada de la tarde y ayuda así a ver claro el motivo de estar ahí esa tarde y todas las tardes pasadas y futuras acompañando a Eduardo inconsolable.

El nombre y las virtudes de la difunta esposa florecen como islas en los marcos de plata que enmarcan la fisonomía de reineta pensada de tía Adela en todas sus edades, en la cuna, de Primera Comunión, en una tómbola sosteniendo sin gracia un pato de regalo, de colegiala, de excursión (se ve el pinar borroso detrás de ella, leve, como una mañana de verano cerca de la playa), de novia, y por último, fantasmal y asustada, al óleo, en traje de noche azul (unas veces parece azul y otras verde), desafortunadamente favorecida y colgada muy alta encima de la chimenea de mármol que nunca se encendía, en aquella sala rectangular del fondo que nunca se pisaba.

Tío Eduardo había sido huidizo desde niño y rico como él solo. El heredero de la Naviera (y eso allí es decir mucho), hijo único, sentado en un historiado sillón en esa fotografía artística de principios de siglo, encogido en su traje de marinero, y como de sobra. Dicen que era el chico más rico de su generación, con el yate, el chófer ya a los dieciocho, el valet, el otro coche, el sastre en Saville Row, la vuelta al mundo antes de casarse acompañado de un tal Gerald del que nunca más se supo y que aparecía y reaparecía, abstractamente, en las anécdotas sosas de tío Eduardo. Una boda elegante. Un nuevo viaje de tío Eduardo al año, cuando nació Adelita. La leyenda policelular de unas riquezas inagotables: «esos tienen el oro de las Indias», se dice en la ciudad, «y fincas que son miles los kilómetros y la Naviera, que eso tiene que dar lo que no veas, y la Banca, que es de la familia y son ellos los accionistas principales...». Y así sucesivamente hasta que un escalofrío vicario de posibilidades y champañas sacudía ligeramente a los hacedores de la fábula. La verdad es, sin embargo, que el héroe mismo de ella disfrutó poco de la vida, habiendo empezado ya muy joven a asustarse de la figura de la propia fortuna y a encerrarse como un caracol en hábitos minuciosos y complejos. A los cuarenta años cultivaba ya su retiro prematuro como cultivan los poetas sus rachas inspiradas. De ese retiro —que tenía el prestigio hedonista de un aislamiento de buen gusto entre «los señores de toda la vida» del contorno— y de una como tartamudez muy ligera al saludar a las señoras, le vino a tío Eduardo fama de erudición (aunque en realidad sólo leía los periódicos). Y su sabiduría, como su riqueza que a fuerza de vivir de ella y no aumentarla había disminuido considerablemente con los años, cuajó en figura pública y se volvió parte de los tópicos de la alta sociedad local y adorno de las contadísimas personas que gozaban del privilegio de tratarle o de ir al té a su casa.

Doña María vino a casa de tío Eduardo, de *governess,* cuando nació Adelita en un momento en que era inconfundiblemente claro ya que ocuparse de la niña, la casa y los nervios saltones de tío Eduardo iba a ser incompatible con la profunda apatía de tía Adela. «¡Verdaderamente esta doña María, tan enorme, que te recuerda todo, es una bendición!», declaró tía Adela a los dos días de tenerla en casa. Y a partir de ese punto empezó a morirse en paz perdiendo primero las horquillas y luego, muy de prisa, la memoria, anticipándose así a la blancura de la muerte con el nerviosismo de una colegiala. Y se murió en cabello tía Adela, como las polillas, y oliendo de hecho a naftalina, quién sabe por virtud de qué rara asociación de ideas en la pituitaria del Espíritu Santo. Cuentan siempre que la encontraron muerta por la mañana, recogida como en las estampas, con la misma expresión sorprendida —me figuro— de sus fotografías de recién casada y el aspecto de quien hubiera deseado en realidad saber a ciencia cierta si hay en la muerte corrientes de aire frío para llevar el echarpe azul.

Fue una muerte, según dicen, muy limpia y muy puntual (lo mismo que la muerte dos meses más tarde de Adelita), a una hora cómoda para todo el mundo, justo diez minutos después de haber llegado la enfermera. La muerte misma, pues, fue invisible y fina de modales pero llegó en meandros, y esa llegada sinuosa y prolongada desconcertó a tío Eduardo profundamente. La muerte de su esposa le cohibía como nos cohíben a veces los sentimientos ajenos. A última hora, cuando no pudo más, salió de viaje dejando a doña María con la enferma. Regresó el día del funeral. Luego murió Adelita. Doña María, que para entonces se había quedado sin oficio, empezó de ama de llaves a organizarlo todo en la casa para siempre. Todo no era mucho en realidad, aunque se volvió muy pronto infinitamente complicado. Había tres de servicio y el chófer (que no dormía en casa). Tío Eduardo se levantaba tarde y se arreglaba despacio. A las doce leía los periódicos en el despacho hasta la una. A la una almorzaba. A las dos volvía al despacho y ahí se estaba, como en Babia, dulcemente hasta las cuatro. A las cuatro salía de paseo —siempre el mismo paseo con las mismas paradas en los mismos sitios— hasta las cinco y media. A las cinco y media era el té y la tertulia hasta las ocho. A las ocho y media se cenaba. A las diez oía tío Eduardo las noticias de Radio Nacional. Y así, sin casi variación, durante treinta años. Yo recuerdo haberle visto salir de casa, muy bien vestido, o cruzarme con él a la vuelta del colegio. Le saludaba todo el mundo, por supuesto, pero muy poca gente se atrevía a interrumpirle o a hablarle. A los sobrinos solía darnos la mano o un cachetito en la mejilla con dos dedos y se quedaba mirándonos como no sabiendo bien qué decir o sin entender del todo lo que decíamos nosotros. Todas las vidas muy cercadas por hábitos dan la impresión de espejos. Las costumbres, las estaciones, las equivocaciones, la muerte son reinos circulares que reflejan en cada punto del círculo la totalidad del círculo. Miden el tiempo y, a la vez, permanecen fuera del tiempo. El tiempo de tío Eduardo era un tiempo de pérdida y destiempo que no se veía ir o venir —como el tiempo de la niñez— y que producía, por consiguiente, la impresión de que no iba ni venía, como las lagunas. Todo lo que sucede en casa de tío Eduardo —lo poco que sucede— sucedía por triplicado o cuadruplicado y siempre de tal modo que la grave transitoriedad de los sucesos se ablandaba y neutralizaba ablandando y neutralizando, de paso, la entereza del mundo. Una de las cosas que tío Eduardo neutralizó y ablandó fue la muerte de tía Adela.

La muerte es limpia y firme, definitiva y clara. Pura incluso cuando es brutal y anómala, simple incluso cuando es tortuosa y compleja. A salvo de las acciones que

conducen a ella, a salvo de los asesinos y las víctimas, a
salvo de doblez porque no tiene vuelta de hoja y porque
no hay Dios detrás, o cosa alguna, que nos aguarde o
ampare o confunda. A salvo del contagio del hombre.
Alta, inimaginable, privada, intransferible y recta. Así
es incluso la muerte de los perros y los pájaros. Incluso
la muerte de los peces es así, incluso la muerte de las
moscas. Y así fue, por derecho propio, la muerte de tía
Adela. Aprender a morir es aprender a hacerse a la
grandeza abstracta de la muerte. Tío Eduardo, contra
todo lo previsible, agobiado quizá por un erróneo afán
de reparación, hizo de la difunta esposa un culto. Y la
memoria puso ante tío Eduardo uno de sus objetos, un
Adela-objeto que tenía con Adela el parecido cultural
que tienen entre sí objetos heterogéneos unificados en
metáforas. Era Adela-objeto lo que tío Eduardo recordaba y no su esposa, en parte porque acordarse de un
objeto real es imposible, y en parte porque si hubiera
sido en realidad posible quizá tío Eduardo no hubiera
deseado recordarse.

Era esta criatura vicaria más dócil si cabe aún que la
primera (pero con la docilidad de lo pensado, no la de lo
real), quien hacía las veces de la difunta esposa, quien se
mencionaba todos los días a la hora del té y quien fue
haciéndose, con los años, a los gustos de tío Eduardo, a
su horror a los ruidos, a los perros, a la compota de manzana y a la falta de puntualidad. La transformación se
llevó a cabo en muchos años mediante sucesivas atribu-
ciones positivas y negativas a la palabra «Adela». Y de
la misma manera que una novela o una biografía es, en
ocasiones, solamente un complejo y ramificado epíteto,
así también la elaboración y cultivo de Adela-objeto fue
equivalente a la elaboración de un complicado, y hasta
laberíntico, sistema de adjetivos calificativos.

Doña María era la única cosa real que tío Eduardo
tenía en casa. La única cosa, al menos, que no encaja del
todo en la circularidad de su vida y que (como no se lo
hubieran permitido nunca los familiares, los criados o

los amigos) se permitía a veces cuestionar la vida de tío Eduardo.

«¡Eso son manías, don Eduardo!», decía doña María cada vez que a tío Eduardo le entraban las aprehensiones de cáncer de la médula espinal. «¡Que nos enterrará usted a todos!» A tío Eduardo se le contagiaban las dolencias de palabra. Una epidemia contada de la gripe le metía en cama quince días e incluso enfermedades improbables a su edad se le volvían achaques. Un relato de parálisis infantiles le tuvo cojeando de la pierna izquierda un mes. Y todos los matices del reuma de doña Carolina Herrera se reflejaban, como un eco, en malestares sordos y punzadas continuas de la osamenta de tío Eduardo. «Y que siempre es lo mismo —pensaba doña María—: le enferman las palabras, los cuentos que le cuentan, como a un niño.» Habían tardado muchos años en hacerse el uno al otro. Al principio doña María se había limitado a desempeñar de un modo impersonal y eficiente sus funciones de ama de llaves. Cuando estaba tío Eduardo solo, hacía sus comidas con él, y se retiraba discretamente a su habitación cuando había invitados. Pero poco a poco doña María fue volviéndose tan parte de la casa y tan indispensable para la tranquilidad de espíritu de tío Eduardo, que fue convirtiéndose insensiblemente en parte de la figura de tío Eduardo. Todos la conocimos ya ahí sentada, a la cabecera de la mesa, de negro y con el broche de la mariposa dorada que era su única alhaja, sirviendo el té y sacudiendo la cabeza gris cuando le disgustaba lo que se decía, cuando tío Eduardo comentaba que el Caudillo «es una persona, el pobre, muy poco distinguida» o cuando, bajo cuerda, tomaba tío Eduardo dos aspirinas clandestinas para un dolor súbito y transeúnte de cabeza.

La verdad es que doña María, viuda muy joven de un comandante de Regulares fallecido en acto de servicio en el Barranco del Lobo, tuvo siempre el buen sentido, y el señorío, de no intervenir en cuentos de familia que le llegaban a tío Eduardo aún calientes aunque tamizados y diluidos en un millar de circunloquios melifluos, y acabó convirtiéndose (nunca se supo bien si a su pesar o de buen grado) en confidente universal de la familia. Doña María conservaba nominalmente todas las cosas «como cuando la Señora» o, como insistía siempre tío Eduardo, construyendo invariablemente la frase en presente del indicativo, «como le gusta a la Señora», en el entendimiento tácito de que así era como le gustaban a tío Eduardo. A veces se preguntaba para sus adentros doña María si se daría cuenta don Eduardo del sentido y alcance de semejantes anacronismos. De doña Adela recordaba ella el cuerpecillo ruinoso y la tos seca, los vahídos y las horas muertas tendida en la *chaise longue* del dormitorio hojeando sin fijarse un ejemplar ilustrado de *Robinsón Crusoe*. Una mujer moribunda desprovista de todo encanto romántico: las enfermedades y la muerte son puntillosamente reales, tanto que acaban derrotando siempre el realismo de los escritores realistas. Doña María pensaba con frecuencia en su marido escandalizándose cada vez ante la falta de tonalidad emotiva de sus pensamientos. Pensaba en él sin amor, con el pensar puro y neutral con que se piensa «mesa» o «manzana» o la fecha del descubrimiento de América. Y como era piadosa —aunque no rezona—, intercalaba cuidadosamente el nombre de pila de su esposo todos los días en la Misa al llegar el momento de difuntos, empujando, por decirlo así, hacia su posición correcta en el conjunto de las cosas aquel objeto eidético, aquel Fernando genérico e inmutable que se había vuelto el comandante.

Doña María tenía a sus sesenta y ocho el mismo aspecto que debió tener a los cuarenta, grande, encorsetada, solemne y juiciosa, manteniendo hábilmente el orden del servicio, unidad e identidad en la diversidad más o menos incesante de doncellas caedizas y chóferes tarambanas que pasaron por la casa de tío Eduardo. Envuelta ella misma, a pesar suyo, en el hechizo soso de la repetición y el hábito que envolvía y protegía aquella casa.

Se interesaba tío Eduardo desde lejos en las historias amatorias del servicio. Y siempre las había a montones, impregnadas —que musitó el propio tío Eduardo en una ocasión memorable— por partes iguales de un zumo bravío y de un olor a pies. Lo extraordinario de la frase disimuló la extraña mezcla de fascinación y temor que los amoríos sin domesticar de las domésticas le producían. Doña María al principio mencionaba estas cosas cuando no había más remedio (había que preparar a tío Eduardo antes de dejar que una figura nueva rondara por la casa) con una cierta severidad guasona; pero con los años, en parte por tener algo que contar y en parte por ver la cara que ponía don Eduardo, cogió doña María el hábito de transmitir reportajes abreviados después del almuerzo, en el rato antes del paseo. «El chico que sale con Jesusa —refería doña María, por ejemplo— me parece a mí que no está por la labor y que la trae a mal traer a esta pobre tonta que siempre pica en todo sinvergüenza un poco guapo que le dice qué buenos ojos tienes. Y claro luego pasa lo que pasa.» Doña María observó que don Eduardo no olvidaba jamás estas historias y que solía preguntar de cuando en cuando: «¿Qué pasó con el novio de Jesusa, doña María, aquel chico que no era de fiar?»

En aquella ciudad había dos vientos, uno de derechas y otro de izquierdas. Y la ciudad permanecía entre los dos, dudosa, alumbrada y trompa gracias a los dos, entretenida de ambos. Uno era el viento meón de las lloviznas y los curas que enfermaba los cocidos de alubias de todas las cocinas de las vegas. El otro era el grande, el viento incorruptible, verde y viejo, incendiario y alcohólico que soplaba en las rajas de los culos y sacaba a la calle el mal olor de los retretes. Desde las ventanas de todos los Estudios del Colegio se le veía martirizar los plátanos gigantes, odiar las aguas dulces y los patos y los sombreros y los libros de Misa y las hojas de todas las estaciones. Era un viento herético que causaba raros destrozos sin propósito en la cristalografía de los mira-

dores del puerto. Híspido, áspero, flagrante, que barría
los barrios y puntales con escobas de maleza seca. Recuerdo que las agujas y toda otra criatura metálica se
regocijaba esos días al oír aquel viento seco y bravo bra-
mando sin ton ni son en las hombreras, decapitando los
sombreros. Brillaban los alfileres que todavía mortifican
las dulcísimas yemas de los dedos de las segundas doncellas. Tío Eduardo odiaba ese viento de todo corazón y se
metía en cama cuando soplaba, con catarro y vahos de
eucalipto, aquejado de un complejísimo dolor de cabeza
que demandaba no ver ni oír a nadie, ni que se abrieran
o cerraran puertas, se corrieran cortinas, se sirviera pes-
cado o cambiara de lugar limpiando —ni una milésima
de milímetro— los infinitos objetos del despacho. Tenía
que estarse al tanto el chófer en la cocina, con la gorra
puesta, por si había que ir a la farmacia. Y se almor-
zaban caldos muy livianos, pollo hervido y patatas sin
sal. Cuando amainaba el viento asomaba tío Eduardo
mejorado, con ojeras de mujer fatal y un tintineo de la
cabeza calva que quería decir «frágil».

Tío Eduardo cambiaba de casa los veranos, no de ciudad ni de costumbres. La casa del verano era una casa
blanca con un jardín enorme, triangular, y una huerta de
verduras y maíces en la esquina de abajo. Por encima de las
tapias del jardín y desde todas las habitaciones de delante se veía el mar. Tío Eduardo pasaba en la terraza
las mañanas viendo pasar los barcos y perderse, horizonte adentro, como huyendo de sus prismáticos. Los días
del ventarrón de izquierdas llegaba hasta el jardín el mar
verdeante y rabioso, en retumbos alcohólicos, montado
a pelo por el viento que arrastraba consigo, desunidas,
las gaviotas y las desfiguradas nubes.

Un día a principios del verano —recuerdo que fue
unos pocos días antes de las Ferias porque habíamos ido
a ver armarse el Circo Price y los tenderetes del tiro al
blanco— llegó a la casa del verano un sobrino de tío
Eduardo, Ignacio. Se presentó sin avisar a la hora del té.
Si hacía bueno, solía ser el té en la terraza de la sala,

cara al mar resplandeciente e inmóvil como una desmesurada pupila. Ignacio entró jardín adelante en su moto
y se paró justo enfrente de ellos saludando al quitarse el
casco con el tono de voz y el ademán de quien saluda a
un grupo de gente que ha estado esperándole. Aquella
tarde estaban sólo Mati Orrueta, que era una devota lejana y mística de tío Eduardo, doña María y tío Eduardo. Se tardó un rato en identificarle —fue como desen-
marañar un laberinto de apellidos, matrimonios y
rostros y fue como si esa maraña fuera el bosque encantado que queda al fondo de un retrato o quizá sólo el
bosque de un tapiz que se ve al fondo de un retrato. En
cualquier caso, siempre he pensado que Ignacio había
contado desde un principio con ese momento de desconcierto inicial. Luego los tres descubrieron a la vez
quién era. Ignacio pasó esa noche en la casa y una semana entera sin que hubiera lugar a preguntarle qué pensaba hacer o cuánto tiempo pensaba aún quedarse. Doña
María sí que lo pensó, para su capote, sorprendida de
que don Eduardo, que odiaba toda alteración de la rutina (y por supuesto los huéspedes), no se manifestara in-
tranquilo o incómodo. Tío Eduardo, de hecho, parecía
encantado con Ignacio. Pasaban muchas horas juntos
charlando, embebidos, según parece, en el pasado fantasmal que tío Eduardo había ido construyendo durante
toda una vida. Y tío Eduardo contaba, con vivacidad,
rara en él, de Londres y de su juventud sosísima, inter-
calando las pocas frases de inglés que recordaba (aunque tío Eduardo tenía fama de hablar inglés como un
inglés, la verdad es que apenas recordaba más de media
docena de frases en esa lengua). Tío Eduardo había con
los años llegado a perfeccionar el intercalado hasta tal
punto que daba la impresión de que hubiera podido con-
versar indefinidamente.

Siempre durante los veranos convidaba tío Eduardo
un poco más, quizá porque el buen tiempo y el té en la
terraza le animaban a soportar algo más de compañía.
Pero aquel verano pareció de pronto que todo el mundo

—a riesgo incluso de un mal rato, porque tío Eduardo sabía mostrarse frío y desagradable cuando alguien se presentaba al té sin haber sido invitado— se congregaba en la casa. Fue aquel un verano vastísimo y, por decirlo así, completo, subsistente, como una frase acertada. Yo tenía catorce años entonces y recuerdo qué hubo ese verano como se recuerda el puro haber habido de algo o de alguien cuyos detalles concretos se han modificado u olvidado por completo. Lo mismo que recuerdo cosas que Ignacio hacía aunque no recuerdo en absoluto a Ignacio. Recuerdo que la hierba era húmeda, soleada y verde. Tío Eduardo parecía complacido, muy elegante y frágil en sus trajes de franela clara. Uno tenía la impresión de que aquel jardín y la casa blanca de largas estancias vacías eran cosas de Ignacio desde siempre. Para el resto de la familia Ignacio pasó de ser entretenimiento a ser enigma sin casi transición. Su relación con tío Eduardo era, para empezar, lejana. Su padre, que pertenecía a la rama menos afortunada o más aventurera de la familia, había pasado largo tiempo en el extranjero, en Sudamérica, según contaba Ignacio, haciendo y derrochando (a la vez, según parece) una fortuna inmensa, y regresado, pobre una vez más, a Europa, a París, donde había vivido o casado por lo civil con una francesa algo loca de la Alta Costura, colaboracionista, escapando a última hora a Argentina en submarino con un grupo de jerarcas nazis. Ignacio contaba que en su casa se hablaba con frecuencia de tío Eduardo y que tío Eduardo había sido para todos ellos el Viejo Mundo en su encanto somnílocuo de lluvias y de sastres. La historia de las andanzas del padre de Ignacio se repitió hasta la saciedad ese verano. Quiere decirse que todo el mundo después de oír la historia permanecía aún dudoso —más dudoso si cabe aún que antes de oírla— como si el relato, que abundaba en detalles pintorescos y hasta picantes —con su entreverado de episodios de la Segunda Guerra Mundial y la ocupación de París— fuera en realidad el de una fábula y no el de una vida. Más tarde he pensado que Ignacio

poseía el arte del verdadero narrador de cuentos donde
lo que verdaderamente importa no es la originalidad o la
profundidad del contenido sino el hábil encadenamiento
de los incidentes y lugares comunes. Tópicos políticos,
sociales o filosóficos se reducen en literatura a puntos de
referencia y color local. Todo ello tenía el lujo de detalles de las fábulas y la rotunda precisión de las mentiras.
Era la historia, o serie de ellas, que Ignacio contaba algo
que uno, mientras duraba el relato, veía muy de cerca
pero que tan pronto como se desunía el relato parecía
cogido por los pelos e inventado sobre la marcha. Era
difícil, sin embargo, atrapar a Ignacio en un renuncio,
parte porque la historia parecía no acabarse nunca y por
consiguiente los oyentes tenían la impresión de que era
preciso esperar siquiera al final del episodio antes de
aventurar algunas preguntas pertinentes, y parte porque
el final de las historias coincidía siempre, arbitrariamen-
te, con el final impuesto por el final del té, y la historia,
así interrumpida bruscamente, al día siguiente se reanudaba ante un público parcialmente distinto del público
de la tarde anterior que no podía por lo tanto comprobar
la autenticidad —o incluso la coherencia— de todos los
detalles. Por lo demás, las historias o la historia, suponiendo que fuera una y la misma, no empezaba nunca de
la misma manera o a partir de un mismo personaje o
teniendo lugar en un mismo sitio. «Nuestra familia ha
sido siempre muy viajera», solía decir Ignacio y, de hecho, el carácter marítimo y serpenteante de sus relatos
se asemejaba a la vacilación de los vientos y no sólo a la
violencia de las corrientes. Como en la falacia de la literatura imitativa, aquel carácter de «ser muy viajeros»
parecía justificar y cubrir por sí solo la incesante variedad de bruscos cambios y de huecos, la multiplicación de
caracteres secundarios, muchas veces puramente acci-
dentales, que encandilaban y engañaban al oyente ha-
ciéndole creer que se encontraba de pronto en tierra firme ante un carácter definitivo a partir del cual iba a
anudarse por fin la historia entera.

En cierto modo, todos los personajes de Ignacio eran secundarios e incluso los héroes (su madre, el gaucho poeta, un profesor de Química que rompía adrede el tubo de mercurio al hacer el experimento de Torricelli, Micaela, la cerillera, que traficaba en tres putillas, las tres con la cara de la Inmaculada de Murillo, y que se rascaba el pelo pringoso y tirante con la aguja de hacer punto. A las tres putillas las llamaba Ignacio las tres nenas, guiñando un ojo a tío Eduardo), incluso los héroes, a pura fuerza de detalle, se diluían y confundían unos con otros hasta haber en la imaginación del oyente una confusa criatura total vista unas veces del lado de la cerillera y otras del lado del profesor de Química. Tío Eduardo oía todo aquello boquiabierto, sin interrumpir jamás e interrumpiendo —casi descortésmente— a quien intentara meter baza.

Recuerdo la estructura formal de todo aquello, el tiempo puro y el otro, el atmosférico, y para de contar. En la tarde húmeda y suave se mecen los plátanos con su tintineo crispado. No recuerdo la voz de Ignacio. Sólo recuerdo la irrealidad e instantaneidad de todo aquello y el haber pensado (con extraña envidia infantil entonces) que tío Eduardo e Ignacio hacían buena pareja.

El efecto que Ignacio iba causando en tío Eduardo pudo calcularse un día en que, sin más ni más, Ignacio salió temprano en su moto y se estuvo quince días sin volver por la casa. Se acabaron los tés y las invitaciones y tío Eduardo podía verse dando vueltas por el jardín y la casa con el mismo aspecto desguazado de los días del ventarrón de izquierdas. Dejó de arreglarse y casi de comer y se pasaba las tardes hasta bien entrada la noche en el hall pendiente del teléfono; ¡tío Eduardo que odiaba los teléfonos!

Uno podía en cierto modo calcular la desazón de tío Eduardo por la propia. Sin saber bien por qué, la posibilidad de que Ignacio no volviera nos parecía a todos una catástrofe. Registrábamos las frases de Ignacio en busca de una pista cualquiera. ¡Y qué pocas cosas había dicho en realidad, a pesar de haber hablado casi continuamente! Mientras estaba ausente, llegó una carta dirigida a él. Era una carta larga, rara y estrecha, extranjera y como de señora, con una elaborada «L» negra en lugar de remite. La dirección estaba mal escrita con letra grande y descuidada. Durante quince días se estuvo la carta en la bandeja del hall y parecía resplandecer y cambiar de color a medida que pasaban las horas con todas las otras cartas amontonándose al lado, fuera de la bandeja, como indignadas. Tío Eduardo bajaba todas las mañanas el primero de todos y se sentaba en el hall mirando la carta fijamente como si fuera posible, a fuerza de mirarla, adivinar su contenido. Yo registré la habitación de Ignacio en vano. Parecía no poseer nada. Detenido en medio del dormitorio vacío suya era la ausencia por completo. Detenido en medio de la habitación no sabía yo si reír o llorar, si aquella falta de Ignacio era, como parecía serlo en aquel momento, de verdad una quiebra en la estructura de las cosas o sencillamente una broma de mal gusto. Una crueldad innecesaria. Pero, a la vez, ni siquiera el concepto mismo de crueldad podía aplicarse puesto que implica una cierta deliberación e intención por parte del verdugo —una cierta división del universo en víctimas y verdugos— y éramos en realidad solamente nosotros y no Ignacio quienes habíamos imaginado (y deseado) todo. Cabía suponer, en efecto, que Ignacio había decidido súbitamente regresar con la Micaela y el profesor de Química o en busca de su padre perdido en los entresijos de una hazaña contada.

Hasta que un día por la mañana bajó tío Eduardo a ver la carta como todos los días y la carta no estaba en la bandeja. A tío Eduardo le entró como un temblor y empezó a gritos nunca jamás hasta la fecha oídos en la casa. Quería que se llamara a la policía, al Gobernador Civil, al Presidente de la Diputación; tío Eduardo, que jamás se había ocupado de esas gentes y que jamás había hecho uso de su prestigio en la ciudad para nada, se engallaba ahora. Ahora quería que la Autoridad cazara al

ladrón y hacerle confesar y darle garrote vil si fuera necesario. Toda la casa se envolvió en el guirigay de la carta
perdida. Y nos acusábamos unos a otros de haberla ro-
bado, leído y escondido. Destruido, quemado, enviado
de vuelta a aquella misteriosa «L» del remite. De pronto
se oyeron unos pasos en los pasillos de arriba y escalera
abajo. Y bajó Ignacio sonriente, preguntando qué ocurría. Dicen que tío Eduardo le acariciaba y decía entre
hipos «no te vayas más, no te vayas más, por favor no te
vayas más». Ignacio se fue, creo, a la mañana siguiente.

A veces se nos llena la conciencia como una vasija y somos el agua desbordante, que diría Rilke. Nunca se sabe
cuándo tendrá lugar ese accidente o si tendrá lugar. Nadie sabe cuánto dura, a qué profundidad nos afecta o para
qué sirve. Dada la gratuidad general del mundo, probablemente no sirve para nada. No nos enseña casi nada y lo
poco que nos enseña es incomunicable. El resto es ya la
muerte, un paso en falso que puede durar años o solamente un día o una hora. Se habla a veces del efecto des-
fondante del amor. La palabra amor, a fuerza de aplicarse a millares de sentimientos heterogéneos, no significa
nada en absoluto. Decir que tío Eduardo, a sus setenta
años, se enamoró de Ignacio, es no decir gran cosa. No
hay ninguna fotografía. Se ha perdido el rastro de Ignacio
por completo. Debió tener diecinueve o veinte años
cuando llegó a casa de tío Eduardo. Aún se conserva —en
casa de unos primos— el retrato de tía Adela. Tía Adela y
tío Eduardo se han vuelto el símbolo nostálgico de una
generación y de una época. Tío Eduardo murió al año siguiente. La muerte es sosa y franca, sosa y fértil como el
tic tac inmóvil del reloj de la sala vecina que aún se cuela,
como un prodigio imaginario y sin sustancia alguna, en el
comedor a la hora del té aprovechando los hiatos, los lugares comunes y las pausas de las conversaciones.

ÁLVARO POMBO, *Relatos sobre la falta de sustancia,* La Gaya
    Ciencia, Barcelona, 1977. Reeditado en Anagrama, Barce-
    lona, 1985, págs. 11-24.

ANA MARÍA NAVALES

WALTER NO HA MUERTO

*Against you I will fling myself,
unvanquished and unyielding, o death*

(V. W.)

Hace una semana que comenzó la primavera, aunque sólo tímidamente ha asomado su rostro y todavía en la chimenea del salón arden los leños. Me gusta acercar mis manos casi transparentes al fuego, extasiada con el baile de las llamas, y creer que en la diminuta hoguera algún brujo maligno expía su culpa. Esos demonios que, sin previo aviso, se instalan cómodamente en mi cerebro.

La mañana es casi fría, pero el ambiente en el estudio del jardín es cálido, de abandono y dulce bienestar. Quisiera correr hacia ti, sentarme a tus pies, y hablarte no de la felicidad que me has dado cada día, a lo largo de tantos años, sino de esa atmósfera confusa y compleja en la que floto en todo instante y que me ha impedido atrapar esa dicha que, acaso generosamente, me entregabas.

Una mujer es todo lo que guarda su silencio. Recuerdo ahora aquel relato de David en el que la protagonista se convertía en raposa, tendría que decir zorra, pero suena poco delicado, y las discusiones en que nos enzarzábamos sobre lo innecesario de esa transformación para que la historia mantuviese su interés. Ninguno de vosotros, los hombres que con amor o amistad me habéis cercado, entendíais aquel progresivo cambio de la heroína en un animal constantemente perseguido.

Enciendo un cigarrillo. Las campanas de la iglesia, tan próxima que casi podría tocar la piedra de sus muros, ahogan la música de Beethoven que suena en el gramófono. El reverendo Webber debe de estar preparándose para el oficio divino. En la cima de Rodmell Hill, el sol juega con las nubes.

Quisiera ahora dominar mi mente, su incontrolable facilidad para dispersarse o distraerse de sí misma ante cualquier signo de vida a mi alrededor. La hoja que mueve el viento, el vuelo del pájaro, la voz del granjero a lo lejos, o el casi imperceptible ruido del insecto que se detiene, haciendo chocar sus antenas a la puerta del cobertizo.

Tú odias mis distracciones y esas oleadas de imágenes inconexas, preservadas en algún lugar de mi interior, que me asaltan poblando los instantes vacíos y que me llevan, de un lado a otro, con un vértigo que, a veces, produce dolor y fiebre, un cansancio infinito. Ahora las acepto como algo placentero. Vita, entre sus perros, caminando majestuosa por el parque de Knole, los paseos hasta la orilla del Ouse con Pinker, la inocente diversión de sacarle a las personas cuanto encierran de caricatura, la extrañeza de algunas palabras, eglantinas, por ejemplo, la poesía de Frances Cirnfold, la aleta negra del tiburón emergiendo de las olas y el raro sentimiento de escribir con gran paz y deleite.

Ante esta mezcla insospechada de flases del pasado, una intermitente descarga de luz que llega a paralizarme, tú siempre diagnosticas locura.

Cuando empiezo a dar vueltas por la casa, como si hubiese perdido algo que ni siquiera busco, torpe, acorralada, tropezando con los muebles y las paredes, siento tus ojos vigilantes, la mirada azul y severa siempre al acecho, llena de oscuros presagios. Adivino en ti que estoy al borde de un hondo precipicio y me alejo aterrorizada, a campo traviesa, hacia los pantanos, sabiendo que no intentarás seguirme, que mientras corro contra el viento tú buscarás apresurado el cuaderno donde, en claves secretas, anotas los síntomas, trazas el diagrama de la crisis nerviosa que se avecina, larga y patética, o breve y aguda, según tu dictamen, porque, al fin, todo sucederá como tú lo ordenes.

Te veo ahora entrar en el invernadero para mimar las plantas que proteges de cualquier inclemencia, especies exóticas que crecen hasta el techo, aprisionadas en su enorme jaula de cristal.

Yo adoro los rosales trepadores, las enredaderas, porque brotan de la tierra con ansias de vuelo y extienden sus ramas al amparo del sol que les da vida.

Intento decirte que hemos habitado mundos distintos. El mío es un desierto cubierto de nieve que una luz ilumina desde lejos. Es muy extraño caminar por esa llanura espectral, pisando la nieve intacta, sin huella de otros seres. La experiencia y la realidad me parecen tan pobres aquí, encerrada frente al terror de la cuartilla en blanco, que debo alimentarme de sueños y de memoria, de ardiente imaginación para poblar mi desierto, acaso de esas figuras fantasmales que, como abejorros, zumban en mi cabeza, de noche, en la oscuridad de mi alcoba. Un dormitorio solitario, de sombrío silencio, que invaden las voces de los muertos.

Walter me visita al alba. No, no es el Walter que tú conoces, capaz de elegir no un Matisse ni un Picasso sino un Marchand Chabans y un Lhote para decorar su salón principal. No es nuestro Watt de brillante y marfileña calvicie, acurrucado en su butaca durante los conciertos —siempre parecía haber entrado furtivamente por alguna puerta inadvertida—, escuchando a Bach como si fuera Mozart, continuamente perseguido por las mujeres que buscan un hombre de éxito.

El entrañable y repulsivo Watt, que almacena la mayor dosis de egoísmo que uno puede concebir. Antes de hacerme su firme y desangelada propuesta de matrimonio, no sé si alguna vez te lo he contado, me preguntó si pensaba mantener aventuras sentimentales después de casada.

—No, si estuviera enamorada de mi marido —contesté como una perfecta imbécil.

La respuesta no debió de ajustarse a las expectativas de Watt, porque ahí terminó nuestra posibilidad de matrimonio.

La duda de Walter nacía quizá de mi absurdo *flirt* con Edward, que había desembocado en una anterior propuesta de matrimonio que corrió de boca en boca por todo Londres. Una cadena de cotilleos iniciada sin duda por Olivia, desgarradoramente enamorada de Edward, que acudió a todo tipo de maniobras para que nuestra historia íntima, breve y cortés, no tuviera un final feliz.

Con Edward yo hubiera podido ir de fiesta en fiesta, navegando por los mares de la aristocracia, donde mujeres ricas, hermosas y arrogantes se permiten el lujo de ser frívolas y excéntricas de una manera natural.

Si hubiera aceptado a Edward, ahora sería la esposa de un lord que mantiene su sonrisa indiferente ante los numerosos amoríos de su marido. Tal vez habría escrito menos libros y habría bebido más champán. Mi cerebro estaría lleno de burbujas y no de fantasmas. Creo que el bueno de Edward hizo bien en elegir una mujer más estable, menos difícil. No perdí gran cosa. Viejos tapices, candelabros, el brillo de la plata, alfombras, cuadros y un magnífico coche de caballos, porque me hubiera negado a cruzar Londres en automóvil.

Sidney, un prodigio en Eton y Trinity College, vino a mí, recién liberado de un matrimonio opresivo, con los ojos llenos de la vida que parecía ver por vez primera. No sabía disfrutar la soledad y estaba dispuesto a caer en los brazos de la primera dama que se cruzase en su camino. Con Sidney hubiera peregrinado por el mundo, Bangkok, Sofía, Addis-Abeba, para acabar en Cambridge, curada de exotismo, escribiendo libros, acaso sofisticados, mientras él traducía a Eurípides para llenar elegantemente su ocio. No me convenía aquel eunuco de piel rosada como la de un tierno niño, capaz de herir en lo más profundo con toda amabilidad. Yo nunca he sido una mujer fuerte.

Sigo el vuelo de una mariposa blanca vagando sobre las flores, entre los dos olmos que custodian la alberca, y pienso que la ironía, Horacio la llamaba la alegría de los tristes, me salva a veces del diabólico romanticismo. Eso y algún arañazo despectivo a la realidad, cuando me desconcierta la belleza.

Busco con la mirada a Walter, que también hoy me visitó al amanecer y aún permanece conmigo, silencioso, mientras yo me hundo en la fatiga y el desorden de esta carta. Mi Walter nada tiene que ver con nuestro Watt, el de la brillante calvicie, incomprensiblemente adorado por las mujeres. Quizá más tarde me atreva a hablarte de él, quizá.

De niña yo tocaba la pianola y la sombra de mi padre se proyectaba en el suelo, como un piano gigante e irreal. La primera vez que vi a Lytton, sus larguísimas piernas, aquellas manos que podían abarcarlo todo, una voz estridente y metálica que parecía venir de otro mundo, creí que la sombra de mi padre había tomado cuerpo y se burlaba así de todos nosotros.

Recuerdo a Lytton en Arcadia Manor, acariciando gatos y leyendo sus poemas indecentes, casi obscenos. Era un compañero alegre, algo histriónico, capaz de escuchar las dramáticas historias de cualquiera, los problemas grandes y pequeños, con una intensa curiosidad por conocer las múltiples maneras que tiene el hombre de complicar absurda e inevitablemente su existencia. Toda desesperación, por ridícula que fuese, él la disolvía con humor y ternura, como un dios que estuviese por encima de toda flaqueza humana.

No era físicamente atractivo y yo odiaba mi cuerpo, así que su pasión por los hombres, sus amores oscuros, me parecían una liberación más que un horror. Con Lytton uno podía calentar su espíritu en el fuego de la vida, avivar la inteligencia, recuperar al padre hasta que la muerte nos separe. Hoy sería una viuda virgen que pasea su nostalgia por Wells, Bath o Southampton, que contempla los viejos edificios neoclásicos, traspasados los ojos con su entusiasmo por la arquitectura, y se encierra después con sus libros en una gran casa de la época de la Regencia. Una viuda que dejaría morir la tarde bebiendo a pequeños sorbos un vaso de leche malteada, como le gustaba a Lytton, o un Dom Perignon con viejo coñac, servido en gran copa, donde se ahogaban las fresas. Un cóctel de los muchos que inventaba y no había probado jamás.

Así que, cuando me lo propuso, le dije a Lytton que sí, que me casaría con él. Juro que no fue una broma. Acepté porque suponía que, al igual que yo, había previsto ya los riesgos de esa unión y era lo bastante astuto como para evitar cualquier grave peligro en el futuro.

Desde el huerto, Louie me grita:

—La doctora, al teléfono.

Cree que no la oigo y repite:

—Al teléfono, señora.

Un exagerado gesto despectivo y una mano imperiosa la hacen desaparecer hacia el interior de la casa.

El compromiso con Lytton duró sólo unas horas. Aquella noche no pudo dormir, invadido por el terror de que yo pudiera besarle. Muy temprano, por la mañana, a esas horas en que me visita Walter, llamó a mi puerta, ojeroso y consternado. Habló con sumo tacto de pasiones y deslealtad, convivencia y locura, dolorosamente arrepentido de haber empeñado su palabra. La sola idea del matrimonio, no importaba con quién, le ponía enfermo, al borde del abismo. Yo no pude sino dejarle libre sin recriminaciones.

A las palabras *venado, zarza, rondar,* mis preferidas en aquel momento, añadí *ofensa* con una tranquila sonrisa, convencida de que no le amaba.

El sol invade despacio el jardín y entra ahora al estudio por un ángulo de la ventana. Dejo que mi cara brille un instante con su luz.

Sé que Lytton, con un amago de culpabilidad, y sintiéndose responsable de mí en alguna medida, te escribió a Ceylán para sugerirte que te casaras conmigo en su lugar. Apenas nos conocíamos. Quizá tú guardabas la imagen sentimental de nuestro primer encuentro en Cambridge, yo toda vestida de blanco, con una sombrilla igualmente inmaculada, la mirada huidiza y melancólica, a veces encendida por una risa silbante e inesperada. No sé si recuerdo bien la imagen de mí misma en una juventud tan lejana. Cuando llegaste a mí, yo estaba sola y deprimida, preocupada seriamente por mi frialdad ante los hombres. Había sido rechazada y me creía excluiva del amor. Tenía treinta años, vivos deseos de una casa propia, y tú eras un hombre a quien yo podía respetar. Sin grandes alharacas románticas o pasionales, empezó nuestra larga unión, nuestro matrimonio inventado cada día. Hasta hoy. La locura siempre agazapada en los rincones de la casa.

—Llama la doctora —grita otra vez Louie, haciendo con sus manos un remedo de altavoz—. ¡Al teléfono!

Ya no mira hacia la puerta abierta de mi estudio en el jardín. Da el aviso y desaparece hacia la cocina. Y tú sales del invernadero, tras ella, con la podadora en la mano.

Desde aquí imagino tu rostro, los labios caídos en amarga mueca, ese gesto que inicia tus brotes de ira que yo detesto. A veces tu boca se dulcifica en una sonrisa que llega a los ojos y puede ser juguetona y alegre, como la de un cachorro perdido en la selva que inesperadamente encuentra a alguien de su camada.

Ni siquiera has dudado de que fuera a cruzar el jardín para atender esa llamada. Tú sabes que jamás volveré a hablar con esa doctora, que no cambiaré de idea. Mis escasas decisiones son siempre firmes, aunque aparezca ante los demás como imprevisible y excéntrica.

Aún más escondido que Walter, o mi malvado idilio

con Clive, permanece en mi corazón el amor de las mujeres, ante el que fingías ser tolerante si se reducía a íntima comunicación, al disfrute de alguna inteligencia excepcional, para que te fuese más fácil perdonar el que yo quedase atrapada por su magnetismo. Siempre escrutando mi rostro para desvelar secretos en mis ojos, huellas de alguna relación privada y cómplice, que debía nadar en las tranquilas aguas del espíritu, sin hundirse en las mareas del desenfreno.

Tú nunca supiste hallar los pasadizos que conducen a los tesoros ocultos del alma de una mujer. Seguro que piensas que allí sólo hay silencio, oscuridad y vacío. Te asombraría ver cuán poblada está de seres vivos, qué derroche de luz, qué griterío, como en una lujosa y concurridísima fiesta animada por espíritus diabólicos.

Esa contradicción del desierto y de la fiesta, de los fantasmas y los seres que cubren su rostro de alegría como una máscara conveniente, de la nieve y el sol que quema hasta fundirnos, o, lo que es lo mismo, ese pasar de la plenitud a la nada, del vacío al éxtasis, nunca, mi amor, podrás comprenderlo.

Las mujeres también traicionan, pero mezclan con miel su flecha envenenada. No sé por qué me acuerdo ahora de tu absurdo mono, aquel bichejo con la piel a franjas. Me gustaba creer que era un mono araña, tejedor de afectos, y no un tití de apenas un palmo, chato y ceniciento, con blancos mechones en las orejas anunciando su vejez. Vivió más de cuatro años y murió una Navidad. De haber sido el día de Pascua, te hubiera adornado con él un enorme pastel de chocolate y lo hubiera servido a pedazos, a la hora del té, en platitos de porcelana. Para soportarlo yo le atribuía fabulosos poderes, como si fuera un genio del bosque capaz de traer enorme felicidad a nuestra casa. El lenguaje infantil del amor, nuestro guirigay de animales selváticos, se redujo esa temporada a simple imitación de los sonidos de aquel enano que se rascaba sin compasión y se lavaba la cara cien veces al día.

Oigo sus chillidos y oigo voces de personas que hace mucho tiempo que no veo. Mi padre, quejumbroso y avaro en su viudedad. Thoby, en medio de un ejército griego, junto a Héctor, a las puertas de Troya. Los susurros de Vita, desplegando su violenta ternura que enciende fuegos, mientras los leños de la chimenea se apagan y el salón queda en esa suave tiniebla que precede al alba. Las voces de Violet, Katherine y de la anciana Ethel, que ahora me devoran sin piedad. Estas mujeres que sucesivamente tomaron el lugar de la madre y a las que yo dejaba el espacio suficiente para que volasen a su antojo, como frágiles cometas, por mi espíritu. Aquel dulce atolondramiento de sentirme niña en su regazo, de atreverme a ser amada, con imprudencia y temeridad, para arrojarlas después, cuando ya no hay sensaciones, cuando la brisa se detiene, de mi isla de belleza. Y era hermoso quedarse a la orilla y ver cómo se ahogaban lentamente y desaparecían en las tranquilas aguas de la amistad.

Ahora se muestran tiránicas, gritan, y Walter acude para poner orden en este indisciplinado gallinero. No, no es verdad lo que Louie dijo esta mañana o leyó en alta voz, no es cierto que los muertos nada saben... y que no hay pensamiento, obra y sabiduría en el sepulcro donde yacen. ¡Están tan vivos! El reverendo Webber censuraría esta creencia. Si yo fuera de otra manera, menos exasperante, habría acudido esta mañana a la iglesia para complacer a Webber, para darme una sorpresa a mí misma, aunque sólo fuera eso. Después, me habría mezclado entre la gente que ahora sale, camino de la vieja rectoría, y habría emprendido tranquila mi largo, larguísimo, paseo hasta el río.

Louie se asoma otra vez a la puerta de la casa.

—¡Al diablo tú y la doctora y el mundo entero! —grito como un energúmeno, por encima de las voces que cruzan ahora mi cerebro en todas las direcciones.

Louie desaparece como un rayo sin haber dicho ni una palabra. Walter pasea su mirada por mis ojos desorbitados y hay un instante de calma.

Walter nunca tuvo tu semblante severo, tu airada apariencia. Era para mí más que un hermano en el sentido ideal de la palabra. Admiraba mi mente audaz, mi carácter voluble, mi mundana inclinación a asistir a esas fiestas de la alta sociedad donde los hombres y las mujeres se comportan de una manera exquisitamente distante.

Cuando las voces callan, cuando logro salir de ese lugar misterioso y desolador de mis muertos, que sólo yo recorro a la luz de la luna, me gusta mezclarme con la gente, comprobar que cada voz que oigo pertenece a una persona viva.

No es verdad que sólo me atraigan las conversaciones inteligentes, el brillo de los grandes salones, la ácida ironía de los talentos privilegiados; me encuentro también muy a gusto entre la gente sencilla. Pero a ti hay que arrastrarte a esas reuniones en que mujeres poco cultivadas, que quieren ser amables con sus huéspedes, salpican el almuerzo de sonrisas bobas y charlas insípidas para que no flote sobre los platos el silencio. Eres capaz de estar sentado a la mesa sin decir durante horas ni una palabra y, al salir, te burlarás de todo, inevitablemente. Walter se acomodaba con alegría a toda situación.

Fue el primero que creyó en mi talento, o acaso fue Clive. Los dos pensaron que yo podía ser una gran escritora. De algún modo tú me obligaste a ello. A Walter no le importaban mis absurdas contradicciones, el que yo me desviviera, por ejemplo, por asistir a esas fiestas de sociedad y después me quedara languideciendo en un rincón, lamentándome de ser un maldito fracaso si el champán no venía en mi ayuda, despertaba mi ingenio, y me hacía olvidar el condenado vestido por cuyo escote asomaban mis huesos y con el que yo me sentía un auténtico adefesio. Una flor en la cintura o tapando el escuálido pecho, cualquier adorno con el que me sintiese incómoda, podía arruinarme toda una velada si Walter no estaba allí, tan lleno de dignidad, con su extraña y afable sonrisa que hacía que todas las demás cosas se desvanecieran como por encanto.

Deberías mirar los colores que nos rodean, este verde húmedo del césped y el púrpura de las anémonas japonesas y esas flores con pétalos de un azul brillante que ni el mar ni el cielo pueden igualar. Imagino una lluvia triste y suave y el fuego extinguiéndose en la chimenea, tú y yo leyendo a Shakespeare o escuchando música. Pero los fantasmas se golpean entre sí en mi cerebro, estallan a pedazos, todo grita dentro de mí, sin que yo pueda detenerme más que un breve instante en la belleza.

—Esto es el fin, debes comprenderlo.

—Hace tiempo que no me das besos de antílope.

—Hemos compartido viajes, libros, casas, música, amigos, coche, perros y jardín. ¿Crees que es bastante?

—¿De verdad piensas que estoy loca?

Ninguna de estas frases tiene la fuerza suficiente como para hacerme cruzar el jardín y que yo me eche en tus brazos llorando, y a duras penas consiga pedirte ayuda, decirte lo que aúlla en mi cabeza, todo lo que ha destrozado mi vida, incluso la literatura, también eso, el esfuerzo sobrehumano de estar por encima de la medida de mi talento. Día tras día, cien, doscientas, mil palabras, seres inventados o reales, el alma en tensión a cada instante, el miedo al fracaso, el descontento, un sufrir continuo del que nada compensa, ni siquiera la naturaleza ilusoria del éxito que al tocarlo se destruye. Cara a cara, frente a tu mente sombría y tu tez amarillenta, no sabría por dónde empezar.

No debo olvidar escribir también a Nessa, la santa libertina, mi adorada. Jamás me perdonaré aquel juego de amor y vanidades que me indujo a arrebatarle su felicidad, a mantener un duelo fratricida como en las viejas novelas románticas, a enamorar a su esposo más allá de las escasas capacidades de seducción que yo me había otorgado a mí misma. Aunque ella se mantuvo indiferente, inescrutable, sin dejar escapar ni un reproche, yo sé que la misma daga nos hirió a las dos mientras duró esa locura.

Leo esto, tan enfático y excesivo, y me río. Yo debería haber escrito novelas convencionales, de ambiente terrorífico en viejos castillos ingleses. Ya no hay tiempo.

Una estrecha zona de mi mente está aún libre de la invasión de los terrores. Por ella circula Walter y yo voy de su brazo.

Con Walter juego al criquet y a los bolos en un campo imaginario. Me lleva a la Ópera y sigue siendo el primero que lee todos mis manuscritos. Nuestra casa tiene leopardos heráldicos y vidrieras con escudos de armas y, en el inmenso parque, niñas rubias y morenas, alegres y maliciosas, toman el sol dejando al aire sus sedosas piernas que Walter acaricia con patético deseo. Yo soy su niña más preciada. No olvides que tradujo a Agamenón sólo por que yo gozase de sus palabras.

Walter no discute, no intenta que la gente se mueva a sus órdenes por el paraíso o el infierno, no dice «absurdo, absurdo», cuando alguien piensa o actúa de un modo poco razonable, no habla de mi frialdad, no es iracundo, no me encierra en habitaciones oscuras cuando me duele la cabeza. Walter me permite hablar días y noches con mis amigos muertos, con mi madre, con un príncipe veneciano, con el rey Eduardo paseando por los alrededores de nuestra casa una noche cualquiera. Walter atraviesa los caminos de mi fantasía con una afectiva y sorprendente complicidad. No escribe listas y listas de palabras, ni anota cada chelín que gastamos, no es un mandril, ni una mangosta, es *fellow* del King's, un erudito en griego, que está de acuerdo en que el canto de los pájaros se parece al idioma de los dioses del Olimpo. A Walter no le molesta que vagabundee desnuda por alguna playa desierta, ni que me ría abiertamente, echando mi cabeza hacia atrás con soberbia, cuando he vencido a un pobre diablo con el solo poder de mi talento.

Walter jamás me ha obligado a visitar a un médico, ni me ha tratado como a un ser enfermo y desvalido. Walter tiene unos labios gruesos y una imaginación apasionada. Walter... quiso morirse un día de repente, y yo tuve ese dolor que uno cree eterno. Pero su muerte sólo fue no irse ya nunca, nunca. Así es Walter.

No, no veré a esa doctora. No volveré a escribir un libro, no sufriré página tras página ni días enteros en la oscuridad de una habitación sólo visitada por fantasmas. Oiré tranquila mis voces como un pez submarino en el fondo de las aguas.

Vuelvo a leer esta carta que no es nada. Necesitaría todos mis años para volver a contarte mi vida desde dentro. Necesitaría todos los hijos que no he tenido como mensajeros de esta historia.

Tú sabes que si leo una carta, si pienso en lo que he escrito, la destruyo. Se intenta explorar en lo profundo y el resultado es sólo un temblor ligero del espíritu. ¿A quién interesan estas verdades que no pueden salir enteras a la superficie?

Ahora escribiré la carta breve que desde el principio había pensado. ¿O no era breve? Otra para Nessa. Tu carta deberá terminar más o menos así: «No creo que dos personas pudieran haber sido más felices de lo que nosotros hemos sido», o empezar «Quiero decirte que me has procurado una felicidad total». No sé. Las voces que oigo confunden mi mente. ¿Sabías ya que Walter no ha muerto?

ANA MARÍA NAVALES, *Cuentos de Bloomsbury*, Edhasa, Barcelona, 1991, págs. 93-108.

JOSÉ MARÍA MERINO

IMPOSIBILIDAD DE LA MEMORIA

Había regresado del viaje unos días antes de lo previsto y Javier no se encontraba todavía en casa. El verano estaba en su apogeo y, cuando abrió la puerta, le sorprendió encontrar un olor muy tenue, como a perfume rancio, entre el calor que se apelmazaba en la penumbra.

Pensó que se trataba de esa corrupción invisible de las huellas de presencia humana que normalmente se mantiene en las estancias que han estado cierto tiempo deshabitadas. Abrió las ventanas para ventilar la casa y, tras deshacer las maletas y refrescarse con una ducha, fue al mercado y eligió, con parsimonia caprichosa, verduras para una ensalada.

Al volver, la entrada en el oscuro recibidor le hizo reconocer nuevamente la presencia de aquel olor levemente almizclado y sospechó que, cuando Javier dejó la casa para irse a las islas —ella se había marchado casi una semana antes— debía haber olvidado alguna fruta, o un pedazo de queso, o un vaso de licor. O había derramado, con las prisas, algún producto de droguería que nadie había limpiado después.

Se desazonó, pues era un olor extraño que marcaba una señal intrusa entre las que identificaban los rincones y los claroscuros de la casa, envueltos con el correr de los años en esa compleja pero familiar mezcolanza de aromas y de ecos que acaba aplacando nuestros temores más profundos, al simular unos ámbitos invariables.

Buscó el origen del olor, pero no fue capaz de localizarlo. Y revisaba por segunda vez una papelera donde habían quedado algunos recibos arrugados, cuando comprendió que no había motivo que guardase proporción con aquella búsqueda minuciosa y obsesiva, y que era absurdo persistir en su empeño.

Así, tras ordenar las persianas para que la casa quedase ensombrecida, preparó la ensalada y la tomó despacio, devorando con avidez y placer aquellas verduras crudas de las que había debido abstenerse durante casi un mes, por esa elemental precaución que se aconseja frente a algunos alimentos del trópico. Se hizo luego un café bien cargado y lo llevó a la sala, dispuesta a repasar el pequeño montón de la correspondencia.

Fue allí donde reencontró el olor olvidado a lo largo de la comida. Recorrió la habitación lentamente, con desasosiego. El olor parecía concentrarse junto a uno de los lados de la librería grande, en el lugar que ocupaba habitualmente la dracena, trasladada aquellos días a casa de un amigo de Javier que no había salido de Madrid.

Se trataba, ciertamente, de un olor singular, mestizo de perfume y hedor, pero tan leve, tan escaso, que hubiera pasado desapercibido para cualquier persona que no tuviese la especial sensibilidad que ella poseía para tales cosas.

Captó el sonido aquella misma noche. Hacía muchísimo calor y se acostó pronto, llevándose a la cama la novela que había comenzado a leer durante el largo vuelo, un libro que sucedía en los años de su mocedad y que protagonizaban personajes que querían representar algunas de las actitudes de la gente de su generación.

Mas apenas fijaba la atención en la lectura, distraída por los murmullos de conversaciones y de risas y por los ruidos de coches que llegaban de la calle, e inquieta todavía por el olor sutil que conseguía alcanzar su cama desde la sala, en el otro extremo de la casa.

Si no fuera imposible, habría creído que estaba embarazada, pues a alguna de sus amigas le había oído describir, entre otras experiencias de la preñez, esa exageración del sentido del olfato que puede llegar a lo grotesco. La idea de un eventual embarazo revoloteó súbitamente en su conciencia, como esos pájaros que alzan el vuelo sobresaltándonos, cuando atravesamos un paraje solitario.

Sus largas relaciones con Javier se habían convertido hacía ya muchos años en vida compartida, donde el amor físico ocupaba un espacio necesario, pero bien delimitado, como otra costumbre higiénica, y donde cualquier posibilidad de hijos había quedado desechada por un firme y antiguo pacto entre los dos. Pero la evocación de ajenas gravideces y la remembranza de un Javier cada vez más abstraído en sus proyectos y trabajos, introdujo en su despreocupada quietud un soplo de melancolía.

Volvió entonces a pensar que Javier, con los años, había cambiado bastante. Se había hecho más introvertido, muy propenso a silencios ensimismados. Dormía cada vez peor, y siempre ayudándose de pastillas. Con el paso del tiempo había dejado de oír música —no sólo en concierto, sino en discos—, apenas compartía con ella comentarios que tuviesen como referencia otras anécdotas que las de la inmediata domesticidad, y sólo algunos libros —ante la insistencia de ella en hacérselos leer— alzaban todavía entre ellos puentes esporádicos para alguna charla que pudiese trascender las vacuidades cotidianas.

Javier tendía a encerrarse en un reducto de muda lejanía, cuya forma exterior era un apático desplome de miembros sobre el más antiguo sillón de la sala, y abundante consumición de alcohol, sobre todo desde el momento en que regresaba a casa, a últimas horas de la tarde.

Por su parte, ella misma se había sumergido también

cada vez más en sus propios asuntos, y sobre todo en el trabajo y la relación con las gentes del equipo, hasta el punto de que el desarrollo de cualquier programa la absorbía —en un esfuerzo por convertir su entrega en interés— tanto como en otros tiempos lo hicieron también las películas, los conciertos o las acciones reivindicativas.

«Enloqueceríamos si fuésemos capaces de comprender hasta qué punto podemos llegar a cambiar. Nos convertimos en otros seres. Ese doble vampírico de algún relato de terror», pensó, repitiendo un tópico habitual en sus reflexiones.

Javier había cambiado mucho, pero acaso fuese cierto que la pérdida de identidad era una de las señales de este tiempo, y que ya no quedaba en el mundo nada humano que pudiese conservar su sustancia. Él mismo lo había afirmado con frases rotundas, en una de aquellas ocasiones en que mantuvieron una conversación alzada sobre lo estrictamente doméstico.

—La identidad ya sólo existe en las ensoñaciones de los ayatolas, de los aberchales, de gente así —había dicho, haciendo girar la bebida en el vaso con habilidad—. Aunque parezcan irreductibles, son puras figuraciones, delirios. Realmente ya no hay nada que mantenga el alma igual, día tras día. Desgraciadamente ya no está loco quien cambia, sino quien no es capaz de incorporarse a la continua mutación de todo. De ahí la imposibilidad de la memoria.

Dejó la novela sobre la mesita y apagó la lámpara. Las rendijas ahusadas de la persiana se convirtieron en ojillos plateados. Los murmullos se iban hundiendo en la madrugada convertidos en el residuo deforme de la conversación originaria, del primer diálogo de la noche. Aunque necesitaba dormir, pues los cambios de horario y el *jet-lag* le habían escamoteado el tiempo del sueño, no lo conseguía.

Entonces fue cuando captó el sonido. No era un roer, aunque lo parecía. Era más bien un entrechocar de pie-

zas diminutas, un castañeteo. No le concedió al principio ninguna importancia, suponiendo que provenía del
temblor de una cortina ante algún golpe de brisa, o que
se trataba de uno de esos minúsculos crujidos domésticos que sólo la negrura de la noche reviste de apariencia
misteriosa. Pero más tarde comprendió que no era un
sonido aislado, esporádico, sino un rumor que, aunque
casi inaudible, persistía. Como un tiritar.

Encendió la luz y recorrió la alcoba con la mirada,
descubriendo que, sobre la cómoda antigua cuya posesión tanto la enorgullecía, faltaba su retrato de muchacha, lo que la hizo levantarse para comprobar que el
retrato permanecía allí, aunque boca abajo, con el so-
porte plegado.

Colocó de nuevo el retrato en la posición habitual y se
contempló a sí misma en su imagen de joven estudiante,
con un sentimiento de desconfianza y lejanía. Quedó
luego inmóvil, al acecho de aquel tenue rumor, hasta
que volvió a escucharlo.

Salió de la alcoba y, aunque no tenía miedo de la oscuridad, fue encendiendo a su paso las luces sucesivas y
registró con aprensión cada una de las habitaciones, sin
percibir la causa del fenómeno.

Antes de entrar en la sala, tuvo el presentimiento de
que el rumorcillo castañeteante estaba directamente relacionado con el olor de desconocida procedencia. Y
aunque lo rechazó al punto con firmeza —pues para sus
análisis de los sucesos anteponía el racionalismo y la lógica formal a cualquier intuición—, lo cierto era que tro-
pezaba con un fenómeno de difícil interpretación, ya
que el sonido parecía provenir del mismo lugar en que se
originaba el olor —aquel espacio entre la librería grande
y el extremo del ventanal que normalmente ocupaba la
dracena—, iluminado apenas por la lámpara que se encendía desde la puerta de entrada.

Tuvo la tentación de regresar a la alcoba, para buscar
en la cómoda la linternilla que llevaba siempre en sus
viajes, pero una brusca vergüenza sacudió su ánimo y su

cuerpo. «Parezco imbécil», murmuró, mientras se acercaba al lugar con firmes pasos y encendía la lámpara más cercana al sofá.

Desde aquella posición era posible percibir con mayor claridad el tenue tiritar, el roer minúsculo que, por el sitio en que se producía, parecía mostrar una correspondencia precisa con el olor. Sin embargo, el lugar estaba totalmente vacío, y sólo una ligera mancha circular sobre la madera del suelo recordaba la ausencia del tiesto.

Superando también un indefinible temor, extendió la mano para tocar la pared y el suelo, pero la retiró con brusquedad, pues percibió en aquel rincón un frío incongruente, como si, contra todas las leyes, hubiese allí una temperatura varios grados por debajo de la que se mantenía en el resto de la casa.

Pensó que debía tranquilizarse. Se trataba sin duda de alucinaciones que debían ser fruto del cansancio del viaje, del salto al océano. Nunca anteriormente había tenido este tipo de experiencias, pero sabía que, aunque raro, es posible y hasta común, en determinadas circunstancias psicológicas, percibir como verdaderos simples productos de la imaginación, excitada por estímulos acústicos o luminosos.

Volvió a la cama con pasos lentos y tranquilos, apagando una a una las luces; mantuvo abierta la puerta de la alcoba —como un desafío a su aprensión— y envolvió en la sábana su cuerpo, firmemente aferrada a la costumbre de entereza que la había hecho despreciar, desde la infancia, los temores injustificados. Y también por un esfuerzo de la voluntad acabó quedándose dormida, aunque el olor y el tiritar se mantuvieron en su conciencia con la fatalidad insoslayable de las pesadillas.

Estuvo fuera casi todo el día siguiente. Fue a la piscina y siguió leyendo la novela. Era una novela de muy poca calidad literaria, pero de cierta notoriedad, por haber ganado un premio conocido. Despachaba, con ciertos toques de humor frívolo y mucha malevolencia —que seguramente era debida más a la peculiar personalidad del autor que a su conocimiento del tema—, algunas actitudes políticas de la generación a que ella misma pertenecía.

Tumbada bajo el sol, pensó entonces, burlonamente, que sus alucinaciones domésticas estaban nutridas de sustancia novelesca. En ciertos momentos de cansancio de nuestro cuerpo o debilidad de nuestra razón, acaso ciertos entes de ficción que podemos encontrar solamente en las novelas consiguen aparentar que salen de su marco natural. Así deben producirse algunos de esos delirios que, en ocasiones, son aviso de locura. Animales horrendos, engendros de ultratumba, seres dotados de cualidades impensables en el mundo real, seres venidos de astros remotos o surgidos de arcanas criptas.

Aunque en sus lecturas de novelas procuraba estar al tanto de lo que se publicaba dentro del campo estrictamente literario, lo frecuente de sus viajes la había acostumbrado a leer, por puro entretenimiento, muchas novelas de género, policíacas y fantásticas, o de simple moda, como la que tenía entre las manos. «Para eso sirve leer tanta porquería», pensó. El sueño de la razón era aprovechado por elucubraciones estrambóticas y majaderas.

Estaba abstraída y una sonrisa involuntaria fue interpretada por un joven cercano como un gesto propicio a la aproximación. Así, volvió con sorpresa a la realidad al ser interpelada por el ocioso bañista. Resistiendo la risa, cambió con él unas cuantas frases y luego consiguió alejarle, no sin sentir dentro de ella un breve ramalazo de deseo.

«Estás cansada, trabajar en el trópico es peor que trabajar aquí, no has tenido vacaciones, hace un calor infernal, te aburres.»

Aunque Javier se hubiera vuelto tan ajeno, su mera compañía era una distracción. Pero el no había dejado señas, ni llamaba. Comprendió que, a todo lo demás, se unía un enojo creciente contra Javier. «Al fin y al cabo, él sabe de sobra que yo regresaba el dieciséis. Podía telefonear.»

Mas Javier no telefoneó aquel día, ni al día siguiente, ni al otro. Mientras tanto, y aunque ella pasaba fuera de casa varias horas, sutiles novedades se incorporaron al leve olor y al diminuto tiritar. Se trataba del sonido de un rascar ligerísimo, que parecía provenir de unas uñas muy pequeñas o muy débiles y que encontraba eco especialmente resonante en la librería de la sala, en el mismo lugar de los otros fenómenos.

Una nueva inspección le permitió descubrir, ya en la evidencia de una extraña irregularidad que parecía cada vez más obligada a asumir, que en la superficie del tablero vertical de la librería, junto al lugar del olor y de los ruidos, estaban apareciendo ligeros arañazos, como si fuesen la marca de unas uñas.

La noche del sábado recibió una llamada telefónica y se apoderó del aparato con rapidez. Mas no era Javier, y lo que supo a continuación la llenó de estupor y se convirtió en señal evidente de que, en su vida, estaba apareciendo progresivamente una sucesión de hechos sin sentido.

Al otro lado del teléfono estaba el socio de Javier, con quien éste debía pasar las vacaciones en las islas. Unas vacaciones que eran también un encuentro de trabajo, para preparar una campaña publicitaria especialmente importante. Dijo que la llamaba imaginando que ella habría regresado ya.

—¿Qué quieres? —preguntó ella.

—¿Está contigo Javier? —preguntó, a su vez, el socio.

—¿Conmigo? Yo he llegado hace casi una semana y no sé nada de Javier —repuso ella—. ¿Dónde está?

El socio, tras un titubeo, habló tan rápidamente que ella apenas era capaz de seguirle. Pero al fin consiguió saber que Javier no estaba en las islas, que no había llegado allí.

—He llamado a vuestra casa no sé cuántas veces. No sé nada de él. Me dejó colgado, sin avisar. No creas que no me preocupa.

Aquella información la desconcertó, pues Javier tenía sus pasajes y había preparado minuciosamente una carpeta con sus borradores del proyecto. Para el viaje, había comprado una maleta pequeña, y algunas camisas y bañadores en las rebajas. Sin embargo, el socio era rotundo en sus afirmaciones: Javier no había llegado a las islas. Y esto significaba que Javier llevaba, al parecer, más de veinte días en algún destino que ni ella ni el socio conocían.

Se trataba de algo tan insólito, que todas las aprensiones debidas a olores y ruidos se esfumaron, sustituidas por una imperiosa inquietud.

La noche era también muy calurosa y ella permaneció en el estudio de Javier. Al fin recordó al amigo del ático, aquel a quien encomendaran el cuidado de las plantas. Al otro lado del teléfono, el hombre manifestó una gran extrañeza, entreverada luego de oscuras reticencias.

—¿No se fue?

—Dice Alexander, su socio, que no ha llegado allí. Que él ha llamado muchas veces a casa, pero que no le ha encontrado.

El otro se mantuvo en silencio unos instantes.

—¿Qué pasa? —preguntó ella.

—Nada —dijo el otro—. Trasladamos las plantas la víspera de que se fuese. Me dijo que salía al día siguiente, en el avión de las once. Tuve que pasar por ahí otra vez, a recoger unas gafas que me había olvidado el día anterior, con el traslado de las plantas, unas gafas de sol. Tenía el maletín preparado, y una cartera de mano. Pero estaba raro.

—¿Raro? ¿Por qué?

—Había dejado la puerta de la calle abierta y estaba sentado en el suelo, de espaldas contra la pared, hablan-

do solo. Tenía el gesto muy serio. Estaba sudando, porque hacía mucho calor.

—¿Sentado en el suelo?

—Entre el armario y el ventanal. Inmóvil como una
escultura. Primero me pareció que había bebido, pero
no olía a alcohol. Decía cosas un poco estrambóticas,
como si discursease. Hablaba de la imposibilidad de la
memoria. Tardó unos momentos en darse cuenta de mi
presencia. Luego se levantó y me acompañó hasta la
puerta con toda normalidad. Le pregunté si estaba de-
primido otra vez y me dijo que no.

No hablaron más de Javier.

—Ya que has regresado, trasladamos las plantas cuando te convenga. No me corre prisa, pero prefiero
que vuelvan a vuestra casa. Entre unos y otros, esto
parece una selva. Entre tiestos y gatos, tengo bastante
jaleo.

Estaba hablando solo, sentado en el suelo, y no había
bebido. Llevaban juntos más de veinte años —primero
en la Facultad, cuando sólo las pensiones o la habitación
de algún amigo servían de santuarios secretos para su
intimidad; luego en distintos lugares, hasta ocupar el
piso de Don Ramón de la Cruz— y únicamente le había
visto sentarse en el suelo y hablar a solas cuando un muchacho adicto a las drogas, hijo de un amigo íntimo y
antiguo compañero, había muerto como consecuencia
de su sujeción.

Sin embargo, una secreta y ácida sospecha acosaba a
veces su seguridad. Hacía mucho tiempo que no hablaba
con Javier de muchas cosas, pero sobre todo de lo que
concernía a su propia relación. Todo entre ellos estaba
dicho ya y parecía imposible recuperar la comunicación.
Rumiantes de una confianza lejana, apenas trataban temas que no se adscribiesen a la rutina de los calendarios.
Así, no podía asegurar que Javier no pudiese estar atra-
vesando un período difícil, preocupado por problemas

de su trabajo o enredado en algún dilema, incluso amoroso, que ella desconocía.

Sintió la comezón de la mala conciencia. «En las navidades pasadas hablamos mucho», pensó. Pero no de ellos. Hacía muchos años que no se contaban nada verdaderamente personal, excepto lo relacionado con posibles molestias o indisposiciones físicas.

Se dirigió al estudio, se sentó ante la mesa de Javier —donde las cosas mostraban desde hacía muchos años la misma apariencia, en un orden planteado más como signo disuasorio frente a los curiosos que como consecuencia del uso— y se dispuso a buscar algún mensaje que pudiera justificar o explicar aquella desaparición.

En su búsqueda, no encontró nada que le aclarase la ausencia; pero, como traídos de modo incongruente desde algún punto muy remoto en el tiempo, descubrió —sorprendida de la capacidad de Javier para archivarlo todo tan meticulosamente— viejos documentos y papeles, panfletos y hojas volanderas, fotos y cartas. Más de cuatro lustros la separaban de aquello.

De nuevo comprendía —pero esta vez con incomodidad que acrecentaba su disgusto consigo misma— que nada de aquellos antiguos testimonios era para ella cercano, pues todo parecía propio de una antigüedad ajena. Sin embargo, aquellos restos le devolvían, inevitablemente, el talante ostentado con tanto fervor, la huella inconfundible de aquellas pasadas certezas.

Recordó la fe de Javier y su propio enardecimiento, cuando estaba encendido dentro de ellos, como un afán obsesivo, como una vivísima y reconfortante pasión, el odio contra aquel mundo en que vivían; cuando estaban seguros de que todo iba a transformarse y de que eran ellos, precisamente ellos, una parte de lo que iba a ser capaz de transformarlo todo.

En aquellos poemas, aquellas frases lapidarias y aforismos, entre los discursos, las soflamas y las gacetillas, se mantenían, resecas como las hojas que se han guardado entre las páginas del diccionario, aquellas convicciones estentóreas de que el mundo iba a ser distinto, sin hambre ni ignorancia, sin guerra ni miseria, sin explotación ni privilegios.

A veces, ya en tiempos más cercanos a éste, ambos se burlaban de su ardor de entonces, de tanta crispación de ribetes heroicos. Y era verdad que en aquel tiempo todo estaba arropado de retórica, de idealismo pretencioso, aunque el mayor peligro —con el abuso que hacía a unos pueblos del mundo infinitamente pobres, frente a otros que lo derrochaban todo— era la guerra nuclear.

—La guerra nuclear. Nos aterrorizaba pensar que estaba a punto de estallar la guerra nuclear, y que todo se iba a ir al carajo —había comentado Javier—. ¿No es para morirse de risa? Ahora sabemos que el mundo se está aniquilando rápidamente, sin necesidad de ninguna guerra nuclear. Antes de diez años empezarán a decir que escasea el oxígeno. Pero la catástrofe, el arma definitiva, ha sido el ridículo: han conseguido que los soñadores se avergüencen de sus utopías.

Sobre la mesa estaban algunos de los eslóganes de la última campaña de Javier para las margarinas. Javier no había vuelto a escribir ningún verso desde hacía muchos años, pero —comentando muchas veces con sorna el significado de los productos de su ingenio— se esforzaba en la preparación de sus textos publicitarios tanto como antes lo hiciera para escribir un poema o redactar un panfleto. Pues habían vivido todo aquello con la dedicación de los revolucionarios clásicos, en una mística de penumbra y entresuelos, con murmullos frenéticos, ropas oscuras y la intuición certera de una aurora naciente.

Con los años y el fracaso de aquella fe se habían acostumbrado a considerar que todo había sido solamente aparato, artificio, todo falso e impostado.

¿Era realmente así? ¿Tenían razón estos costumbristas diletantes que pretendían rememorar aquello desde la falsedad de presentar a los jóvenes revolucionarios como huéspedes cómodos de hoteles de lujo? ¿Debía sonreírse, como si se asintiese, y aceptar el olvido como algo beneficioso? ¿Era, pues, más razonable esta trivialización, y conceder validez solamente a la retórica burlesca? ¿Significaba a fin de cuentas lo mismo este apogeo de la fruslería que aquellos pruritos trascendentes?

Se examinaba sin afecto en una foto lejana cuando recordó un comentario de Javier sobre los viejos tiempos. Estaba hojeando una revista. De pronto, volvió la mirada hacia ella y, con gesto en que se mostraba una intención oculta, se la alargó.

—Mira —dijo—. Dime qué ves.

Ella echó un vistazo a la página. Había varias fotos de grupos, en una fiesta o una celebración. Destacaban las figuras de algunos políticos conocidos.

—¿Qué quieres que vea?

—¿No te llama la atención ninguna cosa?

Volvió a observar las fotos; junto a los rostros que la prensa y la televisión habían incorporado a la iconografía cotidiana, había otros, masculinos y femeninos, que mantenían un anonimato satisfecho y sonriente.

—No. ¿En qué debo fijarme?

—Mira esta cara —respuso él—. Es el Poe.

—¿El Poe?

Él se reclinó en su asiento, acercándose a ella.

—¿No le reconoces?

Al fin le vio claramente, reencontrando uno de los rostros protagonistas de su juventud. También habían compartido con él muchas noches de miedo y conspiración, de premoniciones triunfales y mala ginebra.

—¿Ahora sí? —exclamó él, con una sonrisa—. Todos nosotros estamos haciéndonos invisibles.

Y al recordar aquel comentario recordó también que el olorcillo que se había apoderado de la casa era similar al de una loción de afeitar que, cuando eran todavía estudiantes, había adquirido Javier en las liquidaciones de una droguería del barrio, y que a ella le había parecido pasado y descompuesto, cuando lo olió. «Ha perdido el espíritu», había respondido él.

Se puso en pie de un salto y fue corriendo a la sala.

Llegó hasta el lugar que la dracena ocupaba habitualmente y se arrodilló, extendiendo las manos hasta palpar el frío. Era como una esfera y su tacto resultaba suave, a pesar de la diferencia de grados. «Javier», musitó, y los arañazos y casteñeteos se aplacaron.

Recordó también dos actitudes de Javier que podían tener alguna correspondencia con estos sonidos: una, cierto apretón de maxilares, con el subsiguiente frotar de muelas y dientes, que solía él hacer cuando estaba abstraído o preocupado por algo; otra, el gesto, también al parecer inconsciente y automático, de tamborilear con los dedos en las mesas y rascar suavemente sus superficies.

«Javier —repitió—, ¿qué ha sucedido?» Pero la presencia invisible —porque al fin sabía ella que de una presencia invisible se trataba— continuó en silencio.

Pasó muchos más días allí sentada, con la espalda apoyada en el mueble y los brazos rodeando sus rodillas. Algún yogur, magdalenas, tomates, eran su alimento. Intentó comunicar con el invisible. Su único éxito consistió en aplacar los arañazos y las tiritonas, que ya no se producían en su presencia.

Continuó haciendo mucho calor, y ella, en la penumbra de la sala, había bajado casi del todo las persianas y escuchaba discos, aspirando, siempre con la misma extrañeza, aquel perfume rancio. Los últimos días de agosto hubo muchas llamadas telefónicas, pero no contestó a ninguna ni conectó el automático.

El primer día de septiembre se levantó muy temprano, inquieta por un sueño que no era capaz de recordar. Fue deprisa al cuarto de baño y buscó su rostro en el espejo. Reflejados en aquella superficie, aparatos sanitarios, cortinas, frascos, toallas, mostraban una presencia sólida, cuyo bulto acentuaba la doble iluminación de las lámparas eléctricas y del resplandor primero del día.

Buscó su propio rostro, pero no halló sino la soledad del cuarto vacío, en una perspectiva imposible para cualquier mirada humana. Pues todo rastro visible de sí misma había también desaparecido.

José María Merino, *Lucanor*, núm. 3, V/1989, págs. 14-27. Recogido en *El viajero perdido*, Alfaguara, Madrid, 1990, págs. 57-74, y en *Las palabras del mundo,* Biblioteca de *El Sol,* Madrid, 1991, págs. 25-43.

JUAN PEDRO APARICIO

SANTA BÁRBARA BENDITA

Nada como el sonido de una canción para descerrajar la memoria.

El otro día, a los postres de una cena al aire libre en casa de unos amigos, alguien se empeñó en cantar, y, como había más de un asturiano y varios leoneses, no pasó mucho tiempo sin que se entonara *Santa Bárbara bendita*...

Hace años —a veces todavía me ocurre— no podía soportar la nostalgia que me provocaban ciertas canciones; su eco resonaba en mi corazón con el dolor de los rostros, las voces y los afectos definitivamente idos.

Oyendo la otra noche *Santa Bárbara bendita, patrona de los mineros*... los años sesenta volvieron a mí con una intensidad sólo comparable a la fuerza evocadora de una película. Y como en una película volvía a ver, mientras mis amigos cantaban, a Miguel Mirantes Marbella caminar por los bulevares, desde la glorieta de San Bernardo hasta la calle de la Princesa, con una carpeta azul debajo del brazo, en cuya cubierta se leía, en trazo grueso de rotulador negro, poemas y cuentos...

Yo, que había salido de la Cafetería Inglesa, y que, porque acababa de darle fuego de mi cigarrillo atendiendo a su petición, había visto otra vez de cerca en sus ojos esa mirada especial de quien se saborea a sí mismo, ca-

minaba detrás de él, sin atreverme a saludarle, puesto
que en ningún momento pareció haberme reconocido, a
pesar de que hacía muy pocos días nos habíamos dicho
algunas palabras durante una manifestación, de no más
de un centenar de estudiantes, que, por esas mismas calles, exigía a grandes voces la disolución del SEU, cuya
sede, si la memoria no me engaña, estaba en la glorieta
de Quevedo.

Miguel tenía un caminar agalludo y de mucho aliento,
con movimientos demasiado ambiciosos para su estatu-
ra, de modo que sus pisadas, que seguían una impecable
línea recta, parecían aspirar no a llevarle más lejos, sino
más alto; jamás se movía hacia los lados, salvo para doblar la cabeza y ver, de cuando en cuando, su imagen
reflejada en las lunas de los escaparates; se miraba el
pelo y la barba y se los atusaba, se miraba la altura del
jersey sobre la cintura y la corregía, se miraba la caída
de los pantalones vaqueros...

Esa misma indumentaria llevaba cuando en mayo del
año siguiente le vi otra vez en un bar de la Silla del Rey,
en Oviedo. Me habían expulsado de la Complutense,
por sinrazones que no vienen al caso, y había vuelto a
acabar mi carrera por libre donde la había empezado, en
Oviedo. Estaba de espaldas a mí; el mismo jersey verdo-
so, la misma camisa a cuadros grandes, verde también...
Preguntaba a la chica que atendía la barra si conocía
dónde alquilaban una habitación, y yo, que comía solo
sentado a una mesa, le miré sin reconocerle, sin siquiera
pensar en él, quizá porque no podía imaginármelo en
Oviedo, aunque, y esto sí es curioso, tuve la certeza de
que en la parte delantera de aquella camisa, asomando
por el cuello de barco del jersey, vería la misma corbata
estampada en azul celeste, con la que Miguel Mirantes
Marbella solía rematar su vestimenta, fuese invierno o
verano.

Yo prefería estar solo en mi habitación —de hecho
había alquilado una con dos camas en un entresuelo del
grupo de viviendas Covadonga allí cercano—, pero me

pareció obligado ofrecerle la posibilidad de ocupar la otra cama. Al fin, los dos veníamos de Madrid y seguramente a los dos empujaba la misma represalia política. Pero Miguel, que esta vez sí me reconoció, a juzgar por lo efusivo de su saludo, aceptó mi propuesta con tan poco entusiasmo que me hizo sentirme incómodo. Menos mal que la patrona, una anciana silenciosa, acogió al nuevo huésped sin consultar siquiera a su marido, un jubilado de los ferrocarriles que leía continuamente *La Nueva España*.

Esa misma noche supe que Miguel no había sido expulsado de la Universidad de Madrid, ni sometido al más leve expediente académico, sino que, dando tumbos por todas las Facultades de Derecho de España —había estado ya en La Laguna, en Granada y en Murcia—, ese curso —con tres asignaturas pendientes de tercero, las cuatro de cuarto y todo quinto— le había tocado recalar en Oviedo. Por lo demás, no parecía muy distinto del tipo de estudiante con el que yo me acomodaba muy bien. Pocos estudios, o ninguno, durante el curso y muchas lecturas literarias: Stendhal, Pavese, Borges, Faulkner, Dos Passos; luego, durante dos semanas de mayo o de junio, con un buen acopio de café y centraminas, el consabido encierro para preparar los exámenes. Su horario de estudio tampoco difería demasiado del mío: empezaba hacia las seis o las siete de la tarde, se interrumpía con la cena y el café, de diez a doce, y se reanudaba a eso de la una de la madrugada. A las cinco o las seis, siempre antes de que amaneciera, se iba a la cama.

Esa misma noche supe también que su forma de estudiar, sin embargo, era muy original. Al día siguiente, por ejemplo, tenía un examen de Hacienda de tercer curso, y dos días más tarde, otro de Filosofía del Derecho de quinto curso. Pues bien, empezó por hojear el libro de Filosofía. Pretendía medir el esfuerzo que iba a necesitar las noches siguientes y durante casi una hora rasgó con un cuchillo los intactos pliegos, que tocaba con el mimo y la delectación del más gozador de los bibliófilos. Luego empezó a leer de aquí y de allá, se entusiasmó con algunos pasajes que comentó en voz alta y sintió la necesidad imperiosa de leer algún texto complementario. Eran ya más de las tres de la mañana cuando emprendió la desaforada tarea de buscar alguna enciclopedia o diccionario por la casa. Recorrió la cocina, el cuarto de baño, la despensa, de la que salió con una zanahoria entre los dientes; hasta que por fin en una cesta de mimbre, en el vestíbulo, encontró, entre un montón de periódicos atrasados, un libro de Brecht en francés, se trataba de *El círculo de tiza caucasiano,* olvidado sin duda por algún otro estudiante. Se entusiasmó. Había visto su representación en una Universidad francesa y pretendió escenificarlo, él sólo, para mí. Se levantó otras tantas veces de la silla, sin recato en la voz ni mesura en el gesto. Mientras, yo no dejaba de pensar en los ancianos dueños de la casa, que dormían, es un decir, tabique por medio.

A las seis de la mañana, por fin, nos acostamos. Miguel, para dormirse, precisaba de la más total oscuridad, así que no se conformó con cerrar las contraventanas, sino que colocó papeles de periódicos en los bordes. En unos casos los pegó con papel «cello», en otros los ató a la manija con los cordones de sus zapatos. Yo, que le veía hacer desde la cama, pronto perdí toda esperanza de que por allí se colara el menor resquicio de luz.

Quise dormirme en seguida y traté de acompasar mi respiración. El fruto de esa primera jornada de trabajo juntos había sido más bien pobre. Además habíamos tomado un café, una centramina y dos nescafés —que él había hecho mezclando los granitos con un poco de agua hasta lograr una pasta que luego batía ruidosamente— y me costaba conciliar el sueño. No sé el tiempo que pasó, pero, cuando parecía a punto de lograrlo, un tumulto enorme me sobresaltó. Era tanta su violencia que

me asusté. Abrí los ojos, y no me moví. Ni siquiera veía
mi propia mano delante de mi cara. Tuve la impresión
de hallarme en medio de la calle sin asfaltar, sobre los
baches y las piedras, a punto de ser atropellado por una
inmensa máquina rodante. Y, sobre el estruendo, unas
voces graves, acompasadas, canoras, que se aproxima-
ban, que inundaban la habitación, la casa entera, y poco
a poco se alejaban... Finalmente me dormí.

Al día siguiente —obvio es decir que Miguel no se
había presentado a su examen de Hacienda—, al iniciar
la nueva jornada de estudio, a eso de las seis de la tarde,
me dijo:

—¿Oíste ayer a los mineros? ¡Qué maravilla! Cómo
cantaban camino de la mina.

Su explicación me pareció iluminadora.

Estudiamos, o mejor repasamos temas varios al hilo
de sus lecturas. La Prensa del día daba la noticia de la
detención del famoso quinqui Medrano, tras haber bur-
lado un cerco policial en el madrileño Pozo del Tío Rai-
mundo, con su manceba, según expresión textual de los
periódicos, a lomos de un burro. Miguel tuvo la idea de
un cuento que empezó a escribir de inmediato. Lo tituló
Fundamento ultrajurídico del Derecho Penal. Al cabo de
tres horas de emborronar cuartillas, haber fumado una
cajetilla entera de Bisonte y haberse levantado más de
cinco veces al cuarto de baño, quiso leerme lo que había
escrito. La clave del relato era una especie de limbo en
el que permanecían encerradas las almas antes de tomar
el cuerpo que las permitía vivir en este mundo. Unas a
otras se apretaban de modo inexorable hacia la salida
(inexorable era palabra que se repetía varias veces en el
texto), hacia el lugar por donde pasaban los cuerpos sin
dueño, a los que ellas habían de incorporarse al azar.
Sobrevolaban aquel limbo unos ángeles tan veloces y
cuidosos como reactores —estaba por entonces en pleno
apogeo la guerra del Vietnam— que, en vez de soltar

bombas de napalm, desprendían mensajes atronadores: no mataraaaas —gritaban—, no robaraas, no desearaaaas la mujer de tu prójimo... De ese modo las almas, todas por igual, tenían la oportunidad de impregnarse de los mandatos y códigos, por los que luego se les juzgaría en el mundo de los vivos. El cuento narraba la biografía de una de esas almas, desde su vida en el limbo hasta su incorporación a un cuerpo, el del niño de unos quinquis, y su ajusticiamiento final a garrote vil. Tampoco estudiamos mucho esa noche.

Ya en la cama, con los ojos cerrados, cuando, resignado a la agobiante oscuridad, y mitigado el latido de las sienes sobre la almohada, iniciaba mi primer sueño, mi corazón sufrió un nuevo y horripilante zarandeo. Los mineros otra vez, el camión de mineros que se dirigía entre tinieblas a la mina. Los baches agitaban la caja del camión, entrechocaban las palas y los picos, y en medio de una turbamulta de sonidos metálicos, de acero y de ballestas, de cachivaches y de piedras, en medio y sobre ellos, dominándolo todo con admirable sobriedad, sus voces, una canción firme, honda, viril, la canción de quien nunca se ha dejado dominar...

—¿Los oíste anoche? —me preguntó Miguel al día siguiente, después de engullir la primera centramina, a eso de las ocho de la tarde. Sus ojos grandes y brillantes me taladraban—: Creo que sé lo que cantaban: «En el pozo María Luisa lalaralala lalala —tarareó con su voz cálida y grave, la voz más limpia que hubiera salido de aquel camión, para en seguida articular claramente—: murieron cuatro mineros, mira Maruxina, mira mira cómo vengo yo...» Y a continuación: «Traigo la camisa roja lalaralala lalala de sangre de un compañero, mira Maruxina, mira mira cómo vengo yo...»

Tampoco estudié esa noche, ni la siguiente. Y al acostarme esperaba en un estado de duermevela el paso de los heroicos hombres del camión, aquellos que con su empuje y valentía eran los únicos capaces de poner en jaque al régimen del general Franco. El ruido que los anunciaba acotaba un espacio aureolado en el interior de mi mente, un resplandor me parecía surgir en el sol rojizo de los párpados y acompañaba como un festón blanco el rodar del camión por mi imaginación. A su paso sentía una emoción insólita, el pecho se me inflamaba, y una felicidad extraña, mezcla de optimismo y tristeza, me inundaba. Tenía un nudo en la garganta.

Una noche no pude más. Quizá porque habíamos retrasado el acostarnos y aún me hallaba en estado de completa vigilia, salté de la cama y desarbolé el entramado que había instalado Miguel en la ventana. La abrí de par en par y me asomé.

¿Cómo explicar lo que sentí? El estruendo era el de todas las noches, las voces también. Los elementos sonoros eran los mismos. Pero no había camión, ni mineros, sino una motocarro cargada de jaulas metálicas con botellas de leche. El que cantaba era el motorista.

Eché la cabeza atrás, incapaz de aceptar lo que veía. La motocarro brincaba sobre los baches y las piedras de la calle, el mozo cantaba desatentamente. Cerré la ventana y volví a la cama.

Miguel, como desde más allá del sueño, preguntó:
—¿Los has visto?

En su voz había tanta admiración como resentimiento.

JUAN PEDRO APARICIO, *Blanco y Negro*, 4 de noviembre de 1990, págs. 22-24.

LUIS MATEO DÍEZ

BRASAS DE AGOSTO

Era don Severino. Tuve de golpe la certeza de que era él aunque algo raro desorientaba su rostro en la fugaz aparición medida en el instante que tardó en pasar ante el ventanal de la cafetería, a cuya vera estaba yo sentado con el periódico en la mano derecha y la copa en la izquierda.

La súbita emoción del reconocimiento me dejó paralizado, pero reaccioné en seguida. De pronto se agolparon los recuerdos y aquella inmóvil y aletargada tarde de agosto comenzaba a remover sus estancadas aguas.

Salí a la puerta de la cafetería y le observé caminar de espaldas, apenas unos segundos, antes de llamarle. En ese momento iba a dar la vuelta a la esquina, y giró la cabeza con un sobresalto que llegó a paralizarle.

Entonces supe que era definitivamente él, y que lo que desorientaba su rostro no era otra cosa que la calva galopante que había barrido su frente hacia las alturas, dejando como dos abultados mechones en los laterales.

—¿Cervino? —comenzó a preguntar mientras se acercaba, tras un instante de desconcierto—. Eres Cervino —corroboró, contagiado por la sonrisa con que yo confirmaba su descubrimiento.

—Soy Cervino, don Seve —le dije, tomando entre las mías su mano temblorosa, que parecía dudar en tender-

me. Y algo de aquel escurrido sudor del confesionario
reverdeció en su palma como una huella cuaresmal.

Nos sentamos en la cafetería y hubo un largo momento previo en el que nos estuvimos requiriendo torpemente, con esas atropelladas informaciones de quienes todavía no superaron la sorpresa de un encuentro tan
inesperado, incapacitados para retomar sin mayores dilaciones la antigua confianza que acaso el tiempo diluyó.

—Diez años —confirmaba don Severino, como si de
repente hubiese tomado conciencia exacta de su ausencia. Y yo le observaba, respetando los silencios en que
se quedaba momentáneamente abstraído, viendo tras el
ventanal la fuente esquilmada de la plaza, la lluvia de
fuego que barría las aceras esparciendo las pavesas de
polvo.

Había pedido un coñac con hielo, que era lo que yo
tomaba, y me agradecía que le hubiese llamado: en realidad había sucumbido a la tentación de un regreso efí-
mero, apenas unas horas entre un tren y otro tren, convencido de que nadie en la ciudad iba a reconocerle, tal
vez llevado por alguna de esas amargas nostalgias que
son como espinas que hay que arrancar.

—Y ya ves —decía—, una tarde como esta que no hay
quien se mueva, tantos años después, y sólo hago que
llegar y alguien me llama a la vuelta de la primera esquina.

—Yo soy de los que la familia abandona todo el verano. Y aquí me quedo escoltando esta ciudad vacía.
Pero no se crea que me quejo. El despacho me lo ad-
ministro a mi aire.

De aquellos diez años llevaba don Severino casi siete
en Puerto Rico, de profesor en la Universidad de San
Juan. Regresaba ahora, por vez primera, para participar
en un Congreso y dispuesto a tentar alguna cosa para
poder quedarse en España. Era una información que
coincidía vagamente con lo que yo sabía, con lo que en
la ciudad se había comentado en los meses que siguieron
a la huida.

—Llega un momento en que hay que decidirse: o te quedas o vuelves. No hay nada peor que ir dejando pasar el tiempo sin resolver. Se engaña uno a sí mismo.

Repetimos las copas. Aquella inmediata imagen de don Severino, discreto en su atuendo veraniego, coronado por la calva, el vientre bastante pronunciado, tan sonriente y apacible como en tantas tardes de latín y filosofía en la Academia Regueral, se mezclaba en el asalto del recuerdo con su figura más espigada, juvenil, siempre con la dulleta impoluta, la teja en la mano como un engorroso objeto que hay que transportar por obligación, una escueta elegancia especialmente vertida en los largos y solitarios paseos dominicales.

—Me apetece dar una vuelta por ahí —dijo al cabo de un rato, y pude entender con facilidad que me estaba pidiendo que le acompañara.

—Todo sigue lo mismo —comenté, invadido por cierta sensación de apuro, como si de pronto presintiese que la casualidad de aquel encuentro me conduciría en seguida a la irremediable complicidad de las confidencias.

Don Severino vació la copa e hizo tintinear el hielo en el cristal antes de depositarla en la mesa.

—Solo no voy a perderme, Cervino —confesó—, pero después de tantos años se agradece que alguien te eche una mano. No sabes lo que me alegra volver a verte.

Me había palmeado el brazo cuando salimos al resplandor polvoriento de la hoguera, y yo sentí el gesto paralelo de su saludo en aquellos años enterrados, y hasta pude resucitar el aroma de alguna discreta lavanda en el tejido de la sotana.

—¿Qué es de mi hermano? —inquirió, dejando resbalar la pregunta cuando comenzábamos a caminar por la acera abrasada.

—Doro sigue con lo suyo. Apenas le veo.

—Vamos hasta la ferretería —decidió.

Me detuve un instante, lo justo para que él percibiese la mezcla de indecisión y temor, lo justo también para que yo me reconociera, una vez más, como tantas en mi vida, en esa situación de indefectible embarcado que tan vanamente orienta mi destino.

—No quiero verle ni hablar con él —dijo don Severino, volviendo a palmearme el brazo—. Sólo pretendo echarle una ojeada, aunque sea de lejos, a la ferretería. Y a ser posible darle un beso a Luisina.

Avanzó unos pasos y metió las manos en los bolsillos del pantalón, al tiempo que alzaba el rostro como para distinguir el perfil aéreo de las viejas casas de la plaza entre las llamas. Recordé la torcida indignación de Doro en tantas noches alteradas, por las cantinas donde maltrataba la úlcera. Aquellas maldiciones al hermano huido que había sembrado de ignominia a toda la familia. Aunque las últimas borracheras de Doro, que yo conocía, databan, por lo menos, de hacía seis años.

—Don Seve —le llamé, sin salir de mi indecisión—, yo no sé de lo que usted está al tanto. Son diez años los que han pasado.

Me miró con un gesto comprensivo y desolado, como dando a entender que la medida del tiempo, y las desgracias que podían envolverlo, estaban aceptadas con el mismo designio de la ausencia y la distancia irremediables.

—Sé que mi madre murió al año siguiente de irme. Doro encontró el medio de comunicármelo. No iba a privarme de la amargura que me podía causar la sospecha de que yo la había matado de pena.

—Luisina también falleció. Hace tres años —le informé resignado.

La mirada de don Severino quedó suspensa en un tramo de recuerdo que hendía el dolor como un cuchillo frío en la sorpresa de la tarde calcinada. Presentí entonces la figura yerta de la niña anciana en los ojos fugazmente nublados que sorteaban una lágrima inútil, aquel ser arrumbado en el destartalado cochecito, con los brazos caídos, las manos diminutas arrastradas por la tarima, la enorme cabeza vencida hacia atrás, la saliva rese-

ca en la comisura de los labios. Un latido violento
minaba el corazón de don Severino.

—Vamos a tomar otra copa —propuso.

—El Arias está cerrado —señalé con cierta inconse-
cuencia—. Habrá que subir hasta el Cadenas.

Apostados en la barra del Cadenas, que preservaba
una rala penumbra aprovechada por algunos soñolientos
jugadores, bebimos despacio el coñac con hielo, y yo
respeté aquel silencio apesadumbrado de don Severino,
que parecía recorrer los últimos trechos de una memoria
urgente, en la que palpitaba la inocencia y el dolor de la
hermana enferma, el margen ya estéril de la ternura
aplacada amargamente por la muerte.

Dio unos pasos hasta la puerta del Cadenas con la
copa en la mano, y asomó al reducto de los soportales.
Sólo el empedrado se salvaba de la mano afiebrada que
transmitía su calentura hasta el pergamino de la caliza
gótica. La catedral brillaba como una patena arrojada a
la lumbre.

—¿Todavía sigue Longinos de sacristán? —me preguntó.

Le dije que sí, que Longinos estaba contagiado del
mal de la piedra que era, como él decía, una especie de
lepra que al tiempo que le destruía le iba convirtiendo
en estatua, una imagen fósil que serviría para sustituir a
cualquiera de los santos carcomidos del pórtico.

—Hazme un favor, Cervino —me pidió—. Dile que
nos abra la catedral y que nos deje la llave del coro.
Sabiendo que es para mí no va a negarse.

Rescatar a Longinos de la siesta fue una tarea bastante complicada. Explicarle que don Seve había vuelto y
quería entrar en la catedral, resultó casi imposible. La
pétrea sordera de Longinos era, por el momento, el dato
más elocuente de su transformación en estatua. Pero
cuando, rezongando y arrastrando las zapatillas y haciendo sonar el manojo de llaves, llegó conmigo a la
puerta de la sacristía, donde don Severino nos esperaba,
se detuvo un momento, inquieto, y luego, medio lloro-

so, avanzó hacia él y, sin que don Severino pudiese evitarlo, buscó su mano y la besó repitiendo alguna ininteligible jaculatoria.

Seguí a don Severino, que había cogido la llave del coro, por la nave lateral, después de dejar a Longinos entretenido en los armarios de la sacristía, mentando el peligro de que don Sesma, el deán, pudiera enterarse.

Un frescor luminoso inundaba el abismo. El silencio se agarraba en el vacío sagrado. Tuve la sensación de que de pronto me encontraba perdido en un bosque submarino de arcos vegetales, de frondas cristalinas, y me percaté de que el coñac comenzaba a hacer efecto, acaso porque el ritmo de mis copas cotidianas se había acrecentado y anticipaba algún grado mayor de irrealidad.

Entonces me di cuenta de que don Severino había desaparecido. Fui a la nave central y miré hacia el coro. El silencio se rompió con un estrépito de música ronca, como si desde los desfiladeros manase de repente un arroyo desprendido como una cascada.

El órgano alzó en seguida la suavidad casi hiriente de las tubas, un sostenido clarinazo que parecía jugar con sus propios ecos en el interior de la caverna. Y rápidamente la melodía apasionada me hizo localizar la figura de don Severino, tendida sobre los teclados, como la de un pájaro que de nuevo encontrase el amparo en el nido que abandonó.

Entré en el coro y me acerqué despacio. La música crecía como un vendaval, se abría en salvas por los arcos enhiestos, invadía la sombra votiva de las capillas. Me senté cerca de don Severino, que parecía concentrarse cada vez con mayor intensidad en el arrebatado concierto. Le observé alzar el rostro con los ojos cerrados, permanecer quieto, como perdido en la inspiración o en el recuerdo, mientras sus manos se movían tensas sobre las teclas. Y en un instante, cuando la música recobraba una huidiza suavidad de delicados murmullos, vi como su barbilla se hundía y de los ojos entrecerrados brotaba una lágrima apenas perceptible.

En los aéreos vitrales, teñidos por el dibujo de las en-
garzadas florestas, reverberaron las brasas de agosto, y
yo sentí cómo la cabeza me daba vueltas, acompasada a
un vértigo fugaz de lluvia sonora.

—No había vuelto a tocar desde entonces —me dijo
don Severino al cabo de un rato—. Las manos ya no
responden lo mismo.

Regresamos al Cadenas. Pedimos otra copa. Don Severino bebió un largo trago, como si necesitara ahogar
algo con urgencia. Yo miraba el hielo flotando en el coñac, convencido de que la tarde iría desapareciendo,
tras el rastro de alcohol, hasta algún punto perdido del
oscurecer y el sueño, porque todo estaba cada vez más
desvanecido a mi alrededor. Bebí a su lado y repetimos
las copas y le seguí a la mesa más cercana de la puerta,
donde llegaba el aliento quemado de la calle.

—Tengo que ver a Elvira —musitó de pronto, como si
hablara exclusivamente para sí mismo.

La copa me tembló en la mano.

—¿Está bien? —quiso saber, y yo fui incapaz de alzar
los ojos, de atender lo que en seguida se convertiría en
una súplica.

—Tienes que ayudarme, Cervino.

El recuerdo minaba ahora mi corazón, porque yo había vivido muy intensamente aquella historia, como todos los que estábamos socorridos por el amparo de su
figura, la amistad y la inteligencia que don Severino
compaginaba para nosotros y ofrecía generoso, más allá
de las clases de latín y filosofía en la Academia Regueral, más allá de las benévolas bendiciones del confesionario.

—Se casó con Evencio —dije—. Lleva la farmacia de
su padre.

—A ella también le apetecerá verme —aseguró don
Severino—. Nunca pude olvidarla —confesó después
apurando la copa.

Elvira Solve tenía mi edad. Había frecuentado nuestra pandilla, aunque nuestras verdaderas amigas eran

sus primas Cari y Mavela. El amor secreto del padre
espiritual y de su dirigida había estallado entre la indignación y la vergüenza, complicado por la huida y el largo
tiempo en que nada se supo del paradero de la pareja.
Elvira regresó y los años fueron echando tierra sobre
aquella desventura juvenil.

—Me dijiste que estabas solo, que tu familia te abandona por el verano —comentó don Severino.

—Así es.

—Tienes que ir a avisar a Elvira, tienes que dejar que
nos veamos en tu casa. Por nada del mundo querría
comprometerla.

Su voz contagiaba la súplica y la desesperación, como
guiada por una necesidad acuciante que nadie podía des-
atender. Su mano me palmeaba el brazo, y yo seguía
mirando el fondo, de nuevo vacío, de la copa, todavía
lejos de comprender lo que estaba proponiendo.

Conduje a don Severino a mi casa. La tarde iba cediendo hundida en el polvo, y la atmósfera de las calles
me parecía enrarecerse, como dominada por un humo
de gasas y hervores. Flotaba en el camino incierto de las
aceras, persuadido ahora de la inaplazable necesidad de
tomar otra copa, porque la encomienda de don Severino
me llenaba de recelo, y la dirección de la farmacia, donde iba a encontrar a Elvira Solve, orientaba mis pasos
con mayor seguridad y rapidez de lo que me hubiese
gustado.

—Esto jamás podré pagártelo, Cervino —me había
dicho don Severino, y yo había recordado las vigilias
cuaresmales, el aroma de un cirio cuya cera derretida
me abrasaba la yema de los dedos.

Cuando pude hablar con Elvira Solve tuve la sensación de que las palabras iban a fallarme, pero ese esfuerzo envarado de quien necesita disimular el alcohol, com-
poner dignamente el gesto propicio, me fue suficiente, y
hasta me sentí dotado de una escueta elocuencia.

—¿Está allí? —recuerdo que me preguntó incrédula.
Y vi en sus ojos el reguero sentimental de los años por

donde nuestra juventud había discurrido, y percibí una amarga melancolía, casi capaz de desterrar por un momento la nube de alcohol, de rescatarme en la emoción viva y espesa de la derrota del tiempo y de la vida, del dolor de todo lo que no pudo ser.

Fui a cobijarme en la cantina más cercana, casi enfrente de mi casa. Elvira me había acompañado sin hablar apenas.

—Gracias, Cervino —me dijo, cuando la dejé en el portal.

En aquella larga espera, más de dos horas estiradas sobre el borde de la tarde y el oscurecer inmóvil, la memoria y el sueño me fueron envolviendo y logré demorar las copas lo más posible, aunque nada quedaba de real en aquel estrecho refugio de ventanas mugrientas, cascos apolillados y barriles de escabeche.

Tuve la aletargada conciencia del centinela perdido en la guardia como un objeto oculto, pero luego comencé a preocuparme, a considerar mi absurda situación en aquel asunto, el repetido trance de verme embarcado siempre en algo ajeno que me acabe involucrando más allá de lo debido.

Entonces volví a acelerar las copas y cuando el tiempo se me hacía ya insufrible decidí subir a buscarles.

En el fondo oscuro del portal, Elvira y don Severino estaban abrazados. A pesar del ritmo vacilante, de la difusa percepción, del sentido desorientado que me haría navegar, ya sin remedio, como una gabarra a la deriva, pude guarecerme discretamente, porque entendí que aquellas sombras estrechadas, a las que escuchaba sollozar, alargaban la irremediable despedida.

Fui a la zaga de don Severino, incapaz siquiera de mantener el gesto envarado que disimulara mi situación. Tropecé en algún bordillo, sorteé con dificultad una motocicleta. La noche se aposentaba como una ruina lenta. El hombre parecía un huido de esos que se consumen extraviados, que no saben reposar más allá de su obsesión.

—Tú me entiendes, Cervino —me decía, temblándole la copa en la mano derecha y golpeando con la izquierda la barra del bar—. Sabes lo que fue mi vida.

Y yo asentía, casi a punto de derrumbarme.

—Sabes de sobra que de mi vida no queda nada —confesaba, vaciando la copa y pidiendo otra—. Sólo ella. Elvira.

No sé lo que duró aquel recorrido que nos metía en la noche con el azogue de las sombras caldeadas. De algún bar nos echaron porque don Severino comenzó a romper las copas. Yo iba por un túnel del que únicamente tenía certeza que no se podía regresar, y escuchaba la reiterada confesión de un amor desgraciado, de un amor en el que se comparte el perdón y la culpa, el prohibido sentimiento del espíritu y la carne que aquel hombre evocaba golpeándome la espalda, haciéndome tambalear penosamente.

—Tantas miserias como yo absolví, Cervino —me decía, con ese gesto de quien recuerda un pasado inadvertido del que sólo él tiene el secreto, e intentaba guiñarme un ojo como para ampliar la complicidad y la suspicacia.

Arribamos a la estación y todavía con cierto equilibrio recuperó don Severino una maleta en consigna. Yo no distinguía la esfera luminosa del reloj, que campeaba sobre el andén vacío, sólo un borroso y movedizo fogonazo blanco y redondo.

—Quedan cinco minutos, Cervino —me indicó—. Lo justo para tomar la última en la cantina.

Pero la cantina estaba cerrada y los esfuerzos de don Severino por abrir la puerta resultaron inútiles.

—Nos conformaremos con lo que llevamos puesto —afirmó resignado—. ¿O crees que todavía no tenemos bastante?

—Yo sí, don Seve —dije convencido.

—Te veo borracho, Cervino. Del alcohol hay que cuidarse casi tanto como de las mujeres.

Llegó el tren. Don Severino cogió la maleta, me miró,

volvió a dejarla en el suelo y se abalanzó sobre mí para darme un abrazo. Nos sujetamos con dificultad, a punto de caer desplomados.

—La quiero, Cervino, la quiero —me dijo entonces al oído con la voz tomada por la emoción.

Le ayudé a subir la maleta después de dos o tres intentos fallidos. Le vi caminar por el pasillo. El tren iba a arrancar. En seguida volvió a la ventanilla. Di unos pasos para acercarme. Don Severino intentaba abrirla pero no lo conseguía. El tren se ponía en marcha. Entonces logró bajar el cristal y asomó sacando las manos. No pude distinguir ya el gesto de su rostro, acaso el resplandor de una lágrima desgajada de la emoción alcohólica.

Alzó la mano derecha mientras el tren se iba y me bendijo haciendo la señal de la cruz. Yo acababa de caer de rodillas en el suelo y me santigüé con el mayor recogimiento.

Luis Mateo Díez, *El País,* 3 de agosto de 1987. Recogido en *Brasas de agosto*, Alfaguara, Madrid, 1989, págs. 205-219.

MARINA MAYORAL

A TRAVÉS DEL TABIQUE

A Concha Rojas

Desde el cuarto de baño se les oía perfectamente. También desde el dormitorio, pero peor, a rachas, alguna palabra clarísima y, de pronto, dejaba de oírse. En el cuarto de baño se oía todo: el ruido del agua, el jabón que hace ¡plof! y la risa... porque al comienzo se les oía reír. «¿Puedo entrar, mamuca?», decía; le llamaba «mamuca» muchas veces, y «mamuquilla» y ella «curro» y «currito». Pero la madre me parecía un poco preocupada: «Ten cuidado... no debías levantarte solo... así con la bata estarás mejor», decía. Por eso pensé que debía de estar enfermo. Se lo dije a Chema: «Tenemos vecinos nuevos», pero Chema ni se enteró. Ahora dice que he empezado otra vez con mis obsesiones, no se acuerda de cuando le dije que los oía en el baño y que el niño le pedía que le dejase estar con ella mientras se bañaba y le decía «qué guapa eres, mamuca»...

Era un niño pequeño, pero muy listo. No eran españoles, por lo menos la madre, tenía un acento hispano-americano, yo no distingo bien, todos me parecen iguales, muy dulce y seseaba, también el niño un poquito, pero menos que ella. «¿Te quedarás ya siempre conmigo?», preguntaba, y la madre le decía que sí, y el niño:

«¿Y ya no tienes que irte a trabajar?» y la madre le dijo
que ya no tenía que trabajar, que le habían «pegado» a
la lotería, así dijo, «pegado» que eso no es español, y
que estaría siempre con él. Pero a mí, no sé por qué, me
pareció que no era cierto, que lo decía porque el niño
estaba enfermo y por eso se quedaba con él. Y después
otra noche, desde el dormitorio: «Mami, yo no quiero ir
al Cielo, yo quiero estar siempre contigo». «¿Quién te
dise esas tonterías?, ¿la Carmela?... ¡el cura!... Tú no
vas a irte a ninguna parte, ¿me oyes?, tú siempre con la
mamá, como siempre, Currito». «¿Y el Cielo cómo será,
mamuca?». «Pues el Sielo es un sitio muy precioso donde se puede haser todo lo que a uno más le gusta... pero
no tienes que pensar eso». Y entonces el niño le dijo:
«Yo no quiero dejarte sola, mamuca... yo voy a hacerme
grande y ganaré mucho dinero y nos iremos juntos a esa
playa».
      De la playa hablaban muchas veces: «Cuéntame otra
vez cómo es, mami», y la madre le hablaba de una playa
con palmeras y agua calentita y olas grandes, grandes,
que volcaban las barcas y daban mucho gusto, y caracolas de color rojo donde se oía el mar, y cora-
les... «¿Cuándo nos iremos, mami?», y ella siempre:
«En cuantito te pongas bueno-bueno, nos iremos para
allá».
      Después, una noche, lo oí llorar. No podía enten-
der lo que hablaban, sólo la canción que ella le cantaba:

>   A la nanita nana, nanita ea,
>   mi niño tiene sueño, bendito sea.
>   Pimpollo de canela, lirio en capullo,
>   duérmete, vida mía, mientras te arrullo...

Se la cantaba muchas veces. Es una canción muy triste
que dice que cierre el niño los ojos y se duerma, aunque
su madre muera sin poder mirarse en ellos. También le
cantaba otra que dice:

El sultán tiene una caña
de oro y plata, á - á - á
con cincuenta ilustraciones
de hoja de lata, á - á - á.

Cuando la oí me eché a llorar, porque esa canción también me la cantaba a mí papá. Me la cantó hasta que fui muy mayor. Entraba en mi cuarto mientras mi madre despotricaba de su «malcrianza», y él se quitaba la pipa de la boca y la movía marcando el ritmo: «El sultán / tiene una caña / de oro y plata / á - á - á», y yo sofocaba la risa con la almohada para que mi madre no nos regañase.

Chema se impacientó muchísimo. Se sentó en la cama frenético: «¡Qué coño pasa ahora!». Yo lo desperté porque él no me lo creía: «Ya volvemos a las andadas. Sabes muy bien lo que te dijo el médico», y yo le decía que no, que era distinto. Antes oía el llanto de un niño y me despertaba precisamente esa angustia que me daba de oírlo, y me quedaba con los ojos abiertos y entonces ya no oía nada. Pero esto es distinto, el niño está ahí, en un apartamento del otro bloque, yo lo oigo hablar, a él y a su madre. Se nota por la voz que es un niño pequeño, pero muy maduro, muy reflexivo, con el que se puede hablar. Parece un niño encantador, con unos detalles increíbles en un niño tan pequeño: «No me compres el panda, mamuca, te lo digo sólo para que lo veas, lo bonitos que son, tú nunca los has visto, yo los vi de veras en el Zoo, aquel día que me llevó Delia, es simpática Delia, ¿eh?, ¿cuándo va a volver? No te gastes el dinero, mamuca, era sólo para que lo vieras, está al ladito del mercado, en una tienda grande de juguetes»… Pero Chema nunca está cuando ellos hablan en el baño, y por las noches muchas veces se quejaba y lloraba. Entonces lo desperté: «Escucha, escucha ahora —le dije—. Está llorando». Chema se sentó en la cama hecho una furia: «¡En Madrid lloran por la noche cientos de niños! ¿Quieres dejarme en paz? Yo trabajo, ¿me entiendes?».

Se lo conté a mi madre. Algunas veces voy a verla a la Boutique. Pocas, es la verdad, ¿para qué voy a ir? Siempre me regaña o se pone a hablar mal de Chema o de papá: «Si prefieres meter la cabeza debajo del ala, allá tú, en eso eres como tu padre, pero entonces no me cuentes nada, aguántate. Se aprovecha de tu dinero y de nuestras relaciones; te engaña, lo sabes muy bien y encima te trata a patadas, mira, prefiero que no me lo cuentes»... Yo no quería hablarle de Chema sino del niño que lloraba, pero siempre es igual, acabamos hablando de lo que ella quiere y ni me escucha: «¿Un niño?, ¿y quiénes son?, ¿y al padre no lo oyes?»...

También el médico se fue por ese lado: «Una mujer sola, soltera, claro, de su edad más o menos ¿no?... y el niño tendrá la edad que ahora tendría el suyo ¿no es así?». Sí, es así, pero yo quería explicarle que no era eso, que el niño era un niño de verdad, con su carácter y su forma de ser —«yo no quiero dejarte sola, mamuca, voy a hacerme grande y ganaré mucho dinero y nos iremos juntos a esa playa»... «no quiero que lo compres, mami, era sólo para que lo vieras, lo bonitos que son los pandas»—. Es un niño del barrio, ¡conoce la tienda de juguetes, junto al mercado! Es cierto que no los he visto y que nadie los conoce, pero yo los oigo, a él y a su madre; son nuevos en el barrio, eso es lo que pasa y todo el mundo anda con tanta prisa, quién se va a fijar en ellos...

Le pregunté al portero de al lado: «Una señora joven y un niño, ella es hispanoamericana, creo». Estuve echando cuentas, puede que vivan en el séptimo o el octavo. «¿Derecha o izquierda? Hay cuatro apartamentos a cada lado», me dijo. Me miraba con mucha curiosidad. «Vivo al lado. Los oigo por las noches». «En estas casas se oye todo —dijo él con aire de irse enterando— y está lleno de estudiantes y gente de paso, ¿le molestan no?». Le dije que sí, qué iba a decirle, me dio vergüenza estar allí, preguntando por una desconocida, con un paquetón en la mano. Era el panda... lo dejé en el cuarto de atrás, para que Chema no lo viera. No quiero que me mande ir al médico otra vez, me los sé de memoria: «No hay razones fisiológicas para que no pueda concebir, ha de tranquilizarse, tener confianza», «es un proceso de autocastigo que parte de un sentimiento de culpabilidad y de un apego desmesurado a la figura paterna», «vuelves a empezar con las obsesiones de siempre, por favor, Cristina, llama al analista, él te lo explicará, y déjame descansar, yo trabajo, ¿sabes? Estoy rendido», «siempre te ha gustado meter la cabeza bajo el ala, como tu padre... vamos a ver, Cris, ¿cuándo fue la última vez? A mí no me engañas, esas cosas se notan, la insatifacción, ¡qué me vas a decir a mí! yo te conozco, tú eres una chica sana, fuerte, *aquello* fue perfecto, en Londres esas cosas saben hacerlas, allí es normal, de modo que por tu parte puedes estar tranquila... Si no te quedas embarazada, él sabrá lo que hace, siempre lo ha sabido muy bien»...

Yo sé que hice mal, que entonces tenía que haberle dicho a mi madre que quería tener el niño y quería casarme con Chema. Pero me fui a Londres con ella y esperamos a que Chema terminara la carrera. «¿Terminar la carrera? Déjate de eufemismos, hijita. Esperó a que tuvieras veintiún años y pudieras disponer del dinero de tu padre». Yo sé que hice mal, me siento culpable como dice el psiquiatra, pero no tanto. Sé que papá me perdonaría, él era comprensivo y cariñoso. También el médico es cariñoso, un poco viejo ya y su padre todavía vive, se dedican a lo mismo y él siente una gran admiración por su padre, de modo que lo entendió mejor que el psiquiatra, además que ahora no se trata de razones fisiológicas, ni de las otras, es que... nada, se lo dije y creo que me puse un poco colorada. Él me dio unas palmaditas y me sonrió cariñosamente: «Olvídese de ese niño, de la madre... ¡y hasta de su marido!... Diviértase, procure pasarlo bien».

Hice una tontería comprando el panda porque en el barrio nadie los conocía. Se lo pregunté a la frutera y al panadero: «deben de ser de los apartamentos» decían y tampoco conocían a la Carmela, claro que sólo venía algunos días, pocos, «¿es una fuerte, alta?» me preguntaban, pero yo no sabía cómo era, ni la Carmela, ni la madre, ni el niño... Pensé que quizá quisiera comprárselo, el panda, así que lo llevé otra vez a la tienda y dije que me dieran un vale, que ya volvería y lo pusieron otra vez en el escaparate y allí está todavía. Pero yo seguía oyéndolos, cada vez menos en el baño, ya no se reían allí juntos, estaban siempre en el dormitorio. Ella le leía cuentos y debían de jugar al palé porque él decía: «te compro dos casas, te compro un hotel». Yo también jugaba al palé con papá y también tenía miedo a morirme desde que vi a la hermanita de una amiga, toda morada y tiesa. Papá se enfadó con mi madre por haberme llevado a verla. Se enfadaba muy pocas veces, pero aquel día se enfadó mucho. Y a mí me decía siempre: «No tienes que pensar en cosas feas y tristes... tienes que pensar que es como un sueño y que al despertar yo estaré esperándote, cantando con mi pipa: el sultán / tenía una caña / de oro y plata / á - á - á». Ella también se lo dijo: «No vas a irte al Sielo, Currito, yo iré contigo a todas partes, mira, así, cogidos de la mano, ¿ves?, no te dejaré ir solo, siempre juntos los dos». Después, varios días no los oí, nada, sólo una mañana ruido de limpieza y después otra vez en el baño: «¡Qué feo estoy todo pelado!», y ella: «Te creserá pronto, ya tú vas a ver y más fuerte aún y más rubio». «Mamuca, yo no sé si vamos a poder ir a la playa». «Pues claro que vamos a ir... tienes que engordar un poquito para que no te lleven las olas, si no qué voy a hacer yo con un chico tan flaco allá». Y por la noche: «Mami, mamuca, dame la mano»... Eso fue lo último que le oí decir, después oí otras voces de mujer y también oí llorar, me pareció que alguien lloraba con desesperación, pero quizá no fueran ellos, debió de ser en otra casa.

Ya no he vuelto a preguntar, es inútil, está claro que nadie los conocía, eran nuevos en el barrio, debían de estar de paso. Ella no bajaba a comprar, compraría la asistenta, y el Currito no bajaba a jugar porque estaba enfermo. Se habrá puesto bien, se habrán ido a esa playa de olas grandes y agua calentita. Allí engordará y se hará fuerte y grande como él decía, era un niño muy responsable y muy listo, ella no se sentirá nunca sola con un niño así, aunque tenga que trabajar, aunque tenga poco dinero, el panda no llegó a comprárselo, quizá guardaba el dinero para esa playa maravillosa. Él era un niño muy serio para su edad, porque se notaba que era pequeño, por la voz, y tampoco debía de ser muy fuerte, más bien menudito, por lo que ella decía... Tiene que haber sido eso, seguro, que se ha puesto bueno y se han ido.

MARINA MAYORAL, *Morir en tus brazos y otros cuentos*, Aguaclara, Alicante, 1989, págs. 87-93.

MANUEL LONGARES

LIVINGSTONE

El dependiente asentó la pieza de carne en el tajo, afiló el cuchillo y, desplazándolo por el borde que sus dedos oprimían, rebanó una loncha alargada y sin nervios que depositó en la báscula del mostrador. Solía pesar cien gramos el filete de aguja de ternera que el chico se llevaba diariamente de la carnicería cercana al Instituto. Compraba al salir de clase, con el dinero que le daba su madre cada semana, y al llegar a casa se hacía la comida después de haber comprobado, en un recorrido por las diferentes habitaciones, que nadie le acompañaría a la mesa. Sobre la plancha de la cocina ponía el trozo de carne, cuando rezumaba la primera sangre lo metía en la barra desmigada y, ya en su cuarto, sentado en el secreter o tumbado en la cama, tomaba el bocadillo mientras leía el *As* y escuchaba a Bruce Springsteen.

A esa hora, invariablemente, le telefoneaba su madre desde algún restaurante próximo a la agencia de publicidad donde trabajaba. A la madre le preocupaba que el chico siempre comiera lo mismo y mucho más que le gustara poco hecho el filete, pues, según las revistas norteamericanas que se recibían en la agencia, el abuso de carne cruda produce cáncer de recto. Pero el chico se oponía a que una asistenta interviniera en su menú y la madre no pensaba suprimir su habitual almuerzo con clientes o compañeros para preparar a su niño un plato macrobiótico. Desde que se separó de su marido andaba tan ocupada que con frecuencia anunciaba al chico que no iría a cenar con él, ni quizá a dormir. Esas noches, el chico freía una hamburguesa y cuando terminaba el programa de la tele pasaba por las habitaciones como un vigilante, encendiendo luces y mirando debajo de las camas. Luego tardaba en dormirse y se despertaba cada dos por tres, creyendo haber oído la puerta.

Paulatinamente, el chico se acostumbró a soportar el miedo, pero no la soledad. Para no aburrirse en las interminables tardes de invierno se demoraba en concluir los deberes, picaba en el ordenador o fatigaba el vídeo. Nada sin embargo le hacía olvidar la ausencia de su madre. En domingos y festivos ella no se movía de su lado si no le surgía un viaje de negocios. Pero tampoco compartían la comida porque ella guardaba dieta, y convivían a regañadientes, ya que él interpretaba como un recorte a su independencia los intentos de comunicación que ella iniciaba. Así, siendo todavía un crío, fue desarrollando un temperamento huraño, temeroso de la fraternidad y de la higiene. Salvaje de modales, adán de vestimenta y exquisitamente suspicaz, mostraba además tan escasa aplicación en los estudios que se exponía a suspender. Para remediarlo, la tutora del curso citó a la madre en el instituto al comenzar el segundo trimestre. La madre acudió angustiada de que se le plantearan nuevos problemas. La tutora, sonriente, espetó a la madre en cuanto la saludó: «A su hijo le llaman Stanley y le diré por qué».

Enrique Morton Stanley —leyó la madre en el Espasa que había en la agencia—, *periodista y explorador norteamericano, de origen inglés. Su verdadero nombre era Jacobo Rowland, pero usó siempre el del norteamericano que lo prohijó.* La tutora había referido a los chicos que Stanley fue una figura eminente entre los conquistadores occidentales de África, en el siglo pasado. Stanley destacó por sus expediciones científicas a Abisinia y el

Congo, pero la que más popular le hizo no tenía ese carácter, ni con ella pretendía alcanzar la gloria. Aspiraba simplemente a encontrar a un colega, Livingstone, del que no tenía noticias desde que le dejó, hace años, explorando las fuentes del Nilo. Marginando cometidos más rentables, de segura notoriedad en Europa, Stanley peregrinó en busca de Livingstone, sin saber dónde estaba ni si vivía y no cejó en su empresa hasta que la remató felizmente. «¿Por qué obró así?», interpeló la tutora a su auditorio. Del somnoliento conjunto destacó la vibrante contestación del chico: «Porque eran amigos». «¿Cómo lo sabes», indicó la tutora. El chico respondió atropelladamente: «Si yo tuviera un amigo y se encontrara en peligro, le ayudaría». «¿Aunque corrieras peligro?», indagó la tutora. «Aunque corriera peligro —confirmó el chico—, porque un amigo es lo mejor de la vida». A la tutora le temblaba la voz al terminar el relato. Sentimental, atribuía a la pertinaz soledad del muchacho esa indiferencia por la comida, los estudios y su atuendo. «Es como Stanley —explicó a la madre—, le falta Livingstone».

Cuando la madre supo por el Espasa de la agencia quién era Livingstone, se confesó incapaz de desempeñar ese papel. Ella se sentía más cerca de Stanley, pues desde que se separó buscaba el compañero que había perdido. Prefirió sin embargo sacrificarse a que le agobiaran los remordimientos y por hacer compañía al chico renunció a sus salidas nocturnas. Llegaba a casa cuando el segundo telediario, cocinaba unos congelados para el chico y se sentaba con él en el sofá del salón mientras la televisión o el vídeo proyectaban películas de risa, misterio o vaqueros. La madre le agarraba de la mano en los momentos emocionantes pero no hacía comentarios ni le ayudaba a repasar las lecciones porque se reconocía burra e insegura y también para no discutir.

La tutora enseguida advirtió que el chico se interesaba por ella. La buscaba en el recreo para preguntar sobre estudios y profesiones y aceptaba encantado consejos sobre alimentación y cocina. Ya no encendía la plancha porque usaba sartén para dorar el filete y se permitía alternar en el menú la aguja de ternera con la espaldilla. Su madre le veía salir por la mañana ostentosamente peinado, chorreando colonia y desodorante, más seguro en andares y mirada, y se felicitaba en silencio de que los domingos ordenara su cuarto. Alguien le había impuesto esa transformación, secreteó a la tutora. Ésta, que con la llegada de la primavera había cambiado de aspecto, vestía conjuntos alegres y se pintaba los labios, contestó, ruborizándose: «Livingstone, supongo».

Era la respuesta consabida en las conversaciones entre ella y el chico desde que fueron, con el curso, al Planetario. Sentado junto a ella bajo el firmamento imponente, el chico le propuso realizar un viaje a África por la ruta de Stanley. La tutora le invitó a discutir el plan en su casa. La tutora vivía con una hermana viuda y una gata preñada. «Tendrás quien te acompañe al Kilimanjaro», le prometió la tutora. Y a los pocos días, la madre entraba en casa con una cesta para el chico. Dentro de la cesta dormía un descendiente agrisado de la gata de la tutora. El chico leyó la tarjeta anudada al cuello del animal: «Haz como Stanley»; y, sonriente, susurró: «Mister Livingstone, supongo».

Aquella mañana el dependiente asentó la pieza de carne en el tajo, afiló el cuchillo y, deslizándolo por el borde que sus dedos oprimían, cobró un filete de añojo de unos cien gramos de peso. Antes de consignar el importe, el dependiente preguntó al chico si compraba comida para el gato, pero ese día el gato estaba a dieta porque iban a castrarlo. El chico tropezó con él cuando llegó a casa, el gato estaba aguardándole detrás de la puerta, en el mismo lugar donde le había dicho adiós, frotándose la cabeza con las patas. Mimoso y consentido, el animal no replicó a quien le saludaba desenfadadamente remedando su idioma, pero le siguió por las habitaciones como un escolta y entró con él en la cocina. Muy atento observó sus manejos con la sartén, intrigado por algún olor se acercó a husmear en la pila y sólo cejó en su investigación cuando el muchacho, de un grito, le impulsó hasta la parte superior del frigorífico. Era un gato indiscreto, tan curioso como los exploradores africanos, se extasiaba ante los cuadros y las imágenes de la televisión y disfrutaba contemplando desde la ventana el bullicio de la gente en la boca del metro.

Por ese mismo espíritu analítico bajó desde las alturas del frigorífico para ser testigo del almuerzo del muchacho, penetró con él en la habitación y se tumbó en el suelo cuando el chico lo hizo en la cama. Pronto cerró los ojos como si deseara dormirse y el chico suspiró aliviado pues no sabía cómo distraerle hasta la hora de la operación. Mas cuando el chico abandonó la habitación quitándose las migas de la camisa —limpieza insólita hace unos meses—, el gato sacudió la modorra y galvanizado le persiguió por la casa sigiloso y tenaz, lo mismo que los policías de los telefilmes. Así que al pisar la alfombra del salón, el chico, en un giro brusco del cuerpo que desconcertó al animal, no le dio cuartel, cayendo sobre él le atrapó por las patas, resistió sus ademanes de fuga, acariciándole el lomo y la cabeza le amansó y cuando le creyó a su merced declaró en su oreja en voz alta, porque nadie podía escucharlo, que le quería mucho, mucho, tanto como la trucha al trucho.

Aparentando fiereza estuvieron revolcándose en la alfombra hasta que el reloj sonó. El chico sacó del armario del pasillo la cesta en que su madre había transportado al gato desde la casa de la tutora y en ella le desplazó a la clínica. Le liberó del encierro en la sala de espera y con él en brazos pasó al despacho del veterinario. Sobre la mesa de operaciones acostó al gato y se retiró a una esquina cuando el veterinario avanzó con la inyección. Una enfermera agarró al animal por la cabeza y las patas delanteras, el veterinario aferró las traseras. Fue al clavarle la aguja cuando el gato chilló con una desesperación que al chico le traspasó de espanto. Para no marearse salió del despacho mientras el gato, dimitiendo de su instinto investigador, se rendía a la anestesia. «No le gustó nada», comentó el chico en la sala de espera. Veinte minutos después se abría la puerta del despacho, la enfermera le invitaba a pasar y el chico se desmoronaba ante el animal inconsciente. El veterinario señaló con el estilete dos bolitas violáceas. «Las gónadas», indicó. Preguntó luego si el muchacho quería conservarlas y como éste lo negara las arrojó a la basura. Costó cinco mil pesetas la intervención.

El chico pagó con el dinero de su madre, acunó al animal durante el trayecto hasta casa y lo depositó encima de una sábana antigua que extendió sobre la alfombra del salón, escenario de sus juegos. Sonó entretanto el teléfono sin que el chico pudiera atender la llamada, ocupado en que el gato reviviera, y cuando el teléfono tornó a repicar y descolgó, una mano dulce le acarició el pecho. Era la voz preciosa de la tutora que al principio no le reconocía: O mucho había cambiado o no se encontraba bien. No quiso el chico aclarar su estado de ánimo ni quizá se lo permitió la tutora, pues enseguida informó que llamaba para despedirse de la madre del chico porque se marchaba a un curso de verano. Al otro lado del auricular sintió el muchacho que la imagen hermosa se desvanecía bruscamente y después de un silencio de siglos —en el que ella preguntaba ansiosa ¿me oyes?—, se atrevió a recordarle la promesa que le hizo en el Planetario de aventurarse juntos por la ruta de Stanley. Callaba ahora la tutora mientras el chico —desencajado por la defección de sus esperanzas— insistía en pedir explicaciones que la tutora intempestivamente desvió interesándose por el gato. El chico empezó a describir la operación y la tutora no consintió que el muchacho le transmitiera su horror: la castración, afirmó con su tono didáctico habitual, era aconsejable porque en épocas de celo los gatos se volvían imposibles.

El chico colgó el teléfono. La sofocante angustia de la primavera en sazón traspasaba la ventana. Llegaba el verano, la profesora partía sola de vacaciones y para

compensarle de su ausencia le había dejado un gato que
no podía incorporarse. Aturdido por el silencio de la
casa vacía, el chico entró en la cocina, afiló el cuchillo,
regresó al salón, se arrodilló junto al gato, examinó el
cuerpo sin resistencia del animal y tendido en el suelo
sobre la gastada sábana se mantuvo hasta que su madre
lo encontró esa noche con ojos inexpresivos y el pantalón desgarrado en un charco de sangre seca.

MANUEL LONGARES, *Cambio 16,* 24 de agosto de 1987. Recogido en *Apariencias,* Biblioteca de *El Sol,* Madrid, 1992,
págs. 5-15.

ENRIQUE MURILLO

ELOGIO DEL TRANSPORTE PÚBLICO

Cuando oía hablar del placer o pronunciaba yo mismo esta palabra, siempre había creído saber de qué se trataba, de manera que, aunque me precio de ser una persona analítica que no se conforma con ideas prestadas, nunca me detenía a darle vueltas a un concepto que tan obvio parecía. Dicho de otro modo, yo era de los que saben qué es el placer por experiencia propia, como suele decirse. Y no porque hubiese disfrutado mucho de mi mujer, cuya capacidad de abstinencia la convertía en un claro caso de vocación fallida —y no sólo en este sentido; su talento organizador y su sentido estricto de la disciplina me parecían dignos de una madre superiora de la vieja escuela—, sino porque sí lo había hecho de mis mujeres, al menos hasta que de repente las dejé prácticamente abandonadas. A lo sumo, cuando mi carácter reflexivo me llevaba a pensar en ellas, a veces se manifestaba cierta perplejidad, cierta vacilación debida no tanto a la duda sobre el signo inequívocamente placentero de las horas que pasaba con ellas como al recuerdo de la sensación de hastío que acostumbraba a aparecer como indeseable pero al mismo tiempo inseparable compañero del placer o, por decirlo con una imagen profesional, como un socio inevitable de una empresa que bien podría calificarse de perversa en la medida en que el capital —no escaso— que en ella se invierte no solamente no persigue la obtención de beneficios sino que trata de garantizar las pérdidas. Y justamente ahí donde yo creía hilar fino, cuando, en un esfuerzo de sinceridad, esa ausencia de pureza en el goce me impulsaba a temerme que quizá mis placeres, por contaminados de displacer, no fueran tales, es donde más me equivocaba, pues no hay placer sin dolor ni excitación digna de ese nombre que no vaya acompañada de unos sentimientos negativos tan intensos como ella. Mi equivocación consistía en concebir cada emoción como un ente puro, en esperar que algún día se presentase el placer limpio de polvo y paja —términos cuyas connotaciones no se me escapan y que más bien quiero subrayar porque demuestran la medida del error—, y, así, no llegué de hecho a conocerlo hasta que fui capaz de comprender que sólo se obtiene —resplandeciente como el sol y vil como la basura más hedionda— el día en que el impulso irresistible de disfrutarlo coexiste con el pavor más absoluto a su obtención, el instante en que te sientes aterrado por lo mismo que te arrastra y, pese a ello, te dejas llevar.

Me habría por consiguiente acercado más a la verdad si en lugar de concentrar mis pensamientos en lo más obvio hubiese sabido entender mejor mi trabajo, que, sin darme cuenta del alcance de lo que afirmaba, muchas veces decía que era uno de los grandes placeres de la vida. Y no por la tan traída y llevada erótica del poder, que ciertamente he podido experimentar y no niego que tenga su atractivo y hasta su vicio, sino por la extraña agitación de los momentos difíciles de la actividad empresarial. Ésta, que durante mucho tiempo había sido para mí y para mis colegas una puja llevada a cabo con un tranquilizador póker en la mano —y donde sólo un empeño digno de mejor causa podía ver riesgo alguno—, se convirtió posteriormente en un peligroso doble salto mortal sin red, tal como los hechos han demostrado posteriormente —menos, a fuer de sincero, en lo de la red—. Cuando las inesperadas dificultades de una

tantos años se apoyaba en mi brazo derecho. En cuanto lo percibí, logré olvidar todo lo demás. Del mismo modo que por medio de un teleobjetivo puedes enfocar un punto hasta lograr que el objeto que te interesa fotografiar aparezca nítidamente en el visor destacando por encima del difuso contorno que, aunque sigue estando allí, se ha borrado del encuadre, aquella sensación era tan fuerte que las demás desaparecieron. Todo mi ser se embebió en aquella inesperada emoción.

Duró unos diez minutos. Ella salió por la puerta de entrada —creo que sin haber pagado el billete— y yo hice lo mismo —también sin pagar; siempre fui rápido a la hora de aprender lecciones— cuando me llegó el turno. Durante todo aquel día estuve ligeramente excitado y me mostré —contra mi costumbre— exageradamente impaciente con mis empleados. No tuve por fortuna que tomar ninguna decisión importante, y mi estado de ánimo no se reflejó en la marcha del negocio. Por la tarde, al terminar la jornada, sentí deseos de repetir la experiencia. Pero no era tan fácil como me había parecido y no tuve suerte en ninguno de los dos autobuses. Mientras conducía hasta mi casa me sentí terriblemente fastidiado. Puse la radio y traté de olvidarlo. Luego estuve muy poco amable con la pobre Adela cuando con cara radiante me preguntó si no me había parecido que resultaba tan práctico como el coche y hasta más descansado, y salí al jardín, donde un arriate de rosas —mi flor favorita, pues me fastidian las plantas exóticas— pagó mi malhumor.

A la mañana siguiente volví a la parada arrastrado por esa misma fuerza que empuja al jugador novato que tras haber ganado en su debut se niega a aceptar la primera derrota, convencido de que es un hombre de suerte y el triunfo no se le puede escapar. Los minutos que transcurrieron hasta que se presentó la buscada oportunidad fueron terribles. El fracaso me hacía pensar que era un imbécil, que estaba comportándome como un crío y que aquello no me llevaba a ninguna parte. Pero estas acerbas autocríticas cesaron repentinamente en cuanto me

sentí rozado por las nalgas de una mujer a la que había
visto entrar —debía de tener cinco o seis años menos
que yo: era madura, y su pelo teñido de rubio me hizo
pensar en las profesionales— pero que ahora no podía
ver pues estaba situada casi directamente contra mi espalda. De nuevo mi sensibilidad se concentró en el punto que recibía el muelle contacto sometido a mil variaciones por las sacudidas de los baches, las inclinaciones
de las curvas, y la fuerza de la inercia en los acelerones y
frenazos del autobús. No quería detenerme a analizar
nada. En aquellos momentos no hubiera podido hacerlo
ni siquiera empeñándome. Una viscosidad amarga me
llenaba la boca, todo mi cuerpo se puso a sudar y cada
nuevo embate de la oleada de carne me embriagaba de
vértigo.

Molesto conmigo mismo, decidí pasado un tiempo cu-
rarme del vicio que tanta inquietud me producía aumen-
tando la frecuencia de mis visitas a Ole, una chica de
alterne cuyo mayor atractivo era que al principio se había negado a acostarse conmigo y que sólo llegó a hacerlo después de haberme obligado a emplear todos mis
recursos de conquistador. Ella debió de notarme algo
porque un día me dijo que estaba raro. Quiso romper
—era así, orgullosa, y por otro lado sabía que no tardaría mucho en encontrar otro amigo generoso—, y gracias a este estímulo seguí con ella y volví a utilizar el
coche durante unos meses, con lo cual llegué a considerar el episodio de los autobuses como una extraña anécdota sepultada ya para siempre en el pasado. Hasta que
un día, y sin saber por qué, volví a las andadas.

A diferencia de lo que ocurría en la primera época,
cuando mi grado de intervención se limitaba a esperar
que el azar depositara una mujer a mi lado, esta vez mis
exigencias eran tan perentorias que en cuanto subía me
dedicaba a buscar un cuerpo que prometiera la ansiada
ebriedad. A veces, el recuerdo de aquellas brutales
emociones me asaltaba mientras estudiaba un balance,
acabé por empezar a salir de la oficina a media jornada

para desplazarme sin rumbo fijo por toda la ciudad. Actuaba como un gourmet, eligiendo los trayectos y horarios en los que más posibilidades había de encontrar el tipo que en cada momento me apetecía. Sin duda, las horas que mayor abundancia y variedad ofrecían eran las que coincidían con los desplazamientos de los oficinistas y las de las entradas y salidas de los colegios e institutos, y a fin de aprovecharlas modifiqué ligeramente el horario de mi propia empresa, ajustándolo mejor al de las otras. La medida, por cierto, fue muy bien acogida pues era una vieja reivindicación de los empleados. El negocio seguía su marcha sin mí y solamente el hombre de confianza que se encargaba de la gerencia se atrevió a hacer una insinuación relacionada con mis ausencias el día en que, un poco alarmado, vino a verme con unas cifras que delataban una leve reducción en el ritmo de nuestro crecimiento. Aunque, con suma cautela, llegó a insinuar que en tal situación el único remedio era conseguir que todo el mundo redoblara sus esfuerzos, yo repliqué que estábamos empezando a notar la crisis que había afectado a nuestro mercado y que difícilmente podíamos nosotros resolver tales problemas. Como torció el gesto, añadí que estaba pensando en una nueva modalidad de expansión y que, si las conversaciones que había iniciado con unos clientes extranjeros daban buen resultado, pronto nos colocaríamos a la cabeza del sector, quedando así a cubierto de una por otro lado improbable prolongación del momentáneo bache.

No había, desde luego, conversaciones con nadie, pero logré tranquilizarle y, sorprendentemente, tranquilizarme a mí mismo, pues debo reconocer que en algunos momentos de serenidad también yo me había dado cuenta de esas dificultades. Los hechos demuestran que no fui el único hombre de empresa que pensó así en aquel entonces. Por otro lado, aun sin la exacerbación desenfrenada que tiraba de mí hacia otros terrenos, tampoco hubiera sabido reaccionar.

Visité barrios que nunca había pisado y arrabales desolados de cuya existencia no tenía noticia, y me convertí en un experto que conocía mejor que nadie la red de autobuses de mi ciudad, las diversas líneas, y los rincones y pasillos que, en cada uno de los diversos modelos de la flota, más propicios eran para mis fines. Es más, gracias a esta pasión logré superar momentáneamente mi claustrofobia, y también llegué a utilizar el metro. A la primera fase de rechazo y extrañeza siguió otra de aceptación y disfrute. Sin embargo, fue entonces sobre todo cuando me puse a meditar sobre mis impulsos. Su carácter inacabado fue lo primero que me llamó la atención. Porque era desconcertante que ejerciera tal dominio sobre mí una forma de relación que excluía no sólo el orgasmo sino incluso el contacto de piel a piel. Llevado del afán de experimentación, se me ocurrió un día pedirle a Ole que viajara conmigo en autobús, sin explicarle los motivos. Aunque a regañadientes, porque no comprendía qué podía impedirnos coger un taxi, accedió. Mi idea era utilizarla para excitarme durante el viaje y luego ir al apartamento y acostame con ella con la esperanza de que esta variación me colmara. Pero fue un fracaso. Una vez en marcha, su cuerpo no me atraía en absoluto y me dediqué a buscar otras presas con la mirada. A falta de otra cosa mejor inicié unas primeras escaramuzas con una mujer que no me gustaba nada, y lo curioso es que encontré mayor encanto en aquellos roces robados que en los generosos abrazos de mi amante, a la que dejé plantada y hecha una furia en el portal.

Otro aspecto cuya explicación se me escapaba era cuál podía ser el motivo de que la excitación se acentuara en razón inversa al número de prendas que mediaban entre mi cuerpo y el de la mujer. Nada era lógico. La única posible explicación que se me ocurre es la que me sugirió una charla que sostuve con un amigo de la adolescencia con el que un día coincidí por casualidad. La conversación en sí me decepcionó profundamente debido a fracaso con que chocaron mis esfuerzos por disfrutar de la nostalgia de nuestros recuerdos comunes. Cada vez que yo rememoraba en voz alta una anécdota de aquellos días que para mí habían sido imborrables, él me miraba como si estuviera viendo un fenómeno de circo, y bien porque prefería olvidar, o porque no guardaba recuerdos, o porque cada uno de nosotros vive las cosas a su modo y lo que dejó en mí una huella pasó por él sin quedar grabado, la cuestión es que ni por un momento llegó a sintonizar con mis evocaciones. A pesar del desengaño, que en algunos momentos se transformó en bochorno pues su falta de reacción hizo que me sintiera como un necio, el encuentro me sirvió para regresar a una época de mi vida en la que, aparte de la fervorosa actividad masturbatoria, mi sexualidad se concentraba en los roces, contactos y apretones a los que nos entregábamos con verdadera fruición mis amigos y yo en los bailes de los domingos. Eran los tiempos en que las chicas, no es culpa mía, se llamaban Cucú y Tati y cosas parecidas, y todas eran muy monas. Tanto, que en cuestión de unas semanas nos hicieron perder todo interés por los partidos de fútbol y las peleas a pedradas que hasta entonces habían constituido la definición misma de la libertad propia de los veraneos; en cuanto aparecieron ellas nos dedicamos con el mismo desenfreno al coqueteo y el bolero. Tras aquel primer verano conseguimos prolongar la inusitada fiesta durante el curso gracias a la espléndida terraza y al amplio comedor de Miguel, y al tocadiscos que yo aportaba. Solían faltar chicas y había verdaderas peleas por conseguir pareja. Ahora que me acuerdo, es posible que Alberto no tuviese muchas ganas de recordar esas dulces fechas porque era muy tímido y acabó convirtiéndose pronto en un escasamente animoso precedente de lo que ahora se llama *disc-jockey*. A veces alguna de las habituales se presentaba con una amiga que pronto acaparaba la atención de todos. Pili fue una de ellas, y, durante tres meses, el amor de mi vida. Pero esa Semana Santa conocí a Toni y pronto olvidé a su predecesora. Porque Toni era otra cosa. En lugar de empeñarse en plantarte la mano en la cata anterior del hombro derecho —que era lo que, a fin de mantener las distancias, solían hacer las otras—, sabía deslizártela hasta la nuca para contribuir con su esfuerzo a estrechar el abrazo. Toni era bonita y generosa, y tan caliente como yo. Hubo un día en que nos llamaron la atención, pues los demás no creían aceptable el espectáculo que estábamos dando. No tuvimos más remedio que frecuentar a partir de entonces bailes públicos bastante cochambrosos y con orquestas de pueblo o discos de mal gusto, pero a nosotros no nos importaba lo más mínimo. Era todo tan febril que algún domingo por la noche, al llegar a casa, tenía que ir directamente al lavabo para vaciar mi dolorido miembro y cambiarme el pringoso calzoncillo.

Pero sabía que todo esto no explicaba nada pues, en cualquier caso, no hacía más que añadir otro problema. Y rápidamente tuve que olvidarme de todos estos aspectos de la cuestión porque surgió un inconveniente que me devolvió otra temporada al coche y a la oficina. Ocurrió durante una de esas excursiones que realizaba a media jornada. Salí del trabajo y tomé un metro. Me dirigí hacia una parada que a esa hora recogía a las chicas de un instituto de enseñanza media. Anteriormente había comprobado que los colegios caros proporcionaban pocos —y remilgados— pasajeros para este tipo de transporte, y siempre prefería probar fortuna con los centros estatales. Tal como había calculado, en seguida se cargó el vagón de una generosa remesa de estudiantes. Yo iba en pie al lado de la puerta, estudiando la situación, y pasé hacia el interior con la avalancha de la estación siguiente. Mientras avanzaba vi una chica que iba sola —los grupos de estudiantes no suelen ser favorables— y se había situado en el hueco que se forma en el extremo anterior del vagón, junto al volumen de la cabina del conductor. Se trata de una zona más estrecha y oscura que he visto utilizar muchas veces a las parejas que no quieren interrumpir sus besos durante el viaje. Esa tarde habían buscado refugio allí —pues a ese rincón no llegan

los oleajes y mareas que produce el movimiento de entradas y salidas en las estaciones— dos ancianas, un
hombre con aspecto de representante de comercio, y un
viejo y un muchacho enfundados en sendos monos, que
habían depositado en el suelo una caja metálica de he-
rramientas y un rollo de tubería de plomo. Nos acercamos simultáneamente un parlanchín grupo de jovencitas
y yo. Me colé antes de que me taponaran el acceso al
rincón y me puse al lado de la chica solitaria que había
avistado antes. Estaba de espaldas a mí, mirando hacia
la oscuridad del túnel. Su pelo suelto y rizado le llegaba
casi hasta la cintura. Llevaba un jersey tejido evidente-
mente a mano y unos pantalones azules de recio algodón. Me apoyé contra la pared y aproveché el primer
frenazo para entrar en contacto. Debo decir que, por
mucho que pueda parecer lo contrario, siempre me guié
por una ética estricta y que poco a poco había llegado a
crear todo un lenguaje de acercamiento que me permitía
leer si existía, y hasta qué punto, un grado de consenti-
miento por parte de la mujer en cuestión. Aunque no al
primer síntoma, siempre acababa retirándome si alguien
me daba a entender que no aceptaba el acercamiento, y
sólo si contaba con una aceptación tácita me atrevía a
seguir. Cuando el metro aceleró de nuevo, ella se separó. Este tira y afloja inicial es de lo más corriente, y no
cambié de planes. Volví a acercarme hasta rozar suavemente su pantorrilla con la mía y —antes de darle tiempo a separarse— retrocedí otra vez. Es frecuente en estos casos que sea la mujer quien toma a continuación la
iniciativa, dejándose caer aprovechando una aceleración
y no recuperando el equilibrio cuando la velocidad constante lo permitiría. No ocurrió así en este caso, pero no
me desanimé. Algunas son muy tímidas y otras prefieren
que sea el hombre quien cargue con toda la responsabilidad. Mi posición se vio mejorada cuando, en la siguiente
estación, entró más gente de la que salió y el grupo de
estudiantes fue empujado hacia el interior del hueco,
con la consiguiente reducción de espacio vital para los

que ya lo ocupábamos antes. Al arrancar de nuevo el metro, forcé las cosas. Fue entonces cuando la chica, una cría de unos quince años que ya tenía sin embargo unas estimables caderas, se volvió hacia mí y, mirándome a los ojos, me dijo.

—Ya está bien, ¿no?

Me quedé sin habla, francamente desconcertado, pero eso duró solamente una fracción de segundo; reaccioné, y dije en voz alta, sin dirigirme a nadie en especial pero consciente de que todo el mundo se había vuelto a mirarnos:

—Pero, ¿qué se habrá creído la mequetrefe?

Y a continuación, más bajito para que no me oyeran las ancianas, y dirigiéndome a los demás:

—¡La muy puta! ¡Encima!

El viejo del mono me miró mostrándose conforme con mi opinión y el aprendiz castigó a la chica con una mirada tan despectiva que ella no pudo resistirlo más, se abrió paso entre las estudiantes y desapareció.

Mis palabras despertaron de su modorra a los ocupantes del referido rincón y, muy a pesar mío —pues aunque era yo quien había sugerido el tema y encauzado el tono, no sentía nada de lo que había dicho y me apenaba el azoramiento de la pobre muchacha—, se inició una mezquina conversación en la que todo el mundo quiso aportar su escandalizado comentario ante la espantosa degeneración de las costumbres de la juventud. Siguiendo la misma táctica que yo había adoptado al principio, los integrantes de esta improvisada y deleznable tertulia solicitaban con sus ojos y sus palabras mi complicidad, y también a mí acabó por hacérseme insoportable la situación. Bajé en cuanto pude.

Tuve una reacción desproporcionada —abstinencia absoluta durante varios meses— y luego sobrevino la crisis. Mi empresa había empezado sin captial digno de tal nombre su última fase de expansión, y ahora que el dinero se había puesto muy caro y la demanda estaba estrangulada, las dificultades amenazaban hundirla. El gerente aprovechó la primera oportunidad que tuvo para dejarme, y sin él no me sentí con fuerzas ni siquiera para seguir los consejos de los amigos que me sugerían una suspensión de pagos antes de que fuera demasiado tarde. Dejé simplemente que siguiera degenerando, y procuré consolarme contemplando los berrinches de Lourdes cada vez que yo decidía, por ejemplo, poner en venta el chalet de alta montaña o suprimir alguno de los gastos que le permitían a ella mantener sus relaciones con la buena sociedad.

Cuando los bancos perdieron por fin la paciencia y tuve que enfrentarme a mi nueva situación, una de esas tardes en las que se suponía que me dedicaba a estudiar algún modo de salir del caos me sentí tan harto de todo que me fui. El impulso era tan poderoso que dediqué todo el resto del día a recorrer la ciudad como en los viejos tiempos. Mi única preocupación era encontrar un cuerpo contra el que apretar el mío, una nalga, un pecho, aunque sólo fuera un brazo. Y olvidé, como siempre, todo lo demás. Porque la tensión de la búsqueda disipa todas las demás brumas y el éxtasis del logro no admite más compañía que el ya mencionado pavor. Me sentía un hombre nuevo. En pocas semanas capeé el temporal y restablecí cierto equilibrio que, aunque no bastara para las ambiciones de Lourdes, a mí me resultaba suficiente. Pero parece que cuando se emprende un camino como el que yo tomé hace ya unos años todo puede precipitarse cuando menos te lo esperas por senderos inesperados. Tal como había imaginado en los primeros momentos, estaba deslizándome por una pendiente y llegaría un día en el que no podría volver atrás. Lo que no sabía es que no iba a importarme; es más, que aceptaría con gusto precipitarme hacia lo que el azar me deparase, libre de toda nostalgia por un pasado lleno de sosiego pero también de aburrimiento.

Iba de regreso a casa pero cambié de idea porque mi lubricidad parecía aquella noche insaciable. Encontré el andén del metro bastante lleno debido a que, según oí comentar, se había producido un accidente algunas horas antes y todavía no funcionaba la línea con regularidad. Nada podía hacerme suponer cómo terminaría aquel viaje. La mujer debía de tener unos treinta años y, aunque iba hablando con unas compañeras de trabajo, consintió —o así me lo pareció— los primeros roces. Tampoco se retiró cuando notó el contacto insistente de mi muslo contra sus nalgas. Poco a poco fui envalentonándome y giré en sentido contrario para situarme frontalmente contra su espalda. Ya no pensaba en controlarme ni mantener ninguna precaución. Después, repentinamente, se apartó de mí. Intenté acercarme otra vez, sin éxito. Me pareció que me miraba de soslayo —hasta entonces no había podido verme— y me enfureció lo que interpreté como un estúpido arrepentimiento culpable que llegaba cuando ya era demasiado tarde. A la siguiente parada bajó con una de las amigas y yo, contra lo acostumbrado, bajé también, vi cómo se despedía y me fui tras ella sin preguntarme por qué lo hacía. Tomó una calle mal iluminada y luego atravesó un solar que los vecinos utilizaban como aparcamiento. Yo la seguí a cierta distancia. El extremo del aparcamiento al que se dirigía estaba muy oscuro. Aceleré el paso hasta alcanzarla. Creo que en cuanto oyó mis pasos se asustó. La cogí entre mis brazos y ella soltó un grito que quedó sofocado porque su boca había quedado aplastada contra mi abrigo. No recuerdo demasiado bien lo que sigue. Soltó un par de gritos mientras luchaba por zafarse de mi brazo, la sujeté con todas mis fuerzas con una mano mientras con la otra le abría la chaqueta, volvió a gritar y yo me agarré a su cuello. Una farola. Edificios en construcción. Un gañido. Todavía lo apretaba con firmeza cuando su cuerpo cayó como un saco.

Dicen que la vida siempre nos depara sorpresas, y creo que jamás estaré preparado para encajarlas y que por consiguiente no puedo aspirar más que a procurar no olvidarme de que, tarde o temprano, me sobrevendrá alguna, y que tampoco ésta será la última, pues ése es lugar reservado para la muerte. Al horror que sentí aquella noche le sucedió un pánico mucho más intenso ante las posibles consecuencias. Aunque iban transcurriendo los días y la Policía parecía no poseer la menor pista sobre la muerte de la mujer estrangulada, vivía yo en perpetuo desasosiego. Así las cosas, Lourdes tuvo una inesperada iniciativa. Una tarde se presentó en mi despacho —ahora yo regresaba a casa directamente a la salida de la oficina, y en coche— para decirme que acababa de discutir con su padre la situación de mi empresa. El viejo me proponía una salida que permitiera a su hija mantener cierta posición pese al inminente desastre. El plan, muy bien concebido, consistía en su quiebra fraudulenta seguida por una rápida huida al extranjero, a una ciudad norteamericana donde me esperaba el bien remunerado puesto de director comercial de la división de plásticos de la empresa de mi suegro. En otro momento mi orgullo hubiera podido jugarme una mala pasada, pero en mis circunstancias aquello no era un clavo ardiendo sino un salvavidas de lujo, y me agarré a él.

Pero lo más curioso de todo es que, quizá por lo apurado que estaba, sentí incluso cierto agradecimiento hacia Lourdes, y una vez en el extranjero me encontré sin saber cómo montado en su grupa y atizándole con verdadero gusto unos buenos cachetes en las nalgas. No sé cuánto puede durar esta nueva situación, pero no importa. Estoy divirtiéndome muchísimo. Ah, y Adela tiene novio, un jovencito que tras haber terminado sus estudios de ingeniería ha empezado a trabajar en la industria de armamentos.

ENRIQUE MURILLO, *El secreto del arte,* Anagrama, Barcelona, 1984, págs. 49-64.

CRISTINA FERNÁNDEZ CUBAS

LA VENTANA DEL JARDÍN

El primer escrito que el hijo de los Albert deslizó disimuladamente en mi bolsillo me produjo la impresión de una broma incomprensible. Las palabras, escritas en círculos concéntricos, formaban las siguientes frases:

> Cazuela airada,
> Tiznes o visones. Cruces o lagartos. La
> noche era acre aunque las cucarachas
> llorasen. Más
> Olla.

Pensé en el particular sentido del humor de Tomás Albert y olvidé el asunto. El niño, por otra parte, era un tanto especial; no acudía jamás a la escuela y vivía prácticamente recluido en una confortable habitación de paredes acolchadas. Sus padres, unos antiguos compañeros de colegio, debían sentirse bastante afectados por la debilidad de su único hijo, ya que, desde su nacimiento, habían abandonado la ciudad para instalarse en una granja abandonada a varios kilómetros de una aldea y, también desde entonces, rara vez se sabía de ellos. Por esta razón, o porque simplemente la granja me quedaba de camino, decidí aparecer por sorpresa. Habían pasado ya dos años desde nuestro encuentro anterior y durante el trayecto me pregunté con curiosidad si Josefina Albert habría conseguido cultivar sus aguacates en el huerto o si la cría de gallinas de José estaría dando buenos resultados. El autobús se detuvo en el pueblo y allí alquilé un coche público para que me llevara hasta la colina. Me interesaba también el estado de salud del pequeño Tomás. La primera y única vez que tuve ocasión de verle estaba jugueteando con cochecitos y muñecos en el suelo de su cuarto. Tendría entonces unos doce años pero su aspecto era bastante más aniñado. No pude hablar con él —el niño sufría una afección en los oídos— y nuestra breve entrevista se realizó en silencio, a través de una ventana entreabierta. Fue entonces cuando Tomás deslizó la carta en mi bolsillo.

Habíamos llegado a la granja y el taxista me señaló con un gesto la puerta principal. Recogí mi maletín de viaje, toqué el timbre y eché una mirada al terreno; en la huerta no crecían aguacates sino cebollas y en el corral no había rastros de gallinas pero sí unas veinte jaulas de metal con cuatro o cinco conejos cada una. Volví a llamar. El Ford años cuarenta se convertía ahora en un punto minúsculo al final del camino. Llamé por tercera vez. El amasijo de polvo y humo que levantaba el coche parecía un nimbo de lámina escolar. Golpeé con la aldaba.

Me estaba preguntando seriamente si no habría cometido un error al no avisar con antelación de mi llegada cuando, por fin, la puerta se abrió y pude distinguir a contraluz la silueta de mi amigo José Albert. «¡Ah!», dijo después de un buen rato. «Eres tú.» Pero no me invitó a pasar ni parecía decidido a hacerlo. Su rostro había envejecido considerablemente y su mirada —ahora que me había acostumbrado a distinguir en la oscuridad— me pareció opaca y distante. Me deshice en excusas e invoqué la ansiedad de saber de ellos, la amistad que nos unía e, incluso, el interés por conocer el rendimiento de ciertos terrenos en cuya venta había intervenido yo hacía precisamente dos años. Se produjo un silencio molesto que, sin embargo, no parecía perturbar a

José. Por fin, unas carcajadas procedentes del interior me ayudaron a recuperar el aplomo. «¿Es Josefina, verdad?» José asintió con la cabeza. «Tenía muchas ganas de veros a los dos», dije después de un titubeo. «Pero quizá caí en un mal momento...» Josefina, en el interior, seguía riendo. Luego dijo «¡Manzana!» y enmudeció. «Aunque, claro, no veo tampoco cómo regresar a la aldea ahora. ¿Tenéis teléfono?» Oí portazos y cuchicheos. «En fin... Si pudiera dar aviso para que me pasaran a recoger.» En aquel instante apareció Josefina. Al igual que su marido tardó cierto tiempo en reconocerme. Luego, con una amabilidad que me pareció ficticia, me besó en las mejillas y sonrió: «Pero ¿qué hacéis en la puerta? Pasa, te quedarás a comer».

Me sorprendió que la mesa estuviera preparada para tres personas y que la vajilla fuera de Sèvres, como en las grandes ocasiones. Había también flores y adornos de plata. De pronto creí comprender la inoportunidad de mi llegada (un invitado importante, una visita que *sí* había avisado) y me excusé de nuevo, pero Josefina me tomó del brazo. «No sólo no nos molestas sino que estamos encantados. Casi nos habíamos convertido en unos ermitaños», dijo, pero no dio respuesta alguna a mi pregunta. Un poco azorado pregunté dónde estaba el baño y José me mostró la puerta. Allí dentro di un respiro. Me contemplé en el espejo y me maldije tres veces por mi intromisión. Comería con ellos (después de todo me hallaba hambriento) pero acto seguido telefonearía a la aldea para que enviaran un coche. Iba a hacer todo esto (sin duda iba a hacerlo) cuando reparé en un vasito con tres cepillos de dientes. En uno, escrito groseramente con acuarela densa, se leía «Escoba», en otro «Cuchara» y en el tercero «Olla». La Olla, esta olla que por segunda vez acudía a mi encuentro, me llenó de sorpresa. Salí del baño y pregunté: «¿Y vuestro hijo?». Josefina dejó una labor apenas iniciada. José encendió la pipa y se puso a dar largas zancadas en torno a la mesa. Mis preguntas parecían inquietarles.

—Está bien —dijo Josefina con aplomo—. Aunque no del todo, claro.

—Ya sabes —añadió José—. Ya sabes —repitió.

—Unos días mejor —dijo Josefina—, otros peor.

—Los oídos, el corazón, el hígado —intervino José.

—Sobre todo los oídos —dijo Josefina—. Hay días en que no se puede hacer el menor ruido. Ni siquiera hablarle —y subrayó la última palabra.

—Pobre Tomás —dijo él.

—Pobre hijo nuestro —insistió ella.

Y así, durante casi una hora, se lamentaron y se deshicieron en quejas. Sin embargo, había algo en toda aquella representación que me movía a pensar que no era la primera vez que ocurría. Aquellas lamentaciones, aquella confesión pública de las limitaciones de su hijo, me parecieron excesivas y fuera de lugar. En todo caso, resultaba evidente que la comedia o el drama iban destinados a mí, único espectador, y que ambos intérpretes se estaban cansando de mi presencia. De pronto Josefina estalló en sollozos.

—Había puesto tantas ilusiones en este niño. Tantas…

Y aquí acabó el primer acto. Intuí en seguida que en este punto estaba prevista la intervención de un tercero con sus frases de alivio o su tribulación. Pero no me moví ni de mi boca salió palabra alguna. Entonces José, con voz imperativa, ordenó: «¡Comamos!».

El almuerzo se me hizo lento y embarazoso. Había perdido el apetito y por mi cabeza rondaban extrañas conjeturas. Josefina, en cambio, parecía haberse olvidado totalmente del tema que momentos antes la condujera al sollozo. Descorchó —en mi honor, dijo— una botella mohosa de *champagne* francés y no dejaba de atenderme y mostrarse solícita. José estaba algo taciturno pero comía y bebía con buen apetito. En una de sus contadas intervenciones me agradeció las gestiones que hiciera, dos años atrás, para la compra de un terreno cercano a la casa y que súbitamente parecía haber recordado. Sus palabras, unidas a un especial interés por evitar los temas que pudiesen retrotraernos a los pocos recuerdos comunes —es decir, a los años del colegio—, me convencieron todavía más de que mis anfitriones no querían tener en lo sucesivo ningún contacto conmigo. O, por lo menos, ninguna visita sorpresa. Me sentía cada vez peor. Josefina pidió que la excusáramos y salió por la puerta de la cocina. La situación, sin la mujer, se hizo aún más tensa. José estaba totalmente ensimismado; jugaba con el tenedor y se entretenía en aplastar una miga de pan. De vez en cuando levantaba los ojos del mantel y suspiraba, para volver en seguida a su trabajo. A la altura del quinto suspiro, y cuando ya la miga presentaba un color oscuro, apareció Josefina con un pastel. Era una tarta de frambuesas. «La acabo de sacar del horno», dijo. Pero la tarta no tenía precisamente aspecto de salir de un horno. En la superficie unas frambuesas se hallaban más hundidas que otras. Me fijé mejor y vi que se trataba de pequeños hoyitos redondos. Los conté: catorce.

Entonces, ignoro por qué, volví a preguntar:

—¿Y vuestro hijo?

Y, como si hubiese accionado un resorte, la función empezó una vez más.

—Está bien... aunque no del todo, claro.

—Ya sabes, ya sabes.

—Unos días mejor, otros peor.

—El corazón, el oído, el hígado...

—Sobre todo los oídos. Hay días en que no se puede hacer el menor ruido. Ni siquiera hablarle.

El ruido del café dejó a José con la réplica obligada en la boca. Esta vez, para mi alivio, fue el hombre quien se levantó de la mesa. Al poco rato regresó con tres tacitas, también de Sèvres, y una cafetera humeante. Pensé que mis amigos estaban rematadamente locos o que, mucho peor, estaban tratando por todos los medios de ocultarme algo.

—¿Cuántos años tiene Tomás? —pregunté esperando

una cierta consternación por su parte o al menos un titubeo.

—Catorce —dijo Josefina con resolución—. Los cumple hoy precisamente.

—Sí —añadió José—, íbamos a celebrar una pequeña fiesta familiar pero ya sabes, ya sabes...

—El corazón, el oído, el hígado —dije yo.

—Lo hemos tenido que acostar en su su cuarto.

La explicación no acabó de satisfacerme. Quizá por eso me empeñé en llamar yo mismo a la aldea y solicitar el coche. Ante la idea de mi partida el rostro de mis anfitriones pareció relajarse, aunque no por mucho tiempo. Porque no había coche. O sí lo había, pero, sin saber la razón una vez más, fingí un contratiempo. No podía explicarme el porqué de todo esto pero lo cierto es que aquel juego absurdo empezaba a fascinarme. Quedé con el chófer para el día siguiente a las nueve de la mañana.

—Ya lo veis —dije colgando el auricular—. La suerte no quiere acompañarme. Voy a perder sin remedio el último autobús.

Mis amigos no daban señales de haber comprendido.

—Temo que voy a tener que abusar un poco más de vuestra hospitalidad. Por una noche. El único coche disponible no estará reparado hasta mañana.

Ellos encajaron estoicamente el nuevo contratiempo. La tarde discurrió plácida y, en algunos momentos, incluso amena. Josefina desapareció una vez por el corredor llevando una bandeja con los restos de comida y de tarta. «¿Para Tomás?», pregunté. José, ocupado en vaciar su pipa, no se molestó en responderme.

Al caer la noche y cuando Josefina preparaba de nuevo la mesa (esta vez sin Sèvres ni adornos de ningún tipo), lancé al aire mi última e intencionada pregunta: «¿Cenará esta noche Tomás con nosotros?». Ellos contestaron al unísono: «No. No va a ser posible». Y, a continuación, tal y como esperaba, repitieron por riguroso orden la retahíla de lamentaciones acostumbradas, lo que no hizo sino confirmar mis sospechas. Naturalmente Tomás no cenaría con nosotros, tampoco desayunaría mañana ni podría hacerlo nunca más; sencillamente porque había dejado de pertenecer al mundo de los vivos. La locura y el aislamiento de mis amigos les llevaba a actuar como si el hijo estuviera aún con ellos. Por soledad o, quizá también, por remordimientos. Ignoro la razón pero cada vez con más fuerza acudía a mi mente la idea de que los Albert se habían deshecho de aquella carga de alguna manera inconfesable.

Pero de nuevo me había equivocado. Al terminar la cena, Josefina tomó mi mano y me preguntó dulcemente:

—¿Te gustaría ver a Tomás?

Fue tanta mi sorpresa que no acerté a contestar en seguida. Creo, sin embargo, que mi cabeza asintió.

—Ya lo sabes —dijo José—, ni una palabra: los oídos de nuestro hijo no soportarían un timbre de voz desconocido. —Y, sonriendo con amargura, me condujeron al cuarto.

Era la misma alcoba que yo conociera dos años atrás, aunque me dio la impresión de que habían reforzado los muros y de que los cristales de la ventana eran ahora dobles; el suelo estaba alfombrado en su totalidad y del techo pendía una luz conscientemente tenue. Entramos con sigilo. De espaldas a la puerta, en cuclillas y garabateando en un cuaderno como cualquier niño de su edad, estaba Tomás Albert. Su rubia cabeza se volvió casi de inmediato hacia nosotros. Pude comprobar entonces con mis propios ojos cómo Tomás, en contra de mis sospechas, había crecido y era hoy un hermoso adolescente. No parecía enfermo pero había algo en su mirada, perdida, difusa y al tiempo inquiriente, que me resultaba extraño. Me arrodillé en la alfombra y le sonreí. Pareció reconocerme en seguida y me atrevería a asegurar que le hubiese gustado hablar, pero Josefina le cubrió suavemente la boca y besó su cabello. Luego, con un gesto, le indicó que no debía fatigarse sino intentar dormir. Lo dejamos en la cama. Al salir, José y Josefina me miraban expectantes. Yo, incapaz de encontrar palabras, me atreví a dar unas palmaditas amistosas en la espalda de mi amigo. Al cabo de un buen rato sólo acerté a decir: «Es un guapo muchacho, Tomás. ¡Qué lástima!»

Ya en mi cuarto respiré hondo. Sentía repugnancia de mí mismo y una gran ternura hacia el niño y mis pobres amigos. Sin embargo, mis intromisiones vergonzosas no habían terminado aún. Desabroché mi chaqueta, separé los brazos y el cuaderno de dibujos de Tomás Albert cayó sobre mi cama. Fue un espectáculo bochornoso. El espejo me devolvió la imagen de un ladrón frente al producto de su robo: un cuaderno de adolescente. No podía saber con certeza por qué había hecho aquello, aunque esa sensación, tantas veces sentida a lo largo del día, se me había hecho familiar. Me desnudé, me metí en la cama y leí. Leí durante mucho rato, página por página, pero nada entendí de aquel conjunto de incongruencias. Frases absolutamente desprovistas de sentido se barajaban de forma insólita, saltándose todo tipo de reglas conocidas. En algún momento la sintaxis me pareció correcta pero el resultado era siempre el mismo: incomprensible. Sin embargo, la caligrafía no era mala y los dibujos excelentes. Iba a dormirme ya cuando Josefina irrumpió sin llamar en mi cuarto. Traía una toalla en la mano y miraba de un lado a otro como si quisiera cerciorarse de algo. El cuadernillo, entre mi pierna derecha y la sábana, crujió un poco. Josefina dejó la toalla junto al lavabo y me dio las buenas noches. Parecía cansada. Yo me sentí aliviado por no haber sido descubierto.

Apagué la luz pero ya no tenía intención de dormir. El juego fascinante de hacía unas horas se estaba convirtiendo en un rompecabezas molesto, en algo que debía esforzarme en concluir de una manera o de otra. El coche aparecía a las nueve de la mañana. Disponía, pues, de diez horas para pensar, actuar, o emprender antes de lo previsto la marcha por el camino polvoriento que ahora empezaba a ansiar con todas mis fuerzas. Pero no me decidía a huir. La impresión de que aquel pálido muchachito me necesitaba de alguna manera, me hizo aguardar en silencio a que mis anfitriones me creyeran definitivamente dormido. ¿Qué buscaba Josefina en mi cuarto? Es posible que nada en concreto: comprobar que estaba metido en la cama y dispuesto a dormir. Me vestí con sigilo y me encaminé a la habitación de Tomás. La puerta, tal como suponía, estaba cerrada. Me pareció arriesgado golpear las paredes con fuerza pero, sobre todo, inútil, a juzgar por los revestimientos interiores que aquella misma tarde había tenido ocasión de examinar. Recordé entonces la ventana por la que Tomás me había deslizado su mensaje en nuestro primer encuentro. Salí al jardín con todo tipo de precauciones. Volvía a sentirme ladrón. Arranqué un par de ramitas del suelo para justificar mi presencia en caso de ser descubierto, pero, casi de inmediato, las rechacé. El juego, si es que en realidad se trataba de un juego, había llegado demasiado lejos por ambas partes. Me deslicé hasta la ventana de Tomás y me apoyé en el alféizar; los postigos no estaban cerrados y había luz en el interior. Tomás, sentado en la cama tal y como lo dejamos, parecía aguardar algo o a alguien. La idea de que era YO el aguardado me hizo golpear con fuerza el cristal que me separaba del niño, pero apenas emitió sonido alguno. Entonces agité repetidas veces los brazos, me moví de un lado a otro, me encaramé a la reja y salté otra vez al suelo hasta que Tomás, súbitamente, reparó en mi presencia. Con una rapidez que me dejó perpejo, saltó de la cama, corrió hacia la ventana y la abrió. Ahora estábamos los dos frente a frente. Sin testigos. Miré hacia el piso de arriba y no vi luz ni signos de movimiento. Estábamos solos. Tomás extendió su mano hacia la mía y dijo. «Luna, luna», con tal expresión de ansiedad en sus ojos que me quedé sobrecogido. A continuación dijo «Cola» y, más tarde, «Luna» de nuevo, esta vez suplicándome, intentando aferrarse a la mano que yo le tendía a través de la reja, llorando, golpeando el alféizar con el puño libre. Después de un titubeo me señalé a mí mismo y dije «Amigo». No dio muestras de haber comprendido y lo repetí dos veces más. Tomás me miraba sorprendido. «¿Amigo?», preguntó. «Sí, A-M-I-G-O», dije. Sus ojos se redondearon con una mezcla de asombro y diversión. Corrió hacia el vaso de noche y me lo mostró gritando «¡Amigo!». Luego, sonriendo —o quizás un poco asustado—, se encogió de hombros. Yo no sabía qué hacer y repetí la escena sin demasiada convicción. De pronto, Tomás se señaló a sí mismo y dijo: «Olla», «La Olla», «O-L-L-A» y al hacerlo recorría su cuerpo con las manos y me miraba con ansiedad. «OLLA», repetí yo, y mi dedo se dirigió hacia su pálido rostro.

A partir de aquel momento los dos empezamos a comprender lo que ocurría a ambos lados de la reja. No fue el encuentro de dos mundos distintos y antagónicos, sino de algo mucho más inquietante. El lenguaje que había aprendido Tomás desde los primeros años de su vida —su único lenguaje— era de imposible traducción al mío, por cuanto era EL MÍO sujeto a unas reglas que me eran ajenas. Si José y Josefina en su locura hubiesen creado para su hijo un idioma imaginario sería posible traducir, intercambiar nuestros vocablos a la vista de objetos materiales. Pero Tomás me enseñaba su vaso de noche y repetía AMIGO. Me mostraba la ventana y decía INDECENCIA. Palpaba su cuerpo y gritaba OLLA. Ni siquiera se trataba de una simple inversión de valores. Bueno no significaba malo, sino Estornudo. Enfermedad no hacía referencia a Salud, sino a un estuche de lapiceros. Tomás no se llamaba Tomás, ni José era José, ni Josefina, Josefina. Olla, Cuchara y Escoba eran los tres habitantes de aquella lejana granja en la que yo, inesperadamente, había caído. Renunciando ya a entender palabras que para cada uno tenían un especial sentido, Olla y yo hablamos todavía un largo rato a través de gestos, dibujos rápidos esbozados en un papel, sonidos que no incluyesen para nada algo semejante a las palabras. Descubrimos que la numeración, aunque con nombres diferentes, respondía a los mismos signos y sistemas. Así, Olla me explicó que el día anterior había cumplido catorce años y que, cuando hacía dos, me había visto a través de aquella misma ventana, me había lanzado ya una llamada de auxilio en forma de nota. Quiso ser más explícito y llenó de nuevo mi bolsillo de escritos y dibujos. Luego, llorando, terminó pidiendo que le alejara de allí para siempre, que lo llevara conmigo. Nuestro sistema de comunicación era muy rudo y no había lugar para matices. Dibujé en un papel lo mejor que pude el Ford años cuarenta, el camino, la granja, un pueblo al final del sendero y en una de sus calles, a los dos, Yo-AMIGO y Tomás-OLLA. El chico se mostró muy contento. Entendí que estaba deseoso de conocer un mundo que ignoraba pero del que, sin embargo, se sentía excluido. Miré el reloj: las cinco y media. Expliqué a Olla que a las nueve vendría el coche a recogernos. Él tendría que espabilarse y salir de la habitación como pudiese cuando me viera junto al chófer. Olla me estrechó la mano en señal de agradecimiento.

Regresé a mi cuarto y abrí la ventana como si acabara de despertarme. Me afeité e hice el mayor ruido posible. Mis manos derramaban frascos y mi garganta emitía marchas militares. Intenté que todos mis actos sugiriesen el despertar eufórico de un ciudadano de vacaciones en una granja. Sin embargo, mi cabeza bullía. No podía entender, por más que me esforzara, la verdadera razón de aquel monstruoso experimento con el que me acababa de enfrentar y, menos aún, encontrar una explicación satisfactoria a la actuación de José y Josefina durante estos años. Pensar en demencia sin matices y, sobre todo, en demencia compartida, capaz de crear tal deformación organizada como la del pequeño Tomás-Olla, me resultaba inconsistente. Debían existir otras causas o, por lo menos, alguna razón oculta en el pasado de mis amigos. ¿El egoísmo? ¿No querer compartir por nada del mundo el cariño de aquel hermoso y único hijo? Mi voz seguía entonando marchas militares cada vez con más fuerza. Sentía necesidad de actividad y me puse a hacer y deshacer la cama. ¿Conocía yo realmente a mis amigos? Intenté recordar algún rasgo fuera de lo común en la infancia de mis antiguos compañeros del colegio, pero todo lo que logré encontrar me pareció de una normalidad alarmante. José había sido siempre un estudiante vulgar, ni brillante ni problemático. Josefina, una niña aplicada. Desde muy jóvenes parecían sentir el uno hacia el otro un gran cariño. Más tarde les perdí la pista y unos años después anunciaron una boda que a nadie sorprendió. Deshice la cama por segunda vez y me puse a sacudir el colchón junto a la ventana: estaba amaneciendo.

Hacia las seis y media empecé a detectar signos de movimiento. Oí ruido de vajilla en la cocina y, a través de los cristales, observé cómo José abría las jaulas de los conejos. Bajé sin dejar de canturrear. Josefina estaba preparando el desayuno. No dejaba de sonreír y también ella, a su vez, cantaba. Interpreté tanta alegría por la inminencia de mi marcha, pero nada dije y me serví un café. Al poco rato apareció José en la puerta del jardín. Vestía traje de faena y olía a conejo. Su rostro estaba mucho más relajado que el día anterior. Sin embargo su mirada seguía tan opaca como cuando, apenas veinte horas antes, había tardado su buen rato en reconocerme. Tomó asiento a mi lado y me dio los buenos días. En realidad, no dijo exactamente B-u-e-n-o-s d-í-a-s, con estas u otras palabras, pero, por la expresión de su cara, traduje el balbuceo en un saludo. Josefina se sentó junto a nosotros y untó dos tostadas con manteca y confitura. Pensé que estaba compartiendo el desayuno con dos monstruos y sentí un cosquilleo en el estómago.

Eran las ocho. La sensación de que no era yo el único pendiente del reloj me llenaba de angustia. Mis anfitriones seguían comiendo con buen apetito: tarta de manzana, pan negro, miel. Me entregué a una actividad frenética para disimular mi nerviosismo. Abrí el maletín de viaje y simulé buscar unos documentos. Lo cerré. Pedí un paño de gamuza para sacar brillo al cierre. No podía dejar de preguntarme, ahora que mi cansancio empezaba a hacerse manifiesto, cómo lograría Tomás llegar hasta el coche o franquear siquiera los muros de aquella habitación donde se le pretendía aislar del mundo. Pero el chico era tan listo como sospechaba. A las ocho y media sonó una campanilla en la que hasta ahora no había reparado y Josefina preparó una bandeja con leche, café y un par de bizcochos. Esta vez no hizo alusión alguna a la supuesta debilidad de su hijo (cosa que agradecí sinceramente) ni me molesté yo en preguntar si Tomás había pasado mala noche. El reloj se había convertido en una obsesión. Las nueve. Pero el Ford años cuarenta no aparecía aún por el camino.

Me sentía más y más nervioso: salí al jardín y, al igual que la noche anterior, arranqué un par de ramitas para rechazarlas a los pocos segundos. No sé por qué, pero no me atrevía a mirar en dirección a la ventana del chico. Sentía, sin embargo, sus ojos puestos en mí y cualquiera de mis actos reflejos cobraba una importancia inesperada. De pronto los acontecimientos se precipitaron. «¡Amigo!», oí. Había sido pronunciado con una voz muy débil, casi como un susurro. Me volví hacia la puerta principal y grité: «¡Olla!». El chico estaba ahí, a unos diez metros de donde yo me encontraba, inmóvil, respirando fuerte. Parecía más pálido que la noche anterior, más indefenso. Quiso acercarse a mí y entonces reparé en algo que hasta el momento me había pasado inadvertido. Tomás andaba con dificultad, con gran esfuerzo. Sus brazos y sus piernas parecían obedecer a consignas opuestas; su rostro, a medida que iba avanzando, se me mostraba cada vez más desencajado. No supe qué decir y acudí al encuentro del muchacho. Olla jadeaba. Se agarró a mis hombros y me dirigió una mirada difícil de definir. Me di cuenta entonces, por primera vez, de que estaba en presencia de un enfermo.

Pero no tuve apenas tiempo de meditar. La ventana de Olla se abrió y apareció Josefina fuera de sí, gritando —aullando, diría yo— con todas sus fuerzas. Sus manos, crispadas y temblorosas, reclamaban ayuda. Escuché unos pasos a mis espaldas; José transportaba una pesada cesta repleta de hortalizas pero, al contemplar la escena, la dejó caer. Olla ardía. Yo sujetaba su cuerpo sin fuerzas. José corrió como enloquecido hacia la casa. Oí cómo el hombre mascullaba incoherencias, daba vuelta a una llave y abría por fin la puerta del cuarto del chico. Casi en seguida salieron los dos. Estaban tan excitados intercambiando frases sin sentido que no parecía que mi presencia les incomodara ya. Traían un frasco de líquido azulado e intentaron que la garganta de Olla lo aceptase. Pero el chico había quedado inmóvil y tenso. Como una piedra.

—¿Qué podríamos hacer? —pregunté.

Mis amigos repararon de repente en mi presencia. José me dirigió una mirada inexpresiva. «Tenemos que llamar a un médico», dije. Pero nadie se movió un milímetro. Formábamos un grupo dramático junto a la puerta. Olla tendido en el suelo con el cuerpo apoyado en mis rodillas, José y Josefina lívidos, intentando aún que el chico lograra deglutir el líquido azulado. «Se pondrá bien», dije yo, y mis propias palabras me parecieron ajenas. ¿Qué estaba pasando? ¿Por qué minutos atrás me sentía como un héroe y ahora deseaba ardientemente vomitar, despertar de alguna forma de aquella pesadilla? ¿Por qué el mismo muchacho que horas antes me pareció rebosante de salud respondía ahora a la descripción que durante todo el día de ayer me hicieran de él sus padres? ¿Por qué, finalmente, ese lenguaje, del que yo mismo —con toda seguridad único testigo— no conseguía liberarme mientras José y Josefina reanimaban a su hijo entre sollozos? ¿Por qué? Me así con fuerza del brazo de José. Supliqué, gemí, grité con todas mis fuerzas. «¿POR QUÉ?» volvía a decir y, de repente, casi sin darme cuenta, mis labios pronunciaron una palabra.

«Luna», dije, «¡LUNA!». Y en esta ocasión no necesité asirme de nadie para llamar la atención. José y Josefina interrumpieron sus sollozos. Ambos, como una sola persona, parecieron despertar de un sueño. Se incorporaron a la vez y con gran cuidado entraron el cuerpo del pequeño Tomás en la casa. Luego, cuando cerraron la puerta, Josefina clavó en mis pupilas una mirada cruel.

Corrí como enloquecido por el sendero. Anduve dos, tres, quizá cinco kilómetros. Estaba ya al borde de mis fuerzas cuando oí el ronroneo de un viejo automóvil. Me senté en una piedra. Pronto apareció el Ford años cuarenta. El conductor detuvo el coche y me miró sorprendido. «No sabía que tuviera Ud. tanta prisa», dijo, «pero no pase cuidado. El autobús espera». Me acomodé en el asiento trasero. Estaba exhausto y no podía articular palabra. El chófer se empeñaba en buscar conversación.

—¿Hace tiempo que conoce a los Albert?

Mi jadeo fue interpretado como una respuesta.

—Buena gente —dijo—. Magnífica gente —y miró el reloj—. Su autobús espera. Tranquilo.

Me desabroché la camisa. Estaba sudando.

—¿Y el pequeño Tomás? ¿Se encuentra mejor?

Negué con la cabeza.

—Pobre Ollita —dijo.

Y se puso a silbar.

CRISTINA FERNÁNDEZ CUBAS, *Mi hermana Elba,* Tusquets (*Cuadernos Ínfimos,* 92), Barcelona, 1980, págs. 35-58. Reeditado en *Mi hermana Elba. Los altillos de Brocal*, Tusquets (*Andanzas*, 61), Barcelona, 1992, págs. 37-64.

JUAN JOSÉ MILLÁS

SIMETRÍA

A mí siempre me ha gustado disfrutar del cine a las cuatro de la tarde, que es la hora a la que solía ir cuando era pequeño; no hay aglomeraciones y con un poco de suerte estás solo en el patio de butacas. Con un poco más de suerte todavía, a lo mejor se te sienta a la derecha una niña pequeña, a la que puedes rozar con el codo o acariciar ligeramente la rodilla sin que se ofenda por estos tocamientos ingenuos, carentes de maldad.

El caso es que el domingo este que digo había decidido prescindir del cine por ver si era capaz de pasar la tarde en casa, solo, viendo la televisión o leyendo una novela de anticipación científica, el único género digno de toda la basura que se escribe en esta sucia época que nos ha tocado vivir. Pero a eso de las seis comenzaron a retransmitir un partido de fútbol en la primera cadena y a dar consejos para evitar el cáncer de pulmón en la segunda. De repente, se notó muchísimo que era domingo por la tarde y a mí se me puso algo así como un clavo grande de madera a la altura del paquete intestinal, y entonces me tomé un tranquilizante que a la media hora no me había hecho ningún efecto, y la angustia comenzó a subirme por todo el tracto respiratorio y ni podía concentrarme en la lectura ni estar sin hacer nada... En fin, muy mal.

Entonces pensé en prepararme el baño y tomar una lección de hidroterapia, pero los niños del piso de arriba comenzaron a rodar por el pasillo algún objeto pesado y calvo (la cabeza de su madre, tal vez), y así llegó un momento en el que habría sido preciso ser muy insensible para ignorar que estábamos en la víspera del lunes. Paseé inútilmente por el salón para aliviar la presión del bajo vientre, cada vez más oprimido por el miedo. Pero la angustia —desde dondequiera que se produjera— ascendía a velocidad suicida por la tráquea hasta alcanzar la zona de distribución de la faringe, donde se detenía unos instantes para repartirse de forma equitativa entre la nariz, la boca, el cerebro, etc.

Y en esto que ya no puedo más y me voy a ver a mi vecino, que también vive solo en el apartamento contiguo al mío. Sé que estaba en su agujero porque había oído ruidos y porque además, es un pobre infeliz que jamás sale de su casa. Pues bien, llamé a su puerta varias veces y, en lugar de abrirme, comenzó a murmurar y a gemir como si estuviera con una mujer. Me dio tanta rabia que decidí irme al cine, aunque fuera a la segunda sesión, completamente decepcionado ya de las relaciones de vecindad, que son las únicas posibles una vez que uno ha cumplido los cuarenta y se ha desengañado de las amistades de toda la vida.

Y en este punto comenzó mi ruina por lo que a continuación detallaré: resultó que en la cola del cine —tres o cuatro metros delante de mí— había un señor que se parecía mucho a mi vecino y que no hacía más que volverse y mirarme como si me conociera de algo, y de algo malo a juzgar por la expresión de su rostro. Tuve la mala suerte de entrar cuando ya había comenzado la película y de que el acomodador, por casualidad, me colocara junto a él. Este sujeto estuvo removiéndose en el asiento, dándome codazos y lanzando suspiros durante toda la película. Daba la impresión de que yo le estuviera molestando de algún modo, cosa improbable si consideramos que no suelo masticar chicle, ni comer palomitas.

ni desenvolver caramelos en la sala. El film, por otra parte, era novedoso y profundo, pues se trataba de una delegación de aves que se presentaba ante Dios con el objeto de protestar por la falta de simetría detectable en algunos aspectos de la naturaleza. Así, esta delegación —compuesta por pájaros grandes en general— se quejaba de que tanto los animales terrestres como los aéreos tuvieran que encontrarse tras la muerte en la misma fosa, cuando una disposición más armónica y equilibrada habría exigido que quienes pasaran su existencia en el aire reposaran en la tierra al fallecer, mientras que quienes habían vivido en la tierra encontraran descanso eterno en el aire. El Supremo Hacedor, que todo lo sabe, no ignoraba que ésta era una vieja aspiración de los buitres y demás pájaros carroñeros, que soñaban con una atmósfera repleta de cadáveres. Pero ocupado como estaba en otros asuntos de mayor trascendencia, y por no discutir, firmó una disposición obligatoria que sólo obedecieron los indios. Mas cuando los indios se acabaron por las rarezas de la historia y los cadáveres desaparecieron de las ramas de los árboles, se formó una nueva comisión que volvió a molestar con la misma cantilena al Relojero del Universo. Entonces, Éste —que se encontraba ya menos agobiado— explicó a los pájaros que la simetría no se podía imponer de golpe, sino que se trataba de una conquista a realizar en diversas etapas, la primera de las cuales —dijo— consistiría en convertir a los gorriones en las cucarachas de las águilas. De ahí que desde entonces estas aves rapaces sientan enorme repugnancia por esos pajaritos grises, que los seres humanos nos comemos fritos en los bares de barrio.

Bueno, pues el impertinente sujeto que digo me impidió ver a gusto este documental apasionante y denso, del que sin duda se me escaparon muchas cosas. Pero lo peor fue que a la salida del cine comenzó a perseguirme por todas las calles con un descaro y una astucia impresionantes: con descaro, porque no hacía más que mirarme; y con astucia, porque, en lugar de seguirme por de-

trás, me seguía por delante, aunque volvía frecuente-
mente el rostro con expresión de sospecha, como si yo
fuera un delincuente conocido o algo así.

Intenté, sin éxito, deshacerme de él con diversas argucias, pero se ve que el tipo era un maestro en esta clase
de persecuciones y no hubo manera de quitármelo de
encima. Hasta que, a las dos horas de implacable persecución, se paró delante de una comisaría y cuchicheó
algo con el guardia de la puerta, al tiempo que me señalaba. Yo continué avanzando con tranquilidad sin sospechar lo que me aguardaba. El caso es que cuando llegué
a la altura del establecimiento policial, el guardia me
detuvo y me preguntó que por qué tenía yo que seguir a
aquel señor. Le expliqué, sin perder los nervios ni la
compostura, que se había equivocado, que el perseguido
era yo. De todos modos, me obligó a pasar dentro en
compañía del sujeto que, frente al comisario, me acusó
de haberle molestado con el codo y con la rodilla durante la película, y de andar detrás de él toda la tarde.

En seguida advertí que el comisario estaba más dispuesto a creerle a él que a mí, porque yo era —de los
dos— el que peor vestido iba, pero también porque un
ligero defecto de nacimiento le da a mi mirada un tono
de extravío que quienes no me conocen identifican con
cierta clase de deficiencia psíquica. Procuré, pues, mantener la serenidad y hablar en línea recta, pese a mi conocida tendencia de utilizar giros y metáforas cuyo significado más profundo no suelen alcanzar las personas
vulgares. Y creo que habría conseguido mi propósito de
convencer al policía, de no ser porque en un momento
dado de este absurdo careo el defensor de la ley nos
preguntó que qué película habíamos visto. Yo respondí
que no me acordaba del título, aunque podía contarle el
argumento. Confiaba en derrotar a mi adversario en
este terreno, dada mi habilidad para narrar fábulas o
leyendas previamente aprendidas. De manera que me
apresuré a desarrollar la historia de los pájaros. Y ahí es
donde debí cometer algún error, porque detecté en el

comisario una mirada de perplejidad y una fuerte tensión a medida que el relato avanzaba.

El caso es que cuando acabé de contarle la película, se dirigió al otro y le dijo que podía marcharse; a mí me retuvieron aún durante algunas horas. Finalmente, me hicieron pagar una multa de regular grosor y me dejaron ir con la amenaza de ser llevado a juicio sin volvía a las andadas.

Desde entonces, siempre que me persigue alguien, me detienen a mí. Y de todo esto tiene la culpa mi vecino, que no me abre la puerta. Pero también influye un poco el hecho de que haya dejado de asistir al cine a las cuatro de la tarde, que es la hora a la que solía ir cuando era pequeño. En fin.

JUAN JOSÉ MILLÁS, *Ínsula,* XL, núms. 464/465, VII-VIII/1985, pág. 27. Recogido en *Primavera de luto y otros cuentos,* Destino, Barcelona, 1992, págs. 57-64.

SOLEDAD PUÉRTOLAS

LA INDIFERENCIA DE EVA

Eva no era una mujer guapa. Nunca me llegó a gustar, pero en aquel primer momento, mientras atravesaba el umbral de la puerta de mi despacho y se dirigía hacia mí, me horrorizó. Cabello corto y mal cortado, rostro exageradamente pálido, inexpresivo, figura nada esbelta y, lo peor de todo para un hombre para quien las formas lo son todo: pésimo gusto en la ropa. Por si fuera poco, no fue capaz de percibir mi desaprobación. No hizo nada por ganarme. Se sentó al otro lado de la mesa sin dirigirme siquiera una leve sonrisa, sacó unas gafas del bolsillo de su chaqueta y me miró a través de los cristales con una expresión de miopía mucho mayor que antes de ponérselas.

Dos días antes, me había hablado por teléfono. En tono firme y a una respetable velocidad me había puesto al tanto de sus intenciones: pretendía llevarme a la radio, donde dirigía un programa cultural de, al parecer, gran audiencia. Me aturden las personas muy activas y, si son mujeres, me irritan. Si son atractivas, me gustan.

—¿Bien? —pregunté yo, más agresivo que impaciente.

Eva no se alteró. Suspiró profundamente, como invadida de un profundo desánimo. Dejó lentamente sobre la mesa un cuaderno de notas y me dirigió otra mirada con gran esfuerzo. Tal vez sus gafas no estaban graduadas adecuadamente y no me veía bien. Al fin, habló, pero su voz, tan terminante en el teléfono, se abría ahora paso tan arduamente como su mirada, rodeada de puntos suspensivos. No parecía saber con certeza por qué se encontraba allí ni lo que iba a preguntarme.

—Si a usted le parece —dijo al fin, después de una incoherente introducción que nos desorientó a los dos—, puede usted empezar a explicarme cómo surgió la idea de... —no pudo terminar la frase.

Me miró para que yo lo hiciera, sin ningún matiz de súplica en sus ojos. Esperaba, sencillamente, que yo le resolviera la papeleta.

Me sentía tan ajeno y desinteresado como ella, pero hablé. Ella, que miraba de vez en cuando su cuaderno abierto, no tomó ninguna nota. Para terminar con aquella situación, propuse que realizáramos juntos un recorrido por la exposición, idea que, según me pareció apreciar, acogió con cierto alivio. Los visitantes de aquella mañana eran, en su mayor parte, extranjeros, hecho que comenté a Eva. Ella ni siquiera se tomó la molestia de asentir. Casi me pareció que mi observación le había incomodado. Lo miraba todo sin verlo. Posaba levemente su mirada sobre las vitrinas, los mapas colgados en la pared, algunos cuadros ilustrativos que yo había conseguido de importantes museos y alguna colección particular.

Por primera vez desde la inauguración, la exposición me gustó. Me sentí orgulloso de mi labor y la consideré útil. Mi voz fue adquiriendo un tono de entusiasmo creciente. Y conforme su indiferencia se consolidaba, más crecía mi entusiasmo. Se había establecido una lucha. Me sentía superior a ella y deseaba abrumarla con profusas explicaciones. Estaba decidido a que perdiese su precioso tiempo. El tiempo es siempre precioso para los periodistas. En realidad, así fue. La mañana había concluido y la hora prevista para la entrevista se había pasado. Lo advertí, satisfecho, pero Eva no se inmutó. Nun ca se había inmutado. Con sus gafas de miope, a través de las cuales no debía haberse filtrado ni una mínima parte de la información allí expuesta, me dijo, condescendiente y remota:

—Hoy ya no podremos realizar la entrevista. Será mejor que la dejemos para mañana. ¿Podría usted venir a la radio a la una?

En su tono de voz no se traslucía ningún rencor. Si acaso había algún desánimo, era el mismo con el que se había presentado, casi dos horas antes, en mi despacho. Su bloc de notas, abierto en sus manos, seguía en blanco. Las únicas y escasas preguntas que me había formulado no tenían respuesta. Preguntas que son al mismo tiempo una respuesta, que no esperan del interlocutor más que un desganado asentimiento.

Y, por supuesto, ni una palabra sobre mi faceta de novelista. Acaso ella, una periodista tan eficiente, lo ignoraba. Tal vez, incluso, pensaba que se trataba de una coincidencia. Mi nombre no es muy original y bien pudiera suceder que a ella no se le hubiese ocurrido relacionar mi persona con la del escritor que había publicado dos novelas de relativo éxito.

Cuando Eva desapareció, experimenté cierto alivio. En seguida fui víctima de un ataque de mal humor. Me había propuesto que ella perdiese su tiempo, pero era yo quien lo había perdido. Todavía conservaba parte del orgullo que me había invadido al contemplar de nuevo mi labor, pero ya lo sentía como un orgullo estéril, sin trascendencia. La exposición se desmontaría y mi pequeña gloria se esfumaría. Consideré la posibilidad de no acudir a la radio al día siguiente, pero, desgraciadamente, me cuesta evadir un compromiso.

Incluso llegué con puntualidad. Recorrí los pasillos laberínticos del edificio, pregunté varias veces por Eva y, al fin, di con ella. Por primera vez, sonrió. Su sonrisa no se dirigía a mí, sino a sí misma. No estaba contenta de verme, sino de verme allí. Se levantó de un salto, me tendió una mano que yo no recordaba haber estrechado nunca y me presentó a dos compañeros que me acogieron con la mayor cordialidad, como si Eva les hubiera hablado mucho de mí. Uno de ellos, cuando Eva se dispuso a llevarme a la sala de grabación, me golpeó la espalda y pronunció una frase de ánimo. Yo no me había quejado, pero todo iba a salir bien. Tal vez había en mi rostro señales de estupefacción y desconcierto. Seguí a Eva por un estrecho pasillo en el que nos cruzamos con gentes apresuradas y simpáticas, a las que Eva dedicó frases ingeniosas, y nos introdujimos al fin en la cabina. En la habitación de al lado, que veíamos a través de un panel de cristal, cuatro técnicos, con sus micrófonos ajustados a la cabeza, estaban concentrados en su tarea. Al fin, todos nos miraron y uno de ellos habló a Eva. Había que probar la voz. Eva, ignorándome, hizo las pruebas y, también ignorándome, hizo que yo las hiciera. Desde el otro lado del panel, los técnicos asintieron. Me sentí tremendamente solo con Eva. Ignoraba cómo se las iba a arreglar.

Repentinamente, empezó a hablar. Su voz sonó fuerte, segura, llena de matices. Invadió la cabina y, lo más sorprendente de todo: hablando de mí. Mencionó la exposición, pero en seguida añadió que era mi labor lo que ella deseaba destacar, aquel trabajo difícil, lento, apasionado. Un trabajo, dijo, que se correspondía con la forma en que yo construía mis novelas. Pues eso era yo, ante todo, un novelista excepcional. Fue tan calurosa, se mostró tan entendida, tan sensible, que mi voz, cuando ella formuló su primera pregunta, había quedado sepultada y me costó trabajo sacarla de su abismo. Había tenido la absurda esperanza, la seguridad, de que ella seguiría hablando, con su maravillosa voz y sus maravillosas ideas. Torpemente, me expresé y hablé de las dificultades con que me había encontrado al realizar la exposición, las dificultades de escribir una buena novela, las dificultades de compaginar un trabajo con otro. Las dificultades, en fin, de todo. Me encontré lamentándome de mi vida entera, como si hubiera errado en mi ca-

mino y ya fuera tarde para todo y, sin embargo, necesitara pregonarlo. Mientras Eva, feliz, pletórica, me
ensalzaba y convertía en un héroe. Abominable. No su
tarea, sino mi papel. ¿Cómo se las había arreglado para
que yo jugara su juego con tanta precisión? A través de
su voz, mis dudas se magnificaban y yo era mucho menos aún de lo que era. Mediocre y quejumbroso. Pero la
admiré. Había conocido a otros profesionales de la radio; ninguno como Eva. Hay casos en los que una persona nace con un destino determinado. Eva era uno de
esos casos. La envidié. Si yo había nacido para algo,
y algunas veces lo creía así, nunca con aquella certeza,
esa entrega. Al fin, ella se despidió de sus oyentes,
se despidió de mí, hizo una señal de agradecimiento
a sus compañeros del otro lado del cristal y salimos
fuera.

En aquella ocasión no nos cruzamos con nadie. Eva
avanzaba delante de mí, como si me hubiera olvidado, y
volvimos a su oficina. Los compañeros que antes me habían obsequiado con frases alentadoras se interesaron
por el resultado de la entrevista. Eva no se explayó. Yo
me encogí de hombros, poseído por mi papel de escritor
insatisfecho. Me miraron desconcertados mientras ignoraban a Eva, que se había sentado detrás de su mesa y,
con las gafas puestas y un bolígrafo en la mano, revolvía
papeles. Inicié un gesto de despedida, aunque esperaba
que me sugirieran una visita al bar, como habitualmente
sucede después de una entrevista. Yo necesitaba esa
copa. Pero nadie me la ofreció, de forma que me des-
pedí tratando de ocultar mi malestar.

Era un día magnífico. La primavera estaba próxima.
Pensé que los almendros ya habrían florecido y sentí la
nostalgia de un viaje. Avanzar por una carretera respirando aire puro, olvidar el legado del pasado que tan
pacientemente yo había reunido y, al fin, permanecía
remoto, dejar de preguntarme si yo ya había escrito
cuanto tenía que escribir. Y, sobre todo, mandar a paseo
a Eva. La odiaba. El interés y ardor que mostraba no eran

ciertos. Y ni siquiera tenía la seguridad de que fuese perfectamente estúpida o insensible. Era distinta a mí.

Crucé dos calles y recorrí dos manzanas hasta llegar a mi coche. Vi un bar a mi izquierda y decidí tomar la copa que no me habían ofrecido. El alcohol hace milagros en ocasiones así. Repentinamente, el mundo dio la vuelta. Yo era el único capaz de comprenderlo y de mostrarlo nuevamente a los ojos de los otros. Yo tenía las claves que los demás ignoraban. Habitualmente, eran una carga, pero de pronto cobraron esplendor. Yo no era el héroe que Eva, con tanto aplomo, había presentado a sus oyentes, pero la vida tenía, bajo aquel resplandor, un carácter heroico. Yo sería capaz de transmitirlo. Era mi ventaja sobre Eva. Miré la calle a través de la pared de cristal oscuro del bar. Aquellos transeúntes se beneficiarían alguna vez de mi existencia, aunque ahora pasaran de largo, ignorándome. Pagué mi consumición y me dirigí a la puerta.

Eva, abstraída, se acercaba por la calzada. En unos segundos se habría de cruzar conmigo. Hubiera podido detenerla, pero no lo hice. La miré cuando estuvo a mi altura. No estaba abstraída, estaba triste. Era una tristeza tremenda. La seguí. Ella también se dirigía hacia su coche, que, curiosamente, estaba aparcado a unos metros por delante del mío. Se introdujo en él. Estaba ya decidido a abordarla, pero ella, nada más sentarse frente al volante, se tapó la cara con las manos y se echó a llorar. Era un llanto destemplado. Tenía que haberle sucedido algo horrible. Tal vez la habían amonestado y, dado el entusiasmo que ponía en su profesión, estaba rabiosa. No podía acercarme mientras ella continuara llorando, pero sentía una extraordinaria curiosidad y esperé. Eva dejó de llorar. Se sonó estrepitosamente la nariz, sacudió su cabeza y conectó el motor. Miró hacia atrás, levantó los ojos, me vio.

Fui hacia ella. Tenía que haberme reconocido, porque ni siquiera había transcurrido una hora desde nuestro paso por la cabina, pero sus ojos pemanecieron vacíos unos segundos. Al fin, reaccionó.

—¿No tiene usted coche? —preguntó, como si esa fuera la explicación de mi presencia allí.

Negué. Quería prolongar el encuentro.

—Yo puedo acercarle a su casa —se ofreció, en un tono que no era amable.

Pero yo acepté. Pasé por delante de su coche y me acomodé a su lado. Otra vez estábamos muy juntos, como en la cabina. Me preguntó dónde vivía y emprendió la marcha. Como si el asunto le interesara, razonó en alta voz sobre cuál sería el itinerario más conveniente. Tal vez era otra de sus vocaciones. Le hice una sugerencia, que ella desechó.

—¿Le ha sucedido algo? —irrumpí con malignidad—. Hace un momento estaba usted llorando.

Me lanzó una mirada de odio. Estábamos detenidos frente a un semáforo rojo. Con el freno echado, pisó el acelerador.

—Ha estado usted magnífica —seguí—. Es una entrevistadora excepcional. Parece saberlo todo. Para usted no hay secretos.

La luz roja dio paso a la luz verde y el coche arrancó. Fue una verdadera arrancada, que nos sacudió a los dos. Sin embargo, no me perdí su suspiro, largo y desesperado.

—Trazó usted un panorama tan completo y perfecto que yo no tenía nada que añadir.

—En ese caso —replicó suavemente, sin irritación y sin interés—, lo hice muy mal. Es el entrevistado quien debe hablar.

Era, pues, más inteligente de lo que parecía. A lo mejor, hasta era más inteligente que yo. Todo era posible. En aquel momento no me importaba. Deseaba otra copa. Cuando el coche enfiló mi calle, se lo propuse. Ella aceptó acompañarme como quien se doblega a un insoslayable deber. Dijo:

—Ustedes, los novelistas, son todos iguales.

La frase no me gustó, pero tuvo la virtud de remitir a Eva al punto de partida. Debía haber entrevistado a muchos novelistas. Todos ellos bebían, todos le proponían tomar una copa juntos. Si ésa era su conclusión, tampoco me importaba. Cruzamos el umbral del bar y nos acercamos a la barra. Era la hora del almuerzo y estaba despoblado. El camarero me saludó y echó una ojeada a Eva, decepcionado. No era mi tipo, ni seguramente el suyo.

Eva se sentó en el taburete y se llevó a los labios su vaso, que consumió con rapidez, como si deseara concluir aquel compromiso cuanto antes. Pero mi segunda copa me hizo mucho más feliz que la primera y ya tenía un objetivo ante el que no podía detenerme.

—¿Cómo se enteró usted de todo eso? —pregunté—. Tuve la sensación de que cuando me visitó en la Biblioteca no me escuchaba.

A decir verdad, la locutora brillante e inteligente de hacía una hora me resultaba antipática y no me atraía en absoluto, pero aquella mujer que se había paseado entre los manuscritos que documentaban las empresas heroicas del siglo XVII con la misma atención con que hubiese examinado un campo yermo, me impresionaba.

—Soy una profesional —dijo, en el tono en que deben decirse esas cosas.

—Lo sé —admití—. Dígame, ¿por qué lloraba?

Eva sonrió a su vaso vacío. Volvió a ser la mujer de la Biblioteca.

—A veces lloro —dijo, como si aquello no tuviera ninguna importancia—. Ha sido por algo insignificante. Ya se me ha pasado.

—No parece usted muy contenta —dije, aunque ella empezaba a estarlo.

Se encogió de hombros.

—Tome usted otra copa —sugerí, y llamé al camarero, que, con una seriedad desacostumbrada, me atendió.

Eva tomó su segunda copa más lentamente. Se apoyó en la barra con indolencia y sus ojos miopes se pusieron melancólicos. Me miró, al cabo de una pausa.

—¿Qué quieres? —dijo.

—¿No lo sabes? —pregunté.

—Todos los novelistas... —empezó, y extendió su mano.

Fue una caricia breve, casi maternal. Era imposible saber si Eva me deseaba. Era imposible saber nada de Eva. Pero cogí la mano que me había acariciado y ella no la apartó. Sus ojos no se abandonaron en los míos, aunque su mano me pertenecía e intuía que su cuerpo no iba a oponer resistencia alguna. El camarero me dedicó una mirada de censura. Cada vez me entendía menos. Pero Eva seguía siendo un enigma. Durante aquellos minutos —el bar vacío, las copas de nuevo llenas, nuestros cuerpos anhelantes— mi importante papel en el mundo se desvaneció. El resto de la historia fue vulgar.

Soledad Puértolas, *Una enfermedad moral,* Trieste, Madrid, 1983, págs. 31-45.

RAÚL RUIZ

EL MUSEO DE CERA DE DUBROVNIK

Luna, de tierra espejo
y del cielo resplandor.

LOPE DE VEGA,
El amor enamorado.

Para Luis Rodríguez, este recuerdo
yugoslavo, por el que sintió predilección.

Si no llega a ser por aquel hombrecillo, jamás habría visitado tan singular museo. No sé cómo logró convencerme. Quizás la insistencia, quizás mi disponibilidad ante lo insólito, quizás me sedujo su enfático italiano *(Il miglior museo del mondo. Cosí bizzarro como un pavone de due code).* ¿Podría negarme ante tal reclamo?

Llegamos a la puerta del museo y el hombrecillo llamó. Abrió una mujer gorda, con cara de hastío tras el antifaz de servil reverencia. Me hizo pasar a una sala de espera, donde un hombre hojeaba maquinalmente una guía de Yugoslavia. Alzó la vista y me saludó con insulsa, anodina urbanidad. Iba a sentarme, cuando de una puerta que estaba al fondo salió una mujer de unos treinta y tantos años, más castigada por el aburrimiento y la falta de alicientes que por el tiempo. El hombre se levantó y se acercó a ella: «¿Vale la pena, cariño?» «No, será mejor que no entres.» «Pero....» «Vamos, vamos ya. No insistas.» El marido la siguió sin ofrecer mayor resistencia.

«Su turno», me dijo la mujer gorda. Al parecer, la visita tenía que ser individual. Mientras la pareja salía a la calle yo entraba en la única sala del intrigante museo. La sorpresa casi me hace estallar en una carcajada: en medio de la sala un personaje de cera presidía el vacío más absoluto. ¿Dónde residía la gracia del museo?, ¿dónde el pavo real de dos colas?

Apenas habían cruzado por mi mente estas interrogaciones, cuando me di cuenta de que el pliegue de aquellos párpados, las pupilas brillantes y la mueca de su boca insinuaban las facciones de una mujer, una mujer que me hablaba de la insidiosa vida cotidiana, la insoportable bondad de su marido, la insustituible imagen de su primer novio, aquel al que dio su primer beso de amor, de mujer, en una verbena de San Juan, cuando se estaba fraguando, sin embargo, la despedida, el desencuentro, ese viaje que él se obstinaba en hacer para ampliar estudios, llegar a ser un gran arquitecto, el mejor... Después, ni fue al extranjero, ni es el mejor: uno de tantos que cobran por firmar, se doblegan ante los intereses de los constructores... y, quizás, de vez en cuando, se muestra humano al recordar aquella verbena de San Juan, aquella desesperada despedida..., que ella jamás olvidará, a pesar de su vida plácida, su marido, sus hijos, el tiempo...

De pronto, el frío rostro de cera mostró síntomas de deshacerse como por efectos de un calor que, en rigor, no hacía. Mi asombro se multiplicó al observar detenidamente aquel rostro..., que ya no era el de la mujer, sino que había adoptado mis rasgos faciales.

Tras ese momento de estupor y sin ser consciente de lo que hacía, di rienda suelta a los recónditos, inconfesables secretos de mi intimidad.

Me turba pensar que algún desconocido o desconocida ya se habrá enterado de ellos, tras su paso por el museo de cera de Dubrovnik.

RAÚL RUIZ, *El alfabeto de la luna*, Montesinos, Barcelona, 1992, págs. 61-65.

ENRIQUE VILA-MATAS

ROSA SCHWARZER VUELVE A LA VIDA

> No tengo más que treinta años.
> Y, al igual que los gatos, siete ocasiones para morir.
> (...) Morir
> es un arte, como todo.
> Yo lo hago excepcionalmente bien.
>
> SYLVIA PLATH, *Lady Lazarus.*

Al fondo de este museo de Düsseldorf, en una austera silla del incómodo rincón que desde hace años le ha tocado en suerte, en la última y más recóndita de las salas dedicadas a Klee, puede verse esta mañana a la eficiente vigilante Rosa Schwarzer bostezando discretamente al tiempo que se siente un tanto alarmada, pues desde hace un rato, mezclándose con el sonido de la lluvia que cae sobre el jardín del museo, ha empezado a llegarle, procedente del cuadro *El príncipe negro,* la seductora llamada del oscuro príncipe que, para evitarla a adentrarse y perderse en el lienzo, le envía el arrogante sonido del tam-tam de su país, el país de los suicidas.

Yo sé que Rosa Schwarzer, en su desesperado intento de apartar el influjo del príncipe y la tentadora propuesta de abandonar el museo y la vida, acaba de refugiar su mirada en los tenues colores rosados de *Monsieur Perlacerdo,* que es otro de los cuadros de esa sala que tan celosamente custodia y en la que si ahora alguien osara irrumpir en ella se encontraría con una eficiente vigilante que de inmediato interrumpiría su bostezo y, poniéndose en pie, rogaría al intruso que, a causa de la frágil alarma, hiciera el favor de no aproximarse demasiado ni a Monsieur Rosa ni al Señor Negro.

Lo dicho, Rosa Schwarzer está ligeramente alarmada esta mañana.

¿Influye en todo esto el lunes que ayer le tocó vivir? Yo diría que sí. Ayer Rosa Schwarzer cumplió los cincuenta años y, como el museo cierra los lunes, creyó que dispondría de toda la mañana para preparar el almuerzo de aniversario. Pero ya desde el primer momento todo se le complicó enormemente. Para empezar, despertó angustiada, moviéndose como un títere, a tientas en el vacío incoloro e insípido de su triste vida. Después, ese vacío cobró un ligero color gris, como el del día.

Esta vida para qué.

Yo sé que Rosa Schwarzer dijo eso en la duermevela de ayer y que también lo ha dicho en la de hoy, pero que a diferencia de esta mañana, ayer se despertó sin la conciencia de haberlo dicho, ayer simplemente comenzó a preparar el desayuno para su marido y los dos hijos, que le habían asegurado que, aun siendo laborable para ellos, iban a hacer un esfuerzo y se reunirían todos a la hora del almuerzo y probarían con el placer de siempre aquel lechón asado que nadie sabía cocinar mejor que mamá Rosa, así la llaman todos.

Así me llaman, piensa ahora Rosa Schwarzer mientras escucha el rumor de la lluvia en el jardín, mientras siente que es atraída por el sonido del tam-tam del país de los suicidas.

Yo sé que ayer, tras el despertar de títere angustiado, el segundo contratiempo fue la inesperada deserción de Bernd, el hijo mayor, que durante el desayuno dijo que le era imposible estar presente en el almuerzo, lo que aprovechó el padre para excusarse él también y decir que andaba muy ocupado y que le guardaran su parte de lechón asado para la noche.

En silencio Rosa Schwarzer se mordió los labios y se dijo que todo aquello no retrasaba el desayuno, que estaba ya casi preparado, pero que de alguna forma lo que ya sí estaba retrasando era la hora del almuerzo, pues había otras cosas que se estaban cruzando peligrosamente en su camino, reclamando con fuerza su atención. Y es que, al dejar que su mirada vagara distraídamente por la cocina, había visto, junto a los cafés, los quesos, el té, los panes de centeno con cominos, las mermeladas y los embutidos, el corazón solitario de una incolora botella de lejía que, de tener la facultad de cobrar vida, se habría animado sin duda en forma de triste títere perdido en el vacío insípido de aquella no menos triste cocina.

Pensó en lo fácil que era morir y en que no debía dejar para otro momento aquella magnífica ocasión. Bastaban unos sorbos de lejía y se borraría de golpe toda aquella cotidianidad de imágenes grises, de maridos sin alma, de aburrimiento mortal en el museo. Pero cuando ya estaba a punto de agarrar la botella, se le ocurrió pensar en el desgraciado de su marido o, mejor dicho, en su desgraciado marido, y de repente descubrió que había algo en el aire de la mañana, en ese estar allí sola en la triste cocina, que le removía la sangre de un modo no desagradable. En realidad su marido, engañándola a diario de aquella forma tan zafia con la vecina (y creía el muy desgraciado que ella no lo sabía), era merecedor de compasión y necesitaba ser ayudado, y aquella no dejaba de ser una buena razón, simple pero muy importante, para seguir viviendo, para seguir preparando el desayuno, para seguir intentando que su marido recuperara la alegría y volviera a ser aquel hombre encantador que había ella conocido en el parque de Mofgarten, una maravillosa mañana de domingo de hacía treinta años que no merecía ser borrada por una botella de lejía cualquiera.

Antes de transportar el desayuno a la sala y para celebrar que había dejado escapar aquella óptima ocasión de quitarse la vida, Rosa Schwarzer tomó un café muy cargado que la llevó a dar un nuevo repaso del paisaje de la cocina prescindiendo en esa ocasión de la presencia obsesiva de la lejía, es decir, que vio los otros cafés, los quesos, el té, los panes de centeno con cominos, las mermeladas y los embutidos, pero no vio, o no quiso ver, la maldita lejía.

El café la despertó casi salvajemente y, por un momento, como si se tratara de un breve anticipo de lo que hoy podría tocarle vivir en el museo, vio los remotos paisajes del país de un oscuro príncipe extranjero. El café la desveló de tal modo que la hizo entrar en la sala con un paso excesivamente vivo y acelerado, y por poco no derribó la bandeja sobre la inocente cabeza del hijo menor, enfermo de muerte sin él saberlo, el pobre Hans.

Mi pobre y querido Hans, pensó ella mientras abría la ventana y el aire frío de la mañana entraba de golpe en toda la sala, y Rosa Schwarzer se quedaba pensando en la infinita desgracia de su hijo, y se le ocurría entonces de repente pensar en arrojarse al vacío o, mejor dicho, al duro patio de la vecina, aprovecharse de aquella segunda ocasión, tan fácil como inmejorable, que se le presentaba para quitarse la vida y alcanzar la libertad al desprenderse de todo y de todos, salir por fin de este trágico y grotesco mundo. Pero pronto cayó en la cuenta de que su hijo la necesitaba aún mucho más que su marido, y que aquella sí que era una verdadera razón para seguir viviendo. Y para decirse que seguiría viva, perfectamente viva, Rosa Schwarzer probó un queso.

Cuando los tres hombres de la casa marcharon al trabajo, comenzó a vestirse, y lo hizo tan lentamente que acabó tardando mucho más de lo habitual en arreglarse para salir a la calle. Se entretuvo contando las canas que le habían salido a lo largo de la última noche, y pensó en comprarse una peluca, pero entonces se acordó de un extraño individuo que había conocido en la infancia. Un hombre que en su trágica desesperación arrancaba, brutalmente, los pelos de su peluca. No deseaba que le ocurriera a ella algo semejante. Por cierto —pensó—, ¿qué se habrá hecho de ese hombre? Y otra cosa, ¿adónde van a parar las pelucas cuando mueren?

Estuvo haciéndose preguntas de ese estilo y retrasando deliberadamente la hora de comprar el lechón hasta que finalmente, y ya bastante tarde, salió a la calle. El aire y los colores del mediodía se desplegaron ante ella, frescos, tonificantes y nuevos, mientras procuraba alimentar hacia sus labores de ama de casa esa pasión amorosa que, incluso inconfesada, enciende el corazón de tantas de ellas en cuanto saben de la dulzura secreta y del furioso fanatismo que se puede cargar sobre la práctica cotidiana más vulgar, el trabajo doméstico más humillante, porque en el fondo —pensó Rosa Schwarzer— no hay nada comparable a la íntima satisfacción de ver el plato humeante servido con admirable puntualidad a la hora del almuerzo.

Eso pensaba Rosa Schwarzer ayer por la mañana, pero al mismo tiempo y, entrando en violenta colisión con sus convicciones más íntimas, se dijo que el lechón asado podía aguardar, es más, que no estaría ni por casualidad preparado a la hora del almuerzo, y se declaró en huelga de celo, y comenzó a caminar más despacio, a fuego lento. Y a fuego lento le subió la sangre a las mejillas cuando decidió que haría una simple ensalada de patatas (después de todo, para ella y para Hans era del todo suficiente), y luego pensó que no, que nada, que no prepararía un solo plato y que, además, la desgracia de Hans era demasiado grande como para estar todavía planeando optimistas ensaladas, y que en definitiva la vida era peor que una estúpida patata, y que se mataría, sí, se mataría sin ya más dilación. Después de todo, allí estaba el maldito asfalto brillando al sol y brindándole la oportunidad de arrojarse bajo las ruedas de algún coche y acabar así, de una vez por todas, con el engorroso asunto del lechón asado, el marido infiel, la ensalada de patatas, los cubiertos y el mantel, el infinito tedio de las mañanas en el museo, la col y las lechugas, el hijo menor al borde de la muerte, los platos humeantes servidos con admirable puntualidad a la hora del almuerzo.

Ya estaba buscando el coche que le segara la vida cuando de pronto cayó en la cuenta de que en realidad algo muy hondo se había roto en ella en las primeras horas de la mañana, de aquella fría y extraña mañana, porque, bien pensado, no dejaba de ser raro que, después de tantos años de no reflexionar acerca de la vida y de las cosas, en las últimas horas no hubiera parado de hacerlo. Y pensó que era en el fondo muy estimulante ver cómo su frágil vitalidad se había ensombrecido de aquella forma tan tétrica pero al mismo tiempo tan peligrosamente atractiva. En otras palabras, su vida, al entrar en el reino de lo oscuro y de la desesperación, se había convertido paradójicamente en algo por fin un poco animado. En algo parecido a una de esas películas que se inician con una fotografía en blanco y negro en la que, a fuerza de insistencia, es posible ir viendo más y más en ella, hasta que la imagen va cobrando color, y un discreto argumento se pone en marcha. Así se estaba animando —no mucho, tan sólo discretamente, pero algo era algo— su vida. ¿Por qué entonces quedar atrozmente desmaquillada bajo las ruedas de un coche si en realidad nada le interesaba tanto como saber qué sucesos —discretos, pero a fin de cuentas sucesos— le depararían las horas siguientes?

Todo eso le pareció una razón más que suficiente para dejar pasar aquella nueva ocasión de matarse. Para celebrar que había decidido continuar viva, entró en el Comercial a tomar un té, y lo hizo con la satisfacción de quien por fin se atreve a tomar una decisión largo tiempo aplazada, pues hacía años —desde que se casara o tal vez desde mucho antes— que no entraba a solas en un bar. Por eso, al apoyarse en la barra y pedir el té, sintió que estaba viviendo unos momentos de intensa libertad. Se sentía muy contenta, casi feliz, pero cuando le sirvieron el té, y cuando más precisamente estaba viendo la vida en rosa —el tapizado del local, que era de ese color, contribuía en parte a ello— reparó en un hombre, un borracho probablemente, que se tambaleaba de forma extraña a pocos metros de ella. Le recordó, sin saber muy bien por qué, al hombre de la peluca que había conocido en su infancia. A pesar de que hacía horas que había dejado de llover, el hombre seguía llevando puesta la capucha de su vieja y oscura gabardina. A estas hora y ya tan borracho, pensó Rosa Schwarzer. Y poco después, con cierto horror, vio que estaba aproximándose a ella. Entonces le reconoció y se tranquilizó. Era un tipo del barrio al que había visto ya muchas veces y del que se comentaba que andaba siempre perdido, llorando por los rincones de las tabernas.

—Buenas noches —le dijo el hombre, con exquisita y sorprendente amabilidad. Tenía unos treinta años y era bastante guapo y parecía triste.

—Querrá decir buenos días —le dijo ella.

—Sepa usted que sólo existe la noche, la oscuridad. Sólo hay una historia que suceda a la luz del día. ¿Ha oído hablar de ese hombre que sale de una taberna del puerto a primera hora de la mañana?

—Oye, Hans, no molestes a la señora —intervino el camarero. Y Rosa Schwarzer quedó un tanto sorprendida al ver que aquel hombre se llamaba igual que su desahuciado hijo menor.

—No, si no me molesta para nada —dijo Rosa Schwarzer, conmovida por el nombre de aquel borracho tan educado que, por otra parte, hablaba con cierta gracia, diríase que incluso con bastante lucidez. Apenas se le notaba que hubiera bebido.

—Ese hombre —continuó él— lleva una botella de whisky en el bolsillo y se desliza por los adoquines ligero como un barco que deja el puerto. Pronto se mete de cabeza en una tempestad...

—¡Ah! Ahora lo entiendo —le interrumpió ella—, ahora comprendo por qué lleva usted puesta la capucha.

El hombre simuló no haberla oído y completó su peculiar historia:

—Pronto se mete de cabeza en una tempestad, y dando bandazos intenta frenéticamente regresar. Pero no va a llegar a puerto alguno. Entra en otro bar.

—¿Y por qué bebe tanto? —preguntó inmediatamente ella.

Tras una casi interminable reflexión, tras darle muchas vueltas al asunto, el hombre respondió:

—Porque la realidad es desagradable.

Rosa Schwarzer se rió tímidamente.

—¡Qué gracioso! —le dijo—. ¿Y acaso no lo es también la irrealidad, amigo?

El hombre entonces se enojó y perdió la educación. Comenzó a explicar que él era un empedernido noctámbulo y que aquella noche aún no se había acostado y que lo que más le gustaba (y aquí hizo una inflexión de voz para reforzar su supuesto ingenio) era divulgar su informal y pecaminoso estilo de vida entre las almas en pena de la Internacional Cebollista de las sufridas amas de casa, tan lloronas ellas. Rosa Schwarzer, que no estaba para demasiadas bromas y que, además, recordaba que el único llorón allí era él, decidió no amilanarse y le fulminó con la mirada.

—¿Por quién me ha tomado? —le dijo ella.

Y lo repite ahora. ¿Por quién me ha tomado? Pero en esta ocasión dirige la pregunta al príncipe negro, que insiste en emitir, a través del rumor de la lluvia, el sonido del tam-tam de su lejano país, el país de los suicidas.

—¿Por quién me ha tomado? —le repitió Rosa Schwarzer al impertinente noctámbulo.

—¿Seguro que no la está molestando, señora? —intervino de nuevo el camarero.

—¡Oh, no! —reaccionó de inmediato ella, que no deseaba en modo alguno que cesara aquella secuencia en color de su recién animada vida.

—Mis disculpas, le presento mis disculpas —se apresuró a decir el noctámbulo con suma educación y todavía algo asustado por aquella mirada fulminante de una Rosa Schwarzer que se sentía capaz de todo, pues estaba convencida de que nadie había tenido —el pobre noctámbulo el que menos— una mañana tan intensa y peligrosa como la suya. Siempre al borde de la muerte y siempre dejando atrás, a última hora, el abismo. Ya eran tres las oportunidades que había desperdiciado aquella mañana, tres rotundas y claras ocasiones para matarse. Eso le hacía sentirse tan segura y era tal la confianza que en aquel momento tenía en sí misma que se atrevió a invitar al desconocido de la capucha a pasear con ella por el barrio.

—¿Acepta? Tengo que comprar cuatro cosas para una ensalada de patatas.

—Bueno, ¿por qué no? —le dijo él sin más problema. Y entonces ella, al ver que era valorada sin reservas su compañía, quedó profundamente conmocionada y le tomó tal confianza al desconocido que incluso le confesó que había estado tres veces al borde del suicidio en las últimas horas. Para contarle todo eso, empleó mucho tiempo, porque no quería que pasaran a segundo plano los detalles que ella consideraba más significativos.

—Total —concluyó al cabo de una media hora Rosa Schwarzer—, es decir, resumiendo, que esta mañana todo me parece nuevo, nada de lo que me ocurre me había sucedido antes.

El hombre se había quedado casi dormido.

—¡Eh! Pero despierte, por favor, habíamos quedado en ir a comprar unas... —no se atrevió a decir patatas—, vamos, haga el favor de despertarse, no es usted el noctámbulo que dijo ser.

El hombre se reanimó, fue al lavabo y volvió como nuevo.

—¡Qué barbaridad! —comentaría él poco después, cuando salieron a la calle y ya la confianza era mutua e incluso se tuteaban—. Pero, qué barbaridad. Mira, tienes que hacerme un favor, Rosa, lo he estado pensando bien, he estado dándole vueltas mientras tú no parabas de hablar y hablar, y yo casi me dormía, y si no me he dormido del todo es porque trataba de seguir el misterioso hilo de tu pensamiento, lo he pensado bien. Mira, tienes que hacerme un favor, Rosa. La próxima vez que quieras matarte no recurras a la lejía ni al patio de la vecina ni a las ruedas de un coche. Son muertes poco estéticas, la verdad.

—¿Y por qué piensas que habrá una próxima vez? —le preguntó ella algo sorprendida.

Por toda respuesta, el hombre le pasó entonces un botellín de whisky y le dijo que era una cápsula de cianuro y que la guardara. Ella prefirió tomar todo aquello como una broma más del noctámbulo y guardó el botellín en un bolsillo de su abrigo.

—En caso de necesidad —le dijo él— basta con decapitar el botellín y tomar el veneno de un solo trago, así de sencilla es la cosa.

—Sabes muy bien que me estás dando whisky y no veneno —le dijo ella cariñosamente, sonriendo.

—Te juro que es cianuro. El botellín sólo está para despistar, ¿es que no lo comprendes? —le dijo él mientras se quitaba lentamente la capucha de la gabardina en un gesto que ella interpretó como una señal de que estaba volviendo en sí tras la noche de alcohol que arrastraba, de que estaba volviendo a la realidad, por muy desagradable que ésta pudiera parecerle.

A las dos de la tarde seguían todavía andando, no se habían detenido en ningún colmado y tampoco —pese a que él lo había intentado— en ningún bar, andaban tropezando con el empedrado de un barrio que ya no era el suyo, y se estaban acercando al parque de Hofgarten, lejos ya de los paisajes cotidianos y también de los bares y los colmados. A él se le veía ensimismado y, sobre todo, fatigado, próximo al desmayo o a quedarse dormido en cualquier esquina, pero seguía mostrando cierta atención cuando Rosa Schwarzer le hablaba y le contaba, por ejemplo, que en Hofgarten había conocido, treinta años antes, a su pobre e infeliz marido. Y acabaron sentándose en un banco de piedra que había a la entrada del parque.

—Ahora —le dijo él—, en lugar de vigilar una sala de museo, vigilas Hofgarten entero. No está mal el cambio, no está nada mal. Hofgarten entero...

Rosa Schwarzer sonrió, no le contestó, se quedó mirando el paso de las nubes sobre el cielo gris de hielo que cubría el parque. Mi pobre y querido Hans, pensaba de vez en cuando, y no sabía si estaba invocando el nombre de su hijo, al que acababa de avisar por teléfono de que ella estaba todavía en la peluquería y que tardaría en ir a comer y que se las apañara con un pollo frío que había en la nevera, o bien pensaba en el otro Hans, en aquel que la estaba acompañando medio dormido, el pobre y guapo Hans, tan joven y cordial, el hombre de la capucha y de la cápsula de cianuro, el hombre que la había hecho alejarse del barrio, de su familia, del dolor por la enfermedad del hijo, del tedio de las mañanas en el museo y, en definitiva, de la insoportable grisalla que se reflejaba en todos los pasos de su amarga vida.

—A todo esto —dijo ella— aún no me has dicho en qué trabajas, si es que trabajas, que, claro está, lo dudo mucho.

—Yo no puedo trabajar —le respondió con afectación, como si recitara un papel muy estudiado—. Yo sólo puedo beber y llorar.

—¿Y no has trabajado nunca?

—Bueno, algunas veces, pero siempre acabaron destruyéndome, quiero decir despidiéndome. Ahora estoy en la miseria más absoluta. Me ayudaba una chica, pero ella también se quedó sin trabajo. Últimamente me ayudaba mi padre, pero se declararon en huelga en su fábrica, y en fin... Ahora no me ayuda ya nadie.

—Mi padre se pasó la mitad de su vida en huelga. Decía que era lo que más le gustaba.

Se quedaron en respetuoso silencio, ella pensando en su padre, y él pensando en el suyo y, al mismo tiempo, dando ya una cabezada tras otra. La paz del lugar era soberbia, aunque era un parque muy triste porque parecía profundamente solitario. El cielo gris de hielo que se extendía sobre él lo convertía en el más frío de los paisajes. Era aquel, sin lugar a dudas, un parque solitario y helado.

—Así que somos hijos de huelguistas —dijo él con cierta melancolía. Y poco después, dando una nueva cabezada se quedó profundamente dormido en el hombro de Rosa Schwarzer.

Ella no se atrevió a despertarlo, parecía un crimen hacerlo. Después, especuló con lo que sucedería si casualmente pasara por allí algún familiar o amigo. ¿Qué pensarían al verla junto a un desconocido que apoyaba dulcemente su cabeza en el hombro? Poco importaba lo que pudieran pensar, entre otras cosas porque nadie circulaba por allí, pues no podía ser más solitario y silencioso aquel parque en el que treinta años antes ella también le había arrancado a la vida unos breves pero intensos momentos de gran felicidad. Precisamente porque ya los había vivido, sabía que esos instantes tenían una duración muy limitada, de modo que apartó de su hombro, con gran suavidad, la cabeza del amable desconocido y, dejándole allí perdido y dormido en el viejo parque solitario y helado, emprendió el lento y doloroso viaje de regreso al barrio y a su casa.

Durante el camino le destrozó el alma la casi absoluta certeza de que nunca podría expresar, ni con alusiones, y aún menos con palabras explícitas, ni siquiera con el pensamiento, los momentos de fugaz felicidad que tenía conciencia de haber alcanzado. Esa certeza le acompañó, como un nuevo dolor secreto, a lo largo del camino de vuelta. Y cuando, dos horas después, volvió a encontrarse en las calles de su barrio, un nuevo temor se añadió a todo cuanto le preocupaba, porque se le ocurrió que su hijo Hans, que no trabajaba por las tardes, podía haber renunciado a la vuelta habitual con los amigos y estar, dadas las especiales circunstancias del día, esperándola en la casa, aguardando su regreso de la peluquería. En ese caso todo podía ser tremendo, porque él vería enseguida que no había peluquería y sí un grandioso misterio o, lo que era peor, y además rimaba con misterio: un grandísimo adulterio. Temerosa de ser descubierta, entró en la peluquería del barrio y, como no tenía tiempo para hacerse la permanente, se compró una horrenda peluca de color castaño. Y con la peluca puesta se presentó en su casa, donde por suerte no había nadie, tan sólo los huesos de un triste pollo de nevera, los restos de la comida de su pobre y querido Hans.

Muy pronto la alegría de estar sola dejó paso en la indecisa Rosa Schwarzer al sentimiento contrario, a un profundo abatimiento por aquella terrible soledad que la casa le ofrecía. Se acercó a la ventana. El cielo estaba muy blanquecino, invadido por una pátina opaca, así como en su memoria una blancura opaca iba borrando el recuerdo de las sensaciones vividas junto al noctámbulo abandonado en el parque. En su desesperación comenzó a arrancar, brutalmente, los pelos de su peluca. Tomó luego un cuchillo de cocina y pensó en hacerse el harakiri, reventarse sin contemplaciones el vientre, ofrecer sus entrañas a toda la inconsciente raza de sufridas amas de casa a las que el joven noctámbulo escandalizaba para luego antojársele un caprichoso sueño en el parque del olvido. Dejó la peluca encima de la nevera y luego la partió en dos con el cuchillo, y fue tal la tensión y el esfuerzo acumulados en el gesto que hasta cortó en seco el aire viciado de aquella cocina. Extenuada, cayó al suelo. No, tampoco en esta ocasión iba a quitarse la vida. Su pobre hijo, su querido Hans, merecía cenar caliente aquella noche. Se levantó, arrojó lo que quedaba de la peluca a la basura, se rió a solas como una loca, y probó el pan de centeno con cominos.

Pero cuando al caer la tarde su pobre y querido Hans regresó a la casa ni siquiera se interesó por el lechón asado y ni preguntó por qué ella se había entretenido tanto en la peluquería, tampoco se quejó de haber tenido que comer el pollo frío de la nevera, nada, ni la miró, y por tanto no tuvo ocasión de ver el escandaloso pelo de estropajo canoso que lucía su madre. Tan sólo la felicitó con desgana y le pidió que le cosiera dos botones de la camisa. Pero ni la miró. Rosa Schwarzer comprendió que a su hijo ella no le interesaba nada.

La aparición de Bernd, el hijo mayor, aún fue más desalentadora, porque ni se acordaba del lechón asado —en eso andaba igual que Hans—, pero por no acordarse no recordaba ni tan siquiera que fuera el aniversario de su madre, no se acordaba de nada. Se limitó a llenar de humo la sala, encender el televisor y tumbarse en el sofá. Hans entonces le recordó algo. Le recordó que una parte del sofá era suya. Discutieron. Rosa Schwarzer estaba ya fuera de sí, pensó en apagar de golpe el televisor y hablarles a sus hijos de un gesto del noctámbulo que a ella le había parecido que abría inmensas y desconocidas posibilidades de amor. Pero sabía que no podría nunca expresar la plenitud que había alcanzado hacía tan sólo un rato, y también sabía que, aun en el supuesto de que pudiera hacerlo, de que pudiera expresar lo que realmente sentía, sus hijos ni la escucharían, o bien no la creerían.

—¿Qué hay para cenar? —preguntó un exigente Bernd desde el sofá.

—La muerte —dijo ella—. La muerte, únicamente.

Lo dijo tan bajo, desde la soledad de su cocina, que ellos no alcanzaron a oírla, así como tampoco podían escuchar cómo en aquel momento era degollada una gallina. Y si no les era posible oírlo era porque esa gallina era su propia madre, que se imaginaba a sí misma de esa forma, degollada viva, y lo hacía para pensar en algo que la distrajera y la apartara de una peligrosa tentación que se le acababa de presentar en forma de nueva oportunidad para quitarse la vida. Meter la cabeza en el horno. Una muerte horrible y posiblemente lenta, se decía a sí misma mientras pensaba que lo peor de todo era que, si finalmente se decidía a inmolar su cabeza con el pelo estropajo incluido, sus hijos probablemente ni se darían cuenta. Seguirían allí en el salón discutiendo por su ridícula parcela de poder en el sofá. Imbéciles. Desgraciados. Sólo cuando todo se hubiera consumado encontrarían ellos una cabeza de madre bien asada en lugar del lechón. Una muerte horrible, pensaba Rosa Schwarzer mientras trataba de apartar sin conseguirlo aquella tremenda tentación.

Le salvó la violenta llegada del marido. Su inconfundible manera de entrar en la casa —el fuerte portazo y la tos aquella de fumador empedernido— disolvió la feroz tentación del horno, porque de pronto cobró para ella mayor interés tomar un tarro de mermelada y estrellarlo en la cara del marido infiel. Una venganza por lo de la vecina y, sobre todo, por tantos años de indiferencia y constante humillación. Merecía la pena dejar a un lado la idea del horno crematorio y gozar fugazmente de la expresión de horror y sorpresa de su marido cuando por primera vez en treinta años la viera rebelarse contra la sofocante violencia de su gran indiferencia. Pero antes de arrojarle el tarro, se dijo que apagaría las luces de la casa y los aterraría a los tres. No por el apagón sino porque con su voz ronca de gaviota chillaría en la oscuridad su nombre. Y así lo hizo, aunque finalmente no apagó las luces y se limitó al grito.

—Rosaaaaaa Schwaaaaaarzer.

Bajaron incrédulos el volumen del televisor, y entonces volvió a oírse el nombre, pero esta vez pronunciado en forma de eco veloz y muy sincopado, casi sofocado, como si estuviera en pleno ataque de hipo. Cuando todo pasó, se la oyó a ella respirar profundamente, con gran alivio y felicidad.

—Pero, ¿te has vuelto loca, mamá Rosa? —intervino el marido sujetándola violentamente por el brazo—. ¿Qué te sucede?

Una excelente oportunidad para morir, pensó ella. Esta ocasión sí que no voy a dejar pasarla, le sacaré de quicio, lo cual es fácil, y estoy segura de que me dirá que me va a matar, y entonces forzaré las cosas para que me mate de verdad.

—Bonita manera de preparar la cena —le dijo el marido—. Pero, ¿Puede saberse qué te pasa?

Respondió arrojándole el tarro de mermelada a la cara, pero no dio en el blanco, y el tarro fue a estrellarse contra el reloj de la cocina, que dejó de funcionar en el acto, lo que a Rosa Schwarzer la dejó muy satisfecha, pues pensó que al menos en la cocina el tiempo ya se había detenido y que con un poco de suerte se detendría para siempre si como esperaba el marido se decidía a matarla. Y el marido parecía tener esa intención, pues tenía la mano en alto y la amenazaba diciéndole precisamente que iba a matarla. Había que procurar que esta vez la frase no quedara, como de costumbre, en agua de borrajas. No podía ella dejar pasar aquella ocasión inmejorable, aquella inigualable oportunidad —quién lo iba a decir, la sexta en un solo día— de alcanzar la muerte.

Desde el umbral de la cocina, los dos hijos la miraban entre desolados y atónitos, y como si le estuvieran reprochando algo. Era como si no quisieran perdonarle que su vida de esclava se hubiera animado ligeramente en las últimas horas, como si no pudieran admitir en modo alguno que, aunque fuera tímidamente, ella hubiera vuelto por fin a respirar, hubiera vuelto a la vida.

—De todo esto tiene la culpa el museo. Si lo sabré yo... —comentó Bernd a su padre.

Voló un nuevo tarro de mermelada, que tampoco dio en su blanco. Y poco después, una Rosa Schwarzer muy abatida, cansada de tanta incomprensión, se rendía. Se sentó en una silla y se quedó sollozando débilmente durante un rato. De vez en cuando le gritaban:

—Calla, mamá.

—Que te calles, mamá Rosa.

Se quedó allí en la silla, como si estuviera sentada en el museo, hasta que terminó la programación de televisión. Llegada la hora en que todos se fueron a dormir, se acostó sin ganas, presa de un insomnio galopante, y pasó la noche en vela imaginando todo tipo de historias que sucedían en un parque solitario y helado que convertía en noctámbulos a todos sus visitantes. Y ya con las luces

del alba, sin haber dormido en toda la noche, se le oyó
decir:

—Esta vida para qué.

Lo ha dicho en la duermevela de hoy, poco antes de
levantarse y preparar el desayuno en el que sólo ha probado una loncha de jamón mientras pedía excusas por lo
de ayer al marido y a los hijos y les explicaba que se
sintió afectada por el hecho de cumplir los años que
cumplía, y que eso era todo, y que la disculparan.

Luego, como tantos días desde hace años, se ha dirigido en bicicleta al museo, y ahora se halla en su abu-
rrida silla de siempre, muerta de sueño tras la inquietante noche, bostezando ostensiblemente mientras trata de
no dejarse seducir por la llamada del oscuro príncipe
que, para invitarla a adentrarse y perderse en el lienzo,
le envía el arrogante sonido del tam-tam de su país, el
país de los suicidas.

Yo sé que Rosa Schwarzer, en su desesperado intento
de apartar el influjo del príncipe, está refugiando su mirada en los tenues colores rosados de *Monsieur Perlacerdo,* que es otro de los cuadros de esa sala que tan celosamente custodia y en la que si ahora alguien osara
irrumpir en ella se encontraría con una eficiente vigilante que de inmediato interrumpiría su bostezo y, poniéndose en pie, rogaría al intruso que, a causa de la frágil
alarma, hiciera el favor de no aproximarse demasiado ni
a Monsieur Rosa ni al Señor Negro.

Lo dicho, Rosa Schwarzer está ligeramente alarmada
esta mañana. Y no es para menos, pues el tam-tam la
reclama cada vez con mayor insistencia invitándola a dejar el museo y la vida, y es tanta la seducción que ejerce
el príncipe negro que de un momento a otro ella podría
sucumbir ante esta nueva ocasión de quitarse la vida. A
la séptima va la vencida, piensa Rosa Schwarzer, y poco
después recuerda que aún conserva la cápsula de cianuro en un bolsillo de su abrigo, y decide probar suerte. Si
sólo es whisky tal vez le ayude a despertarse, porque se
está cayendo de sueño, aunque no está segura de que el

whisky despierte, nunca ha probado una gota de alcohol y no sabe cómo puede sentarle, pero se arriesgará. Y si no es whisky sino cianuro viajará al otro lado de la existencia, a ese otro mundo, lejano y seductor, en el que vive el príncipe de los suicidas, su enamorado.

De un solo y fulminante trago ingiere el veneno, y casi de inmediato el tam-tam la envuelve con la más cálida sensualidad, aunque también bestialidad, porque tiene la sensación de que ha caído muerta. Tal ha sido el impacto, la fuerza del rápido descenso del líquido en el estómago. Súbitamente mareada de muerte, ella da una fuerte cabezada hacia adelante y cuando está ya a punto de desplomarse siente que ha entrado en el cuadro y que avanza por un extraño pasadizo de un color gris plomizo que la conduce a una explanada de fuerte colorido en la que se extiende un altar precedido de varios escalones, cubiertos por una alfombra de un color verde muy intenso, nunca visto por ella antes. Cerca ya del altar y, a la sombra de una gigantesca palmera, descubre una estatua que evoca a un hombre herido mortalmente por una daga que se ha clavado en el corazón. Su corazón de suicida enamorado. Es el príncipe negro que en cuanto cobra vida comienza a celebrar la llegada de su amor y, valiéndose de una danza tan delirante como prolongada, convoca a todos los suicidas del reino a la gran explanada desde cuyo altar habrán de tener lugar los festejos de agasajo a la recién llegada. De todas las innumerables chozas bañadas por un océano de muy cristalinas aguas surgen súbditos con trajes de gala que, según le aclara el príncipe, imitan lo inimitable: el humo azul ardiente de África.

La felicidad mata y estos suicidas imitan no lo inimitable sino lo inexistente, piensa Rosa Schwarzer, mientras recuerda que también la irrealidad es desagradable. Y es que a pesar de la exultante belleza del príncipe, del humo azul ardiente y del deslumbrante país en el que se encuentra, comienza a sentirse incómoda en esa cultura incomprensible, en ese lejano y misterioso lugar en el que se celebra la muerte. Como si hubiera leído en su pensamiento, el príncipe, tras lamentar que no haya sabido apreciar el brillo de las estrellas que en honor de ella lanzan fuegos de artificio en el viejo y helado cielo de su país, le advierte que sólo podrá dar marcha atrás en su viaje si inhala el humo azul ardiente del país de los suicidas. Un humo altamente tóxico. Rosa Schwarzer comprende enseguida que se trata de volver a suicidarse, en este caso de practicar el gesto al revés, un suicidio que la haga caer, no del lado de la belleza sino del lado opuesto, del lado de la vida. Y Rosa Schwarzer no lo piensa dos veces, se acerca a una de las columnas de humo y aspira profundamente, con todas sus fuerzas, y en tan sólo unos instantes se halla de nuevo sentada en su silla del museo, junto a la que descansa, rota en mil pedazos, la cápsula embriagadora.

Nadie ha presenciado el fulgurante viaje. Y Rosa Schwarzer, eficiente vigilante, abre bien los ojos y, todavía algo mareada, recompone su figura mientras comprueba que todo sigue igual. O mejor dicho, casi todo sigue igual, porque ya no se aprecia el reclamo enamorado y constante del tam-tam de los suicidas. Inmóviles están ahora el negro del príncipe y el rosa del Monsieur. En el fondo, todo está en perfecto y triste orden. Con sentimiento amargo pero en el fondo también muy aliviada, Rosa Schwarzer siente que ha vuelto a sumirse en la grisalla de su vida, y se encuentra bien, como si hubiera comprendido que después de todo no sabemos —lo diré con las palabras del poeta— si en realidad las cosas no son mejor así: escasas a propósito. Tal vez sean mejor así: reales, vulgares, mediocres, profundamente estúpidas. Después de todo, piensa Rosa Schwarzer, aquello no era mi vida.

ENRIQUE VILA-MATAS, *Suicidios ejemplares,* Anagrama, Barcelona, 1991, págs. 43-62.

PEDRO GARCÍA MOLTALVO

LA CONDESA ÁNGELA DE YESTE

El criado los introdujo en un saloncito del piso superior. Una vez allí, reiteró a los dos visitantes lo que ya les había dicho a la entrada: su señor no estaba en casa, y tampoco su señora. Pero acaso no tardarían en volver. ¿Pensaban todavía esperar sus excelencias? De ser así podían acomodarse en aquel pequeño salón. Orientado como estaba al mediodía, conservaba todo el frescor de la mañana; y, además, tendrían una excelente vista del Huerto. Si deseaban contemplarlo, no tendrían más que acercarse al balconcito acristalado, e incluso podrían iniciar su elección de las flores. Si sus amos tardaban, siempre quedaba la posibilidad de que los acompañara Juliana, la doncella, para ver de cerca las plantas, sin que tuvieran que preocuparse del sol, porque la muchacha sacaría la sombrilla y harían así de manera confortable el recorrido, hasta concluirlo en el invernadero. Pero acaso sus excelencias preferían volver a su coche y regresar a la hora de la comida...

La condesa consultó a Pierre con la mirada y dijo que esperarían gustosamente la vuelta de los señores de la casa. Encontraba muy divertido a aquel criado un tanto nervioso por la ausencia de sus amos pero, sobre todo, por la presencia de una hermosa aristócrata bajo su techo y su cuidado. El hombre se despidió de ellos con

ademanes reverentes y procurando no volverles en ningún momento la espalda, hasta que hubo salido rozando
las densas cortinas de terciopelo que franqueaban la entrada a la habitación. Pero aún asomó un instante después, con la expresión desolada de quien ha cometido
una falta imperdonable, para preguntarles:

—¿Desean ustedes tomar algún... algún refrigerio?

Ángela negó con la cabeza, dirigiéndole su sonrisa en-
cantadora, y Pedro Sanjinés levantó ligeramente los
dedos, sin decir nada. Su gesto desesperó todavía más al
criado, pues no sabía si interpretarlo como negación o
como asentimiento. Resolvió por fin desaparecer en tanto que no volvieran los dueños del Huerto.

Pierre los conocía desde hacía años. El Huerto de
Mambrú era ya célebre por aquella época, poco después
de que se proclamara la República, y debía su nombre al
primitivo propietario del lugar, que era francés, y que
había puesto los fundamentos del actual vergel. La de-
signación popular había acabado por triunfar sobre todo
otro nombre, aunque no hiciera justicia a don Fernando,
sucesor del antiguo dueño y verdadero artífice de aquella casi impenetrable floresta. La condesa de Yeste deseaba conocer aquel paraje desde tiempo atrás, y quería
regalar un ramo de flores muy particular a alguno de sus
parientes murcianos. Pedro, o Pierre, Sanjinés la había
acompañado fielmente, según era su placer, o, como decía Ángela, su «obligación».

Los dos se levantaron casi en seguida de los cómodos
butacones para acercarse al balcón, destacado en la
agradable penumbra. Los visillos de encaje, de artesanía
popular, encantaron a la condesa, pero cuando el brazo
de Pierre los apartó, descubriendo la imagen del Huerto
bajo el sol de las once, toda otra consideración abandonó el espíritu de Ángela. Superado el violento contraste
del saloncito oscuro y fresco con el reino omnipotente
de la luz, los ojos, habituándose poco a poco a aquella
riqueza, iban diferenciando todas las gamas del color en
medio de aquella escena verde y esplendorosa.

La condesa miró a Pierre con una sonrisa, en la cual, con una ligera matización de los labios altivos, expresaba su agradecimiento y su amistad. La sonrisa se acentuó después, sin motivo aparente, mientras que su delicada mano terminaba de abrir uno de los cristales, menos separado de la baranda del balcón que su opuesto, hasta revelar el panorama completo del vergel.

Pierre sacó una pitillera y le ofreció un cigarrillo.

—¿No crees —djo la condesa— que deberíamos tener siempre ante los ojos un espectáculo tan precioso, tan pleno como éste, que nos atara con fuerza al presente?

—Quizá. Pero estas imágenes convidan también, a menudo, a la memoria y al recuerdo.

—¿Al recuerdo? ¿Y quién quiere recordar?

Pierre sonrió. Los ojos de la condesa le devolvieron la sonrisa y luego retornaron al Huerto. Su acompañante sintió un recóndito placer al verla hacer ese movimiento, pero no supo decirse en qué consistía. Decidió pues gozar de la vista, como hacía ella, y olvidó pronto esa intensa y pasajera sensación. Desde aquel balcón acristalado podía verse, en efecto, como se les había asegurado, el conjunto de sus entreverados árboles y de sus viveros, desde los álamos y los cipreses adosados al cuerpo norte de la casa —del que apenas se divisaban entre la espesura las altas ventanas mallorquinas— hasta las sombrías e impenetrables moreras que cerraban la parte opuesta. Quedaban en primer plano los profusos arriates, limitados por una rosaleda que parecía arder bajo el influjo de un sol cegador, acentuando por contraste la impresión de húmeda penumbra que era consustancial al huerto a pesar de la claridad de todas sus flores. En el límite de esa tentadora umbría brillaba uno de los cultivos que mantenían el precio de la casa: las liliáceas. Los iris morados, las azucenas blanquísimas y los lirios. El Huerto de Mambrú prodigaba en su centro sus famosos claveles, de un blanco y un ocre zurbanescos. Pero no era el detalle lo que atraía tan poderosamente en la imagen así contemplada, sino el equilibrio deducible en mitad de aquella sensación de espesura, de abigarrada techumbre vegetal. La precisión, la norma con que el sol viajaba en el cielo sobre sus flores, parecía reflejarse en la armonía misma de las líneas y ritmos de aquel paisaje menor —acotado por el hombre en mitad de las luminosas sombras de sus árboles entrecruzados y oscuros— de la misma manera que su destello amarillo era mimetizado por el agua en calma de los invisibles canales.

—Algo que hace también muy agradable el Huerto es el hecho de que no esté cerrado —dijo la condesa después de aquella larga pausa.

—Sí, está cerrado. Y por la más inmisericorde de las verjas —replicó Pierre, señalando la línea airosa de las moreras, entre las cuales llegaban oscuros reflejos.

—¿Una acequia? —preguntó la condesa.

Pierre asintió. Antes de continuar hablando acercó la mano hacia un cenicero de plata. La ceniza quedó en su sombra.

—Efectivamente. Se trata de una acequia.

—¿Y nadie ha intentado salvarla para robar flores?

—Sin duda. Pero hace años se ahogó un niño, y la corriente cobró una fama tenebrosa. Si alguien lo intentó después sería por ignorancia de aquella triste muerte.

Ángela quedó pensativa.

En el Huerto, una sutil variación de los rayos del sol había enrojecido el hermoso fondo de casuarinas, destacando en negro sus miríadas de hojas. Los débiles hilos de agua que corrían entre las flores destellaron al unísono como oro. Una brisa suave acariciaba el perfume denso varado en la mañana, trayéndolo hacia el balcón acristalado.

—Recuerdo —dijo la condesa— que, siendo pequeña, mi aya y los criados, que procedían casi todos de las huertas, hablaban a veces con ánimo misterioso de quienes morían en las acequias. Todos los años había alguna víctima, varias víctimas por lo común. Y a menudo se trataba de niños. El día que pude ver la primera acequia la observé con un terror reverencial, como si yo misma estuviera destinada a morir en sus aguas sin remedio. Y luego estaba aquel color ocre impetuoso, la falta de transparencia, la opacidad y la oscuridad. Era como contemplar una fiera mal capturada, cuyos hierros parecen estar a punto de romperse en cualquier momento... Recuerdo la sensación de vértigo cuando mi hermano se puso de pie en el pretil, y los gritos del aya. Nunca olvidaré aquella impresión.

—Tenías razón antes, Ángela —dijo Pierre—. Quizá el recuerdo es por esencia turbulento y amargo, como el agua de las acequias, y nosotros tratamos de apaciguarlo en la memoria... Pero ya ves que ha surgido, como yo decía, aún a pesar nuestro, en este escenario que no debía recordarnos nada.

La condesa sonrió y encendió otro cigarrillo. Como siempre su rostro sugería la idea de plenitud: los grandes ojos negros, las leves y hermosas ojeras.

—Fumo demasiado, bien lo sé, pero me agrada este exceso. Quizá por eso me agrada también la exuberancia de este huerto.

—¿Todo en demasía?

—¿Te ríes de mí, Pierre? Pero no me importa contestar a tu pregunta. No todo en demasía. Pero algunas cosas sí, porque no existiría sin ese exceso, ¿no es cierto?

Su acompañante quedó pensativo. Luego la miró con una sonrisa maliciosa, como invitándola a adivinar la respuesta que iba a darle. Por fin dijo:

—No existiría, por ejemplo, Ángela de Yeste.

—Sí, pero tampoco tú existirías, mi querido Pierre.

Esta vez los dos sonrieron. La mejor prueba del cariño y la amistad que la condesa sentía por él estaba, según la acertada observación de los envidiosos, en que sólo ante Pierre deponía un tanto esa mirada irónica de los ojos negros que desarmaba a todos, y esa distancia que otorga, no ya una selecta ascendencia, sino un intenso pasado vivido hasta el hermoso límite. Sólo ante él se mostraba la condesa de Yeste con sus dudas y sus debilidades, ya no como la mujer segura de sí misma que era siempre, altiva y desdeñosa.

Ángela volvió la mirada una vez más a la espesura del Huerto y Pierre admiró su rostro grave y sereno.

—Es como un pequeño paraíso —dijo ella.

Y entonces supo Pierre en qué consistía esa sensación que se había apoderado de él minutos antes. Había visto a la inaccesible condesa de Yeste mirando hacia la belleza del Huerto. Había visto a la belleza contemplando la belleza, y en esa misteriosa duplicación radicaba el escondido encanto. Sin duda lo que era hermoso en ambas hermosuras era distinto para cada una de ellas, y aludía a aspectos diferentes de la naturaleza. La condesa tenía en sí la elegancia y la finura que da el placer, la negación del sufrimiento, el apasionado deseo, las noches hasta el alba y el tamiz del alcohol. No sería tan honda, tan irremediable, la expresión de su boca o de sus ojos, sin todas las madrugadas de su pasado y sin el éxtasis. La sabiduría de su clan aristocrático unida a la sabiduría de las noches semidormidas: todo lo que rasgaba sus ojos inmensamente vivos. Goethe dijo que la naturaleza ama el lujo, y la condesa era, en lo humano, ese aspecto mismo de lo natural. El lujo de los sentimientos es, empero, peligroso y hiere los ojos con una huella luminosa. Así era de bella Ángela de Yeste.

La condesa arregló el broche de finas esmeraldas, un tanto desprendido de la solapa de su chaqueta negra. Luego dejó la ceniza de su cigarrillo en la sombra de plata, con un leve gesto de la mano y volvió a descansar su mirada en el Huerto, y acaso su pensamiento en Pierre. Y éste contempló en silencio la belleza que miraba a la belleza, recuperando esa sensación a través de la cual había tenido una peculiar intuición de la infinita y hermosa hondura del mundo.

PEDRO GARCÍA MONTALVO, *La primavera en viaje hacia el invierno*, Editora Regional Murciana, Murcia, 1981, páginas 27-34.

JAVIER MARÍAS

LO QUE DIJO EL MAYORDOMO

[«Durante una reciente y breve estancia en Nueva York me sucedió una de las dos cosas que los europeos más tememos en esa ciudad: quedé atrapado por espacio de media hora en el ascensor de un rascacielos, entre el piso 25 y el 26. Pero no quiero hablar del miedo que pasé ni de la justificadísima sensación de claustrofobia que me hizo chillar (lo confieso) cada pocos minutos, sino del individuo que viajaba conmigo cuando el ascensor se paró y con quien compartí esa media hora de confidencia y temor. Era un hombre de aspecto atildado y circunspección extrema (en situación tan apurada, él sólo gritó una vez, y cesó en cuanto supo que habíamos sido oídos y localizados). Parecía un mayordomo de película y resultó ser un mayordomo de la vida real. A cambio de alguna información incoherente y dispersa acerca de mi país, él me contó lo siguiente mientras esperábamos en el amplio ataúd vertical: trabajaba para un adinerado matrimonio joven compuesto por el presidente de una de las más famosas e importantes compañías americanas de cosméticos y su recién adquirida mujer europea. Vivían en una mansión de cinco pisos; se desplazaban por la ciudad en una *limousine* de ocho puertas y cristales velados (como la del difunto presidente Kennedy, puntualizó), y él, el mayordomo, era uno de los cuatro criados a su servicio (todos de raza blanca, puntualizó). La afición favorita de aquel individuo era la magia negra, y ya había logrado hacerse con un mechón del cabello de su joven señora, cortado mientras ella sesteaba en un sillón una tarde de sumo verano y sumo sopor. Todo esto lo contaba con gran naturalidad, y mi propio pánico me hizo escucharlo con relativa naturalidad también. Le pregunté por qué había cortado cruelmente aquel mechón, si es que ella lo trataba muy mal.

"Aún no", respondió "pero antes o después lo hará. Es una medida de precaución. Además, si algo sucede, ¿de qué otro modo podría vengarme? ¿Cómo puede vengarse un hombre hoy en día? Por otra parte, la práctica de la magia negra está muy de moda (*is very fashionable*, dijo) en este país. ¿En Europa no?" Le dije que creía que no, con la excepción de Turín, y le pregunté si no podía hacer algo con su magia negra para que saliéramos del ascensor. "Lo que yo practico sirve sólo para vengarse. ¿De quién quiere usted que nos venguemos, de la compañía constructora de ascensores, del arquitecto del edificio, del alcalde Koch? Puede que lo lográramos, pero eso no nos haría salir de aquí. No tardarán." No tardaron, en efecto, y una vez recuperado el movimiento y una vez llegados a la planta baja, el mayordomo me deseó buena estancia en su ciudad y desapareció como si la media hora que nos había unido no hubiera existido jamás.»

Así empezaba un artículo que, con el título de «La venganza y el mayordomo», publiqué en el diario *El País* el lunes 21 de diciembre de 1987. A continuación el texto perdía de vista a este mayordomo y pasaba a ocuparse sólo de la venganza. No era, por tanto, el lugar adecuado para transcribir con detalle la totalidad de las palabras de mi compañero de viaje, y además en aquella ocasión me permití alterar alguno de los datos que me confió y en realidad silenciar la mayoría. Quizá me llevó a ello el hecho de que la nacionalidad de la reina de los cosméticos fuera la misma que la mía. Pensé que no era

imposible que esa persona leyera el periódico, bien por
sí misma o porque algún conocido de España la reconociera si me atenía demasiado fielmente a las circunstancias y le hiciera llegar mi escrito. Admito que me guió
más el deseo de no poner en un aprieto a mi mayordomo
que, por el contrario, el de poner en guardia a la reina
en peligro. Ahora es quizá el momento, cuando mi gratitud hacia el primero es más difusa, aunque las probabilidades de que este otro texto llegue a los ojos de la segunda son infinitamente más escasas. No tengo, sin
embargo, otro modo de advertirla, al menos un modo
no excesivamente aparatoso. Si esa señora puede leer
periódicos, no creo en cambio que lea libros, menos aún
cuentos de un compatriota suyo. Pero eso no será culpa
mía: los libros que no leemos están llenos de adverten-
cias; nunca las conoceremos, o llegarán demasiado tarde. En todo caso mi conciencia estará más tranquila si le
brindo la posibilidad, por remota que sea, de precaver-
se, sin por ello sentirme tampoco como un delator hacia
la persona del mayordomo que tanto contribuyó a apaci-
guarme y a aligerar mi espera dentro del ascensor. El
dato alterado en aquel artículo era que el matrimonio no
era tan reciente como allí se afirmaba y que por consiguiente el mayordomo no esperaba, como le hice decir,
futuros agravios de su señora, sino que, según él, ya los
padecía continuamente. Éstas fueron sus palabras, en la
medida en que las recuerdo y sé transcribirlas; en todo
caso sin mucho orden, ya que no me siento capaz de
reproducir una conversación en regla, sino sólo de rememorar algunas de las cosas que él dijo entonces. J.M.]

Dijo el mayordomo:
—No sé si todas las mujeres son iguales en España,
pero la muestra con la que me ha tocado coincidir en la
vida es horrible. Vanidosa, poco inteligente, malcriada,
cruel, y usted me perdonará que hable así de una mujer
de su tierra.

—Adelante, no se preocupe por eso, diga lo que quiera —respondí yo generosamente, sin prestar aún demasiada atención.

Dijo el mayordomo:

—Comprendo que lo que yo diga aquí no tiene mucha autoridad ni mucho valor, y puede entenderse como un desahogo. Me gustaría que el mundo fuera de tal manera que no resultara imposible una confrontación directa entre ella y yo, entre mis acusaciones y las suyas, o entre mis acusaciones y su defensa, sin que ello tuviera consecuencias graves para mí, me refiero a un despido. No crea que en la actualidad hay tantas familias que puedan dar empleo a un mayordomo, ni siquiera en la ciudad de Nueva York, no nos sobra el trabajo, poca gente puede permitirse tener uno, no digamos cuatro, como tienen ellos. Todo era bastante perfecto hasta que ella llegó, el señor es muy agradable y casi nunca está en casa, había sido soltero desde que yo entré a su servicio, hace cinco años. Bueno, se había divorciado, y ésa es la mayor esperanza, que acabe divorciándose también de ella, antes o después. Pero puede ser después, y hay que estar prevenido. Ahora ya he completado mis cursos de magia negra, primero por correo, luego algunas lecciones prácticas, tengo el título. Todavía no he hecho gran cosa, esa es la verdad. Nos reunimos a veces a matar alguna gallina, ya sabe usted, es muy desagradable, nos llenamos de plumas, el animal pelea lo suyo, pero hay que hacerlo de vez en cuando, si no nuestra organización carecería de todo prestigio.

Recuerdo que aquel comentario me preocupó momentáneamente y me hizo prestar más atención, y por eso, para que mi temor se viera disipado por el otro temor, más fuerte, golpeé la puerta del ascensor una vez más, apreté insistentemente el botón de alarma y los de todos los pisos y chillé varias veces: «¡Eh! ¡Eh! ¡Oigan! ¡Eh! ¡Seguimos aquí encerrados! ¡Seguimos aquí!»

Dijo el mayordomo:

—Tómeselo con calma, no nos ocurrirá nada. Este ascensor es muy espacioso, hay mucho que respirar, y ellos ya saben que estamos aquí. La gente es desaprensiva, pero no tanto como para olvidarse de dos personas encerradas en un ascensor, y además necesitarán que funcione. Mi señora, su compatriota, es desaprensiva, nos maltrata a todos, o lo que es aún peor, hace caso omiso. Tiene la capacidad, que quizá se da más en Europa que en los Estados Unidos, de hablar con nosotros como si no estuviéramos delante, sin mirarnos, sin hacernos caso, nos habla sin dirigirnos la palabra, exactamente como podría hacerlo si, en vez de con nosotros, estuviera hablando con una amiga sobre nosotros, estuviera hablando con una amiga suya italiana, y aunque hablaban sus lenguas que yo no entiendo, sé que buena parte de sus charlas versaron sobre nosotros, sobre mí en particular, soy el más antiguo, una especie de responsable o jefe de todo el servicio. Ella sabe bien cómo decir algo sobre mí en mi presencia sin que nada en absoluto dé a entender que habla de mí, pero no su amiga, ella no podía evitar que sus ojos verdes me lanzaran alguna mirada de soslayo en medio de su cháchara en lengua latina, cualquiera que fuese. Con todo, durante las semanas que su amiga permaneció en la casa ella estuvo más distraída y se ocupó menos de mí. Usted comprenderá, ella lleva ya aquí tres años, todavía habla muy mal el inglés, con fuerte acento, a veces me cuesta entenderla y eso la irrita, cree que lo hago a propósito para ofenderla; en parte es así, pero le aseguro que me limito a no hacer el esfuerzo que tendría que hacer siempre para entenderla, un esfuerzo de comprensión y de oído, de adivinación. Lo cierto es que tras tres años de estancia, hasta una ciudad como Nueva York cansa y aburre si no se tiene nada que hacer en ella. El señor sale todas las mañanas a trabajar y no regresa hasta tarde, hasta la hora española de cenar, ella la ha impuesto. Usted quizá no lo sepa, pero los cosméticos llevan mucho trabajo, son como la medicina, hay que investigar y perfeccionar, uno no puede quedarse estancado con una gama de productos fija. Hay adelantos increíbles cada año, cada mes, y hay que estar al tanto, exactamente como en la medicina, lo dice el señor. El señor sale, trabaja durante doce horas o más, sólo está en casa por la noche y los fines de semana, poco más. Ella se aburre bastante, como es natural, ya hizo todas las compras que podía hacer para la casa, aunque sigue viviendo a la espera de las novedades de toda índole: un nuevo producto, un nuevo aparato, un nuevo invento, una nueva moda, una nueva representación en Broadway, una nueva exposición, una nueva película importante, cualquier novedad la consume al instante, en el acto, más rápidamente de lo que incluso una ciudad como ésta puede ofrecer.

Yo me había sentado en el suelo del ascensor. Él, en cambio, tan atildado y circunspecto, permanecía de pie con el abrigo y los guantes puestos, una mano apoyada en la pared y un pie graciosamente cruzado sobre el otro. Los zapatos le brillaban más de lo que es normal.

Dijo el mayordomo:

—Así, por lo general está en casa, sin nada que hacer, viendo la televisión y poniendo conferencias a sus amigas de España, invitándolas a venir, no vienen mucho, no es de extrañar. Cuando ya no puede hablar más, cuando le duele la lengua de tanto hablar y le duelen los ojos de ver tanta televisión, entonces no tiene más remedio que fijarse en mí, soy yo quien está siempre en casa, o casi siempre, soy yo quien sabe dónde están las cosas o dónde pueden conseguirse si hay que hacerlas traer. Se fija en mí, ¿comprende?, y no hay nada peor que ser la fuente de distracción de alguien. Algunas veces se traiciona a sí misma, quiero decir a su espíritu despreciativo: sin darse cuenta, se encuentra con que durante unos minutos no ha estado dándome órdenes ni haciéndome preguntas útiles, sino conversando conmigo, imagínese, conversando.

Recuerdo que en este punto me levanté y golpeé de nuevo la puerta con la palma de mi mano izquierda. Iba a volver a gritar, pero decidí tomar ejemplo del mayordomo, que hablaba con mucha calma, como si estuviéramos del otro lado del ascensor, esperándolo. Me quedé de pie, como él, y le pregunté:

—¿Y de qué conversan?

Dijo el mayordomo:

—Oh, me hace algún comentario sobre algo que ha leído en una revista o sobre algún concurso que ha visto en la televisión, está loca por uno que hay todas las tardes a las siete y media, justo antes de que vuelva el señor, está loca por *Family Feud,* hace que todo se pare a las siete y media para verlo con extremada atención. Apaga las luces, descuelga el teléfono, durante la media hora que dura *Family Feud* nosotros podríamos hacer cualquier cosa en la casa, prenderle fuego, no se enteraría; podríamos entrar en su dormitorio, donde ella lo ve, y quemar la cama a sus espaldas, no se enteraría. En esos momentos sólo existe la pantalla de televisión, sólo he visto esa capacidad de abstraerse en los niños, ella es un poco infantil. Mientras ella ve *Family Feud* yo podría cometer un asesinato a sus espaldas, podría degollar alguna de nuestras gallinas y esparcir las plumas y derramar la sangre sobre sus sábanas, ella no se enteraría. Al cabo de su media hora se levantaría, miraría a su alrededor y pondría el grito en el cielo, ¿de dónde ha salido esta sangre, de dónde estas plumas, qué ha sucedido aquí? En modo alguno me habría visto degollar a la gallina. Podríamos robar, cuadros, muebles, alhajas, podríamos traer a nuestras amigas o amigos y celebrar una orgía en su propia cama, mientras ella mira *Family Feud.* Claro está que no lo hacemos, porque es también la cama del señor, al que todos queremos y respetamos. Pero imagínese, y no exagero, mientras ella ve *Family Feud* podríamos violarla y no se enteraría. Hasta que no descubrí esto tuve que buscar ocasiones propicias, como ya le he explicado, para cortarle un mechón de pelo o sustraerle una prenda, íntima o no, un pañuelo o unas medias. Si ahora quisiera más objetos personales suyos, sólo tendría que esperar a las siete y media de

lunes a viernes y sustraérselos mientras ve su programa.
Le confesaré una cosa, vea que no exagero: en una ocasión hice la prueba, por eso le digo que podríamos violarla sin que se diera cuenta. En una ocasión me acerqué
a ella por detrás mientras miraba *Family Feud,* ella lo ve
muy de cerca, muy erguida, sin duda buscando la incomodidad para mantener mejor la atención, sentada en
una especie de taburete bajo. Una tarde me acerqué a
ella por la espalda y le toqué un hombro con mi mano
enguantada, como si fuera a advertirle algo. Me obliga a
ir siempre con guantes, ¿sabe?, la librea sólo tengo que
ponérmela cuando hay invitados a cenar, pero ella quiere que lleve siempre mis guantes blancos de seda, ya
sabe, la idea es que el mayordomo vaya pasando los
dedos por todas partes, por muebles y barandillas, para
ver si hay polvo, si lo hay los guantes blancos se man-
chan inmediatamente, siempre llevo mis guantes, muy
finos, al tacto es como si no llevara nada en las manos.
Así, le toqué el hombro con mis dedos sensibles, y al ver
que no los notaba, dejé la mano posada durante bastantes segundos y fui haciendo presión poco a poco. Hasta
ahí habría tenido excusa. Ella no se volvió, ni se movió,
nada. Entonces hice avanzar la mano, yo estaba de pie,
acariciándole los hombros y las clavículas, más que pre-
sionando, y ella permanecía inmutable. Empecé a preguntarme si acaso estaba invitándome a que avanzara, y
reconozco que esa duda todavía no la he despejado del
todo; pero yo creo que no, que estaba tan absorta en la
contemplación de *Family Feud* que no se percató de
nada. De modo que hice que mi mano se deslizara caute-
losamente (siempre enguantada) por su escote, ella va
siempre demasiado escotada para mi gusto, al señor, en
cambio, le agrada eso, se lo he oído decir. Toqué su
sostén, un poco áspero francamente, y fue eso, más que
mi propio deseo, lo que me convenció para sortearlo o,
digamos, hacer que por lo menos la aspereza de la tela
rozara sólo contra el envés de la mano, menos sensible
que la palma, aunque llevaba mis guantes. No crea que

las mujeres me dicen gran cosa, apenas si tengo trato con ellas, pero una piel es una piel, una carne una carne. De modo que le acaricié durante largos minutos un pecho y otro, izquierdo y derecho, muy agradables, pezón y pecho, ella no se movió ni dijo nada, ni siquiera cambió de postura mientras veía su programa. Yo creo que podría haberme eternizado allí si *Family Feud* hubiera durado más tiempo, pero de pronto vi que el presentador estaba ya despidiéndose y retiré la mano. Aún pude salir de la habitación antes de que terminara su trance, andando de puntillas, de espaldas. El señor llegó a las ocho en punto, todavía sonaba en la televisión la música final del programa.

—¿Está usted seguro de que nos van a sacar de aquí? Empieza a parecerme que tardan demasiado —dije yo por toda respuesta, y volví a gritar y a golpear la puerta metálica—. ¡Eh! ¡Eh! ¡Pam, pam!

Dijo el mayordomo:

—No tardarán, ya se lo he dicho. A nosotros nos parece que cada minuto dura una hora, pero un minuto dura siempre un minuto en realidad. No llevamos aquí tanto tiempo como usted cree, tómeselo con calma.

Me deslicé de nuevo hasta el suelo apoyándome en la pared (me había quitado el abrigo y lo llevaba colgado del brazo) y me quedé allí sentado.

—¿No ha vuelto a tocarla? —le pregunté.

Dijo el mayordomo:

—No. Eso fue antes de la muerte de la niña, a partir de entonces le tengo demasiado asco, no podría volver a acariciarle ni un dedo. Hace doce meses ella se quedó embarazada, el señor no había tenido hijos en su anterior matrimonio, así que sería el primero. Ya puede usted imaginarse cómo fue el embarazo, una pesadilla para mí, se me duplicó el trabajo y se duplicó la atención que ella me presta siempre, me llamaba de continuo para pedirme las cosas más inútiles y más idiotas. Pensé en despedirme, pero ya le digo, escasea el trabajo. Cuando dio a luz me alegré, no sólo por el señor, también porque la niña sería ahora su fuente de distracción principal y me aliviaría.

Pero la niña nació muy mal, con un defecto grave que
habría de matarla a los pocos meses, no me haga hablar
de ello. En seguida se supo que la niña estaba condenada,
que no podría durar más que eso, unos meses, tres, cuatro, seis a lo sumo, inverosímilmente un año. Yo entiendo que eso es muy duro, entiendo que, sabiéndolo, una
madre no quiera encariñarse con su criatura, pero también es cierto que esa criatura, mientras dure, debe reci-
bir cuidados y un poco de afecto, ¿no le parece? Al fin y al
cabo, en lo único que esa niña se diferenciaba de nosotros, de los demás, era en que se sabía su fecha de cance-
lación, porque nos cancelarán a todos, cierto. Ella no
quiso saber nada en cuanto se enteró de lo que iba a
pasar. Prácticamente se puede decir que nos entregó la
niña a nosotros, a los criados, hizo venir a una mujer que
la alimentara y le cambiara los pañales, hemos sido cinco
en la casa durante estos meses, ahora seremos cuatro otra
vez. El señor tampoco se ocupaba mucho, pero su caso es
distinto, él trabaja demasiadas horas, nunca habría tenido tiempo de nada, aunque la niña hubiera estado sana.
Ella, en cambio, estaba mucho en la casa, como siempre,
más de lo que le gustaría, y sin embargo jamás entraba en
la habitación de la niña, muchas noches ni siquiera entraba con el señor a despedirse de ella, casi nunca. El señor
sí entraba por las noches, antes de acostarse, solo. Yo le
acompañaba y me quedaba en el umbral con la puerta
entornada, mi mano blanca sujetándola para que hubiera
algo de luz, la que venía de fuera, el señor no se atrevía a
encender la de la habitación, seguramente para no des-
pertarla pero también, yo creo, para no verla más que en
penumbra. Pero la veía al menos. El señor se acercaba a
la cuna, no demasiado, siempre se quedaba a un par de
yardas y desde allí la miraba y la oía respirar, poco rato,
un minuto o menos, lo suficiente para despedirse. Cuando él salía yo me hacía a un lado, le abría la puerta con mi
mano enguantada y le acompañaba con mi mirada, le veía
encaminarse hacia su dormitorio, donde le esperaba ella.
Yo sí entraba en la habitación de la niña y a veces me

quedaba junto a ella largo rato. Le hablaba. No tengo hijos, pero vea usted, me salía hablarle, aunque ella no fuera a entenderme ni yo tuviera la excusa de que aquella niña debía acostumbrarse a la voz humana. Lo grave del caso es que no tenía por qué acostumbrarse a nada, no tenía porvenir y nada la esperaba, no había que acostumbrarla a nada, era tiempo perdido. En la casa no se hablaba de ella, no se la mencionaba, como si ya hubiera dejado de existir antes de que muriera, son los inconvenientes de saber el futuro. Tampoco entre nosotros, quiero decir los criados, hablábamos de ella, pero la mayoría íbamos a visitarla, a solas, como quien entra en un santuario. Mi magia negra, por supuesto, no servía para curarla, solo sirve para vengarse, ya se lo he dicho. Ella, la madre, seguía haciendo su vida, llamando a Madrid, a Sevilla, ella es de Sevilla, charlando con su amiga cuando estuvo aquí, saliendo a hacer compras y yendo al teatro, viendo la televisión y *Family Feud* de lunes a viernes, a las siete y media. No sé cómo decirle, después de aquella ocasión en que la toqué sin que se diera cuenta le había tomado un poco de afecto, el contacto trae el afecto, un poco, aunque sea un contacto mínimo, quizá esté usted de acuerdo en esto.

El mayordomo hizo una pausa lo bastante larga para que este último comentario suyo no pareciera retórico, así me incorporé y le respondí:

—Sí, estoy de acuerdo en eso, y por eso hay que tener cuidado con a quién se toca.

Dijo el mayordomo.

—Es cierto, uno no tiene buena opinión de alguien o incluso la tiene muy mala, y de repente un día, por azar, o capricho, o debilidad, o soledad, o aprensión, o borrachera, un día se descubre uno acariciando a esa persona de la que se tenía tan mala opinión. No es que se cambie de idea por eso, pero se cobra un afecto por lo que se ha acariciado y se ha dejado acariciar. Yo le había cobrado un poco de ese afecto elemental a ella, después de haberle acariciado los pechos con mis guantes blancos mientras ella veía *Family Feud*. Pero eso fue al comienzo de su embarazo, durante el cual, por ese afecto que le había tomado, fui más paciente de lo que solía ser y le procuré cuanto me pedía sin malos gestos. Luego le perdí ese afecto, desde el nacimiento de la niña en realidad. Pero lo que me ha hecho perdérselo definitivamente y tomarle asco ha sido la muerte de la niña, que duró incluso menos de lo pronosticado, dos meses y medio, no han llegado a tres. El señor estaba de viaje, aún está de viaje, yo le comuniqué la muerte ayer mismo por teléfono, no dijo nada, sólo dijo: «Ah, ya ha sucedido.» Luego me pidió que me encargara de todo, de la incineración o el entierro, lo dejó a mi elección, quizá porque se daba cuenta de que en realidad yo era la persona más cercana a la niña, pese a todo. Fui yo quien la sacó de su cuna y llamó al médico, fui yo quien esta mañana se ocupó de retirar sus sábanas y su almohada, se hacen sábanas minúsculas para los recién nacidos, no sé si lo sabe, almohadas minúsculas. Yo le dije esta mañana a ella, a la madre, que iba a traer a la niña aquí, para incinerarla, en la planta 32, hay un servicio de muy alta calidad, uno de los mejores de la ciudad de Nueva York, conocen su trabajo, ocupan la planta entera del edificio. Se lo dije esta mañana, ¿y sabe lo que me contestó? Me contestó: «No quiero saber nada de eso.» «Se me había ocurrido que a lo mejor querría usted acompañarme, acompañarla a ella en su último viaje», le dije yo. ¿Y sabe lo que me contestó? Me contestó: «No digas estupideces.» Luego me encargó que ya que venía por esta zona le sacara entradas para la ópera para unos amigos que vienen dentro de un mes, ella tiene su abono. Ella tiene futuro, a diferencia de la niña, ¿comprende? Así que me he venido solo con el cuerpo de la niña metido en un ataúd diminuto, blanco como mis guantes de seda, podría haberlo llevado en mis propias manos, blanco sobre blanco, mis guantes sobre el ataúd. Pero no ha hecho falta, este servicio tan competente de la planta 32 lo tiene todo previsto, y nos han recogido a la niña y a mí esta mañana en un coche fúnebre y nos han traído hasta aquí. Ella, la madre, se asomó a la escalera, arriba, en el cuarto piso, justo en el momento en que yo me disponía a salir con la niña, abajo, con el ataúd, estaba ya junto a la puerta de entrada con el abrigo y los guantes puestos. ¿Y sabe cuáles fueron sus últimas palabras? Me gritó desde lo alto de la escalera, con su acento español: «¡Que no dejen de poner claveles, que haya muchos claveles, y flores de azahar!» Ésa ha sido su única indicación. Ahora vuelvo con las manos vacías, la incineración acaba de tener lugar. —El mayordomo miró el reloj por primera vez desde que nos habíamos detenido y añadió—: Hará poco más de media hora.

Orange-blossoms, había dicho: las flores de las novias en Andalucía, pensé. Pero fue entonces cuando recuperamos el movimiento del ascensor y, una vez llegados a la planta baja, el mayordomo me deseó buena estancia en su ciudad y desapareció como si la media hora que nos había unido no hubiera existido jamás. Llevaba guantes de cuero, negros, y en ningún momento se los quitó.

JAVIER MARÍAS, *Mientras ellas duermen,* Anagrama, Barcelona, 1990, págs. 202-220.

PALOMA DÍAZ-MAS

LAS SERGAS DE HROSWITH

Para mis compañeros de viaje.
Y para Safer, que me mostró el tapiz.

Estas que aquí veis son las sergas del valeroso caballero Hroswith, el de la voz potente. En ellas los sabios y
santos varones de la abadía de Saint Vieu bordaron con
multicolores hilos, sobre blanquísima trama de lino
puro, la gesta del muy valiente señor y de sus doscientos
cuarenta acompañantes, aquellos que emprendieron
memorable viaje y regresaron después sanos y salvos,
cosa increíble de ver. En esta larga banda se contiene
toda su historia, y en verdad que no hicieron los santos
varones pequeño trabajo: tan larga es que bien podría,
serpenteando cual delicado friso, recorrer los muros del
más espléndido palacio, de la más magnífica catedral,
sin que a ningún recoveco le faltase su viñeta. Pero no
fue ése el destino para el cual se bordó. A decir verdad,
nadie sabe para qué fue hecha y, desde el momento en
que quedó acabada, ha permanecido enrollada y abandonada en un rincón de este desván —uno de los muchí-
simos polvorientos o enmohecidos desvanes de la abadía— sin que nadie le hiciera el menor caso. Pero he
aquí que hoy se despliega ante vuestros atónitos ojos:
abridlos bien, pues tal vez seáis vosotros los primeros en

verla desde que se acabó. Y ¿quién sabe si con un poco de suerte no seréis los últimos? Los designos de Dios son inescrutables y ni la más grande y poderosa abadía está libre de un incendio pavoroso en el cual ardan tapices, libros, rosas y hasta los propios solidísimos muros del edificio.

Así pues, deleitaos con esta maravillosa serga: su cañamazo apenas ha amarilleado con el tiempo; solamente ha adquirido un suave tono marfil que acrecienta, si cabe, su suntuosa apariencia. Sobre él destacan mejor los esmeraldinos tonos verdes, el hiriente púrpura y el profundo cobalto; el sable, el gualdo, el azur y el sinople ondean en las enseñas de los caballeros; hay oro color topacio, miradas de amatista y noches estrelladas de plata y azabache; cuando mana sangre, mana en hilos bermellón y, cuando amanece, un sol azafranado se eleva sobre el horizonte aguamarina. No os extrañéis si a veces los caballos son verdes y cabalgan sobre campos de terracota, o si el maderamen de los barcos se torna turquesa y limón. ¿Qué hay de malo en mirar el mundo con ojos de distinto color? ¿Acaso no podéis reconocer al valiente Hroswith, aunque tenga la cara azul? Y su mortal enemigo, el enano Isbel, ¿acaso por ser amarillo resulta menos reconocible?

Ese que veis, pues, de cerúleo rostro, es Hroswith, el héroe de nuestra historia. Fijaos cómo va armado de pies a cabeza, por lo que pudiera suceder: escamosa cota de índigo le cubre desde los pies al cuello y protege su cabeza con un almete de recio nasal. Su espada poderosa, pavonada y celeste, es casi tan alta como él: de su cintura pende y toca el suelo. No es de extrañar que el héroe sea tan bien armado caballero.

Le siguen los doscientos cuarenta de su ejército, a los que se llamó los Peregrinos Errantes. Cuando Hroswith los reclutó ninguno sabía a lo que iba, pero de ninguna manera creáis que los traía engañados: ellos fueron voluntariamente, por extraño que pueda parecer. En verdad, el propio Hroswith hubo de rechazar a muchos, pues tal fue el número de los que se presentaron que no cabían en las naves. Ved ahora cómo embarcan rumbo a su destino: en un carro llevan muy bien ordenados los almetes y las lanzas, trabajosamente tiran otros de una carreta en la que va una gran cuba de vino con sus duelas de color malva y anaranjado y su témpano verde. Aquí vemos gran cantidad de provisiones: la perlada galleta, las cárdenas salazones, la parda harina y la sonrosada miel. Verdaderamente van bien provistos los doscientos cuarenta caballeros.

Pero ya os habréis preguntado quién es el capitán que manda las preciosas cuatro naves de dragonadas proas. Es ese que allí veis, de rostro y vestiduras de azafrán: lo llaman, verdaderamente con justicia, el Mal Navegante, y pronto veréis por qué. Pues ya antes de zarpar se ponen de manifiesto sus aviesas argucias y, de los doscientos cuarenta, pretende dejar en tierra a catorce caballeros. Pero éstos, sin temor a zozobrar, persiguen las cóncavas naves por el mar color vino, hasta alcanzarlas justo ante el Confín del Mundo: navegan sobre sus escudos forrados de piel, procurando que el mandoble no les sirva de lastre. Al fin abordan por las elevadas bandas, justo en el momento en que los dragonteos mascarones de las proas se asoman al abismo insondable del Confín del Mundo: ved cómo el abismo muestra sus dentadas fauces y el fondo de su pecienta garganta, deseoso de engullir las naos. Muy hábiles han de ser los marinos para evitarlo, pues es peor que Scila y Caribdis en una sola pieza.

Una y otra vez rondan las naos en torno a la temerosa boca, peligrosamente conducidas por el Mal Navegante. Al fin, éste se dirige al jefe de la expedición, al valeroso Hroswith, y le revela el misterio de las terribles fauces: no se juntarán las amenazadoras mandíbulas aserradas, permitiendo el paso de las naves, hasta que los viajeros no ofrezcan al monstruoso Confín el óbolo de doscientas cuarenta monedas de oro, una por cada peregrino.

Muy triste queda Hroswith con esta noticia, pues ni él

ni sus hombres tienen tal cantidad de monedas. Ved cómo el héroe, con el rostro azulado más pálido que nunca, busca infructuosamente al enano Isbel, a quien el mago Urrestar había mandado embarcar para ayudar a los Peregrinos Errantes. Mas el enano glotón se ha escondido en la bodega y come galleta blanca y bebe vino rojo, sordo a la potente voz de Hroswith y ocupado únicamente de sí mismo. Al fin, el valeroso héroe intenta una estratagema: tocará tres veces el cuerno de marfil que siempre pende de su cintura, con la esperanza de que el mago Urrestar, que tanto le aconsejó antes de emprender viaje, pueda ahora ayudarle. Ved cómo se hinchan las mejillas del héroe y el sonido sale del cuerno en forma de ondulados hilos grises y llega con aspecto de cabeza alada hasta los oídos del mago Urrestar, el de la Poderosa Humanidad. Muy quedo habla Urrestar, pero por maravilla lo escucha Hroswith desde el Confín del Mundo como si hablase en su misma oreja. Las letras latinas bordadas sobre su cabeza claramente os declaran el consejo del mago: «Que cada uno de los caballeros sumerja en el piélago la mano de la espada y con ella extraiga un pez.» Y enseguida veis cómo los doscientos cuarenta peregrinos descuelgan el brazo derecho por la borda y las manos coloradas y algo rígidas se pierden en un ondulado dibujo de tonos verdes, asiendo cada uno un pececito de plata de los muchos que de repente pululan por el hasta ahora yermo mar. Entre ondas y escamas, nuevas letras latinas declaran la alcurnia de los peces: no se trata de cualquier aborto de ovas y lamas, sino del santificado pez de San Pedro que un día, en aquel lago que llaman de Tiberíades, proporcionó parecido óbolo al Padre de la Iglesia. Y, al igual que aquella vez, en el vientre de cada uno de los pececitos aparece una moneda de oro, pequeña pero suficiente para llenar de tintineante peaje las fauces del Abismo y lograr que las naves puedan, por fin, seguir su rumbo hacia la Ciudad Procelosa.

Vedla ahí, perfectamente trazada con primorosos pespuntes. Sin duda la habéis reconocido por su afamada torre: es toda de hierro, desde el pie hasta el pináculo, y sin embargo a través de ella pasa el aire, pues está hecha como de encaje. Cuentan que un monarca la hizo construir en el solo plazo de un día, por el mero capricho de verla elevarse y destruirla inmediatamente; pero una vez erigida la vio tan hermosa que decidió perdonarle la vida, pues le parecía que hacer caer entonces la torre hubiera sido como segar la cerviz de una doncella inocente. Desde aquel día la torre se erige, como un coloso grácil, sobre el laberinto de calles de la ciudad, a veces perdiendo su aguda aguja entre la niebla que sube del río. Los peregrinos que a la ciudad llegan —que son muchos y de muchas partes— consideran como gracia especial subir a la torre y desde su alta cima escrutan todo el plano de la ciudad tratando de reconocer, chiquititos, los edificios y las avenidas que antes vieron inmensos, y pretendiendo descubrir si algo ha cambiado en el tiempo en que ellos subían. De este modo, la ciudad no precisa contratar vigías que avisen de las novedades, pues muy gustosos la escrutan y vigilan los ojos peregrinos desde la torre.

Pero he aquí que, sin que sepamos cómo, los Peregrinos Errantes han desembarcado ya: vedlos formar, perfectamente armados, con los correajes del escudo bien tensados y la pica en la mano. Entre ellos se ve a Hroswith, más alto que los demás, con la mano en el pomo de la espada. A todos los guía el Mal Navegante, y pronto veréis que es un gran error. Pues en seguida se pierden los caballeros con tan mala guía, y dan vueltas sin rumbo bajo el frío de la noche; el cielo está sin luna, las calles son tortuosas y la maravillosa torre de encaje parece errar de acá para allá: tan pronto la ven los caballeros a su derecha como a su izquierda, y unas veces parece estar cercana y otras haberse alejado, y en medio de tanta confusión a los caballeros empieza a vencerles el hambre y el sueño. Pero el Mal Navegante no se detiene y arrastra a los doscientos cuarenta Peregrinos por rúas y plazas, ante los inmensos portones cerrados de casas desconocidas: mirad cómo entre los apiñados edificios de seda parda que parecen apoyarse unos en otros no hay abierta ventana ni postigo, ni balcón ni cancel. Bestias de mal agüero se agazapan aquí en las cenefas y márgenes que encuadran el paisaje urbano: ved el terrible basilisco violáceo, cuya mirada inmoviliza a quien lo mira de frente; el nauseabundo endriago verde de dorso afilado como dientes de sierra y membranosas alas, con la temible llamarada roja y gualda de su aliento azufrado; el espantable centauro macho, digno de ser temido cuando se encuentra en celo, muestra la cobriza pelambrera de su torso y su admirable natura también roja; allí veis al cruel tigre de Ocaña, de rayada piel suntuosamente dorada y violácea, y un poco más allá al león de Judea coronado de oro y portando su estandarte, inmóvil con las garras rampantes en el aire y las fauces abiertas en un rugido mudo. Corzos, ovejas, cabritillas, unicornios y otros ganados benéficos huyen espantados con sólo olfatear las terribles fieras. El noble perro, el gallo orgulloso o el venerable toro no tienen cabida en el submundo nocturno de esta ciudad que con razón llaman Procelosa.

Mas no es este errante vagar el único mal que aqueja a nuestros Peregrinos Errantes: ¡contentos podrían estar si todos sus peligros se limitasen a pasear las armaduras por las calles desiertas, dejando monstruos agazapados en los interminables corredores que discurren bajo sus pies! Un peligro mayor les acompaña desde que partieron; es todo amarillo de la cabeza a los pies y se llama Isbel: helo aquí, amarilla su pajiza cabellera, amarillo el vestido de raso chillón y amarillas las calzas ceñidas a sus amorcilladas piernas, que acaban en zapatos puntiagudos coronados con borlas amarillas. No menos amarillo que su rostro es su alma, siempre teñida por la envidia: vedla ahí, revoloteando en forma de niño gualdo y susurrando maldades en los siempre prestos oídos del enano. En su mano derecha lleva el malvado Isbel una dorada manzana. ¿Acaso no os recuerda nada? Pues sabed que por una manzana semejante —o tal vez por la misma— arrojada por una diosa importuna, dio comienzo la más desastrada guerra que han conocido y conocerán los siglos. Pero en vano estoy hablando, pues todo esto lo ha cantado mejor que yo un vate ciego y antiguo.

Mirad cómo el despreciable Isbel siembra acá y allá, a voleo, pero certeramente, la semilla de esa cizaña que llaman discordia. Pronto florece en el corazón de los caballeros de Hroswith: ahí tenéis cómo surgen sus negras flores en los varoniles pechos y se abren sobre las cotas de malla las fúnebres corolas. El pecho de los caballeros se encuentra súbitamente cubierto de las oscuras enredaderas del descontento y quien no tiene sobre el corazón una negra flor abierta es porque tiene dos. Las flores de esta cizaña mala tienen como particularidad que sus estambres se convierten en viperinas lenguas que hablan con la misma voz del caballero que las lleva, y los peludos pétalos se tornan bocas carnívoras capaces de dar los más mortales besos y de triturar, voraces, los más tiernos corazones: por eso veis que de las corolas abiertas surgen bífidos estambres que, desprendiendo oscuro polen, escriben sobre el lino letras de sangre. Todas son duras palabras que hieren como venablos; las más son viras dirigidas contra Hroswith, pero otras se las intercambian los caballeros entre sí. Y en la silenciosa noche de la ciudad solitaria irrumpe el alboroto y se abren mil heridas. Si uno lanza una flecha y hiere a otro, éste le contesta con dos o tres venablos, y así el griterío y la confusión se hacen imposibles de desentrañar, como si allí combatiesen sin concierto mil ejércitos enemigos, cada uno contra todos y todos contra cada uno: unos claman contra el Mal Navegante, que los ha perdido por tierra y por mar; otros lo justifican con dulces palabras y, a quienes así hacen, otros se lo reprochan; contra Hroswith se lanzan multitud de flechas, pero ninguna contra el amarillento enano que, satisfecho de su fechoría, sigue sembrando la funesta cizaña. Ved cómo intenta arrojarla sobre el pecho del héroe de la voz potente; mas el azulado pecho del capitán es duro como el diamante y las semillas de la discordia resbalan sobre él sin echar raíces, como la avena que pretendiera arraigar en la dura roca: a sus pies se acumulan las mortíferas simientes, vencidas y sin hacer ningún daño.

Muy sorprendido se ha quedado Isbel ante este hecho, pues nunca le había sucedido otro tanto. Y en la siguiente viñeta están bordados el pajizo enano y el azulado héroe frente a frente, y cómo el enano miente con latinas letras también amarillas y asegura que no fue su intención sembrar la discordia, sino la dorada hiedra de la amistad en los pechos de los caballeros, mas sin duda por un error del mago Urrestar ha traído la semilla equivocada. Y ved cómo Hroswith le contesta en cerúleos caracteres y le hace jurar que mañana, al rayar el sol, el mismo Isbel despedirá al Mal Navegante y guiará a los doscientos cuarenta Peregrinos Errantes a la tierra que buscan.

Así lo promete el malvado enano, pero muy otro es su pensamiento, como tendréis ocasión de ver. De momento, aconseja que los caballeros se tiendan a descansar: helos ahí, tumbados sobre el árido suelo y mal cubiertos con sus escudos, que les improvisan humilde techo. Los más se arrebujan en sus propias capas de acartonados pliegues, pues son muy pocos los que tomaron la precaución de traer pieles con que cubrirse.

Apenas ha descendido el Sueño en forma de ángel oscuro sobre los párpados de los Peregrinos —ahí lo tenéis, cerrando con una caricia de plata negra los ojos de los fatigados viajeros, al tiempo que extiende sobre ellos sus alas protectoras de seda azul—, cuando el malvado Isbel y el Mal Navegante recitan al unísono un conjuro.

Mirad el río: de sus ondas color cobalto, de una gruta al pie de su única isla verde y blanca, emergen sutiles sombras casi transparentes. Al principio, parecen simples jirones de niebla de esos que suelen flotar a la deriva, unos pocos palmos sobre la superficie del agua. Lue

go van tomando horrible forma y distinguimos sus
cabellos erizados como agujas de hielo, sus voraces y
afilados dientes de cristal, sus lívidas túnicas de frío, sus
paralizadores ojos duros y sin color como el pedrisco,
sus afiladas uñas como carámbanos en manos de nieve.
Cada una de estas sombras blancas —apenas se distin-
guen sobre el marfileño lino— empuña una espada de
fuego helado en su mano derecha, y en la izquierda
blande un látigo de siete colas de hielo. Son, sí, las Hijas
de la Escarcha, que acuden al conjuro para atormentar a
los Peregrinos Errantes. Durante toda la noche los mar-
tirizan, haciendo tiritar a la misma luna blanca. Blanden
sobre sus cabezas las espadas de fuego helado y las hun-
den hasta las mismas entrañas de los caballeros, hacién-
doles una dolorosa herida sin sangre. Azotan sin piedad
las espaldas, los brazos y los rostros de los dormidos,
que despiertan en un temblor de escarcha y tremen bajo
el castigo invisible y doloroso. De nada les sirve debatirse: no pueden luchar contra estas sombras traslúcidas. Y
sólo el primer resplandor de los rosados dedos de la aurora logra ahuyentar a tan temibles enemigas, que escapan veloces e inaprensibles para volver a refugiarse en la
gruta, bajo las aguas.

Trabajosamente se ponen los caballeros en pie, después de tan mala noche: ved sus rostros glaucos y sus
manos amoratadas por el frío, que apenas aciertan a ce-
ñir tahalíes y cerrar huesas, pese a la ayuda que les presta ese sol de sonriente rostro, punzándolos con sus agudos rayos de oro. Mas pronto se sobreponen a las
penalidades pasadas, ya que el ánimo decaído no es propio de caballeros. De nuevo se ponen en camino, guiados por Isbel y el Mal Navegante, de lo cual nada bueno
puede esperarse.

Ved en la siguiente viñeta cómo los conducen, siguiendo las indicaciones de su equivocada brújula, fuera
de la Ciudad Procelosa a través del Camino Laberíntico,
rumbo al Banquete Esperado que habrá de saciar su ya
acumulada hambre. Deseosos y disciplinados marchan

los Peregrinos, en correcta formación; vemos perfectamente sus delineados perfiles de colores sobre el crudo
lino viejo: aquél lleva rodela y este otro escudo de tarja,
el uno tahalí de oro, el otro cuchaca bordada, almete los
más, aunque no faltan los que se tocan con celada de
visera; una legión de apretadas huesas marcan el paso
sobre los adoquines del laberinto de piedra. La calzada
da vueltas y vueltas volviendo sobre sus pasos y avanzando apenas, salva desmontes y se hunde en cóncavos
valles, trepa por aguzados montes rojos y desciende a las
riberas azules de verdosos ríos, y cuando los Peregrinos
creen haber andado mucho ya, se encuentran de nuevo
ante las puertas de la Ciudad Procelosa. Aunque no por
esto cejan, sino que animan al Mal Navegante a que los
guíe de nuevo, esta vez con mejor rumbo. Y otra vez
emprenden la marcha sobre la calzada turquesa, con sus
picas y lanzas en alto y la vista fija en el tortuoso horizonte.

Tres días y tres noches proclaman las letras latinas que
han invertido los caballeros en recorrer una distancia
que, de no ser con tan mala guía, pudiera hacerse en
media jornada. Pero al fin arriban al Palacio del Banquete, cuya puerta les es franqueada por el enano amarillo que todos conocéis: Isbel es su nombre y sus ojillos
bizcos.

Ved ahora cómo recorren el palacio, guiados por Isbe
y por el Rey Anfitrión, quien minuciosamente les va ex
plicando las historias que representan las tablas, sergas
tondos que adornan los corredores: aquí los Peregrino
contemplan cómo está figurada maravillosamente la es
cena de la Pesca Milagrosa, tan semejante a la que aca
ban de vivir: cómo el barquito demasiado pequeño se
agita y casi zozobra en el revuelto mar grisáceo y cómo
se hinche la vela de un viento huracanado, un momento
antes de extraer de las frías ondas buena copia de peces
allá, en el fondo arquitectónico del cuadro que represen
ta la resurrección de Lázaro, creen reconocer los perfile
de la Ciudad Procelosa, encaramada sobre sí misma;

en aquel otro tríptico se representa al valiente San Miguel, vencedor del demoníaco dragón: su rostro es azul como el de Hroswith y en su abombada coraza reluciente como un espejo se refleja toda una ciudad.

Al fin llega el esperado momento en que los Peregrinos, desfallecidos por las privaciones y ayunos, se ven ante la mesa compuesta: mirad cuán larga es y qué suntuosa apariencia la de su mantel rosado sobre el que se muestran anaranjadas aves, verdes arnes, pescados de malva y grana, blancas y azuladas frutas y dulces de oro, de plata y de topacio; el vino es rojo como sangre y pajizo como trigo y el agua nacarada y fría. ¡Pocos podrían resistirse ante tan apetitosos manjares, tan agradables a la vista como al olfato y al gusto!

El enano amarillo les invita a tomar asiento, y muy alegres van los caballeros hacia el refrigerio. Mas ignoran que el pérfido Isbel, entre dientes, ha musitado un ensalmo, tan quedo que ni siquiera se reproduce en letras bordadas sobre el lino; sólo los manjares lo han oído y a él responden: cuando los Peregrinos y el propio Hroswith alargan las manos para alcanzarlos, ellos les huyen. Las carnes se apartan de los cuchillos, las frutas ruedan sobre los manteles, los dulces se deslizan de un extremo a otro de la tabla, los pescados escapan de entre las manos de los comensales con escurridizo aleteo de peces vivos. Y, cuando los hambrientos caballeros logran aprehender alguna porción de comida, ésta sufre maravillosas transformaciones: el blanco pan candeal pierde su ternura y adquiere la dureza de la pepita de oro, la carne se deshace en fibras doradas, las frutas se tornan pomas del dorado metal, los dulces se volatilizan en una niebla áurea, la miel y los arropes se elevan convertidos en un incienso de metales preciosos y, al escanciar el vino y servir el agua, las redomas vierten en las copas penadas un dorado polvillo semejante a la arena de un reloj. Al fin, exhaustos de perseguir bebidas y manjares y bañados en polvo de oro, cejan en su empeño y optan por un forzado ayuno.

Pero he aquí que nos ha sucedido una desgracia mucho mayor que esta del hambre, que aquellas del cansancio y del tormento de la escarcha. Cabe pensar que los maleficios del pérfido Isbel han perdurado y le ha sobrevivido, aunque todos murieron hace mil años. Porque, si no, ¿cómo podría explicarse este nuevo desastre?: el amarfilado tejido, que se conservaba intacto en las vueltas exteriores de este rollo de serga, está en las interiores tan comido de polillas, corroído por la humedad y manchado de orín que resulta imposible averiguar la continuación de la gesta de los caballeros: grandes raeduras desfiguran los rostros de los protagonistas, manchas de cardenillo eclipsan las escenas y velan los episodios posteriores, tras la dorada apoteosis del banquete incomestible. Como mucho, alcanzamos a distinguir un camino, una ciudad de altas torres, una plaza de mercado en la que no sabemos lo que pasa. La ciudad parece tener calles de agua y puentes de encaje para cruzarlas, pero también podría ser una ilusión causada por las manchas de humedad y el deterioro de la tela. Súbitamente irrumpe en una de las pocas viñetas claras un ejército de energúmenos desnudos, perfectamente formados en orden de batalla: van absolutamente desarmados y a pelo, sin paño ni calzón que les cubra las naturas, los grandes como los pequeños, y no sabemos quiénes son; sólo alcanzamos a adivinar su actitud hostil, sus cuerpos completamente negros o cubiertos de purpurina de oro y plata, y que tal vez tengan la intención de medirse en combate con nuestros Peregrinos Errantes. Pero aquí los ratones parecen haber colaborado con las polillas en la labor de raer, pues no son ya manchas y veladuras, sino francos agujeros los que impiden discernir las secuencias siguientes. Luego entrevemos barcos otra vez el mar —en este tramo la urdimbre está tan deshecha que casi se desmorona la serga entre los dedos—, montañas, el sol, la luna sonriente, unos caballeros cantando (no parecen, sin embargo, los Peregrinos) y la azulada coraza de Hroswith. Sólo se conserva intacta la última viñeta, y algo es algo: en ella vemos a los Peregrinos Errantes en perfecta formación de marcha, capitaneados por su jefe, y arribando a la ciudad de la que salieron. En sus rostros se pinta la alegría. Tal vez no hayan realizado ninguna gran hazaña, pero ¿a quién no alegra regresar a su tierra después de un largo viaje?: ved cómo los tejados de las casas están bordados con hilos de oro.

PALOMA DÍAZ-MAS, *Nuestro milenio,* Anagrama, Barcelona, 1987, págs. 29-47.

PEDRO ZARRALUKI

EL ESPEJO DEL SÁTRAPA

> Pero el espejo puede también no ser nada de
> eso, ni siquiera un medio de explorar el espacio
> y la visión: puede ser, simplemente, un modo de
> introducir (...) un marco casi vacío, sin más que
> un leve velo gris.
>
> JULIÁN GÁLLEGO.

I

Cuenta la historia que la ciudad de Sardes, cuando los caballos lidios se desbocaron ante la monstruosa figura de los camellos de Persia, tuvo un sátrapa herido por la curiosidad y por la lascivia. Uno de sus mayores placeres, y quizá el más inocente, fue observar el valle desde las terrazas de ladrillo de su palacio. Las casas de barro se desparramaban por la suave ladera de la colina, y al fondo rumoreaba el río en su lenta caída hacia el mar. Guiados por su cauce llegaban los mercaderes de occidente con las alforjas llenas de géneros. La puerta de un imperio es un lugar siempre cambiante, y en la ciudad de Sardes los habitantes nunca eran los mismos. Al sátrapa le gustaba contemplar su distante actividad desde lo alto de los paredones. Los días sin viento podía oír desde el palacio el lejano vocerío, pero solía suceder que la brisa, que hacía volar los visillos en las amplias estancias abiertas, resonara en su interior con el silbido grave de las caracolas. El aullido sordo de los rincones apagaba entonces los ecos de la ciudad, y el sátrapa se sumía en un silencio impenetrable del que no le rescataba ni el perfume de mujer. Bebía entonces el vino como si deseara cambiar su sangre por la savia de las vides, y por las noches ponía una clepsidra al alcance de su mirada por miedo a que en la oscuridad se detuviera el tiempo.

Hasta que un atardecer de otoño salió a pasear por la muralla, y vio que los guardias repelían a un anciano de túnica refulgente. La ociosidad guió sus pasos hasta los grandes toros de piedra que soportaban el arco de la entrada. A espaldas de sus lanceros apoyó el codo en la pezuña de una de las bestias, divertido por los argumentos que esgrimía el desconocido. Los guardias hacían gala de su peor lenguaje, pero el anciano no se dejaba intimidar y les prometía todo tipo de riquezas. Necesitaba ver al sátrapa, pues el sátrapa necesitaba verle a él. Esta afirmación intrigó al gobernador de Sardes, que alzó la voz para hacer notar su presencia:

—¿Sabes leer acaso en el desorden de la baresma?

La sorpresa de ver allí a su amo debilitó el celo de los guardianes, y el anciano se abrió paso entre sus lanzas y se postró con teatral abandono. Habló con la misma rapidez protocolaria con que rezan los sacerdotes y peroran los mercaderes, lo que hizo pensar al sátrapa que se hallaba ante un farsante. Pero el anciano tenía en la voz la cadencia de la persuasión, y decía poseer una finísima lámina de obsidiana tan alta o más que una persona, y tan pura que permitía ver todas las cosas. Aseguraba que en la superficie de su lámina concluía el universo, y que bastaba con mirarla como quien mira un tapiz para asomarse a lo que nadie podía observar, pues allí donde todo concluye todo empieza de nuevo.

Así fue como el sátrapa de Sardes acogió al mago en su palacio. El anciano había llegado a la ciudad acompañado por una pequeña comitiva, en dos carros tirados por asnos. Los jumentos fueron a parar a los establos del palacio, y la comitiva a las dependencias de la servidumbre. Al mago se le permitió alojarse en el recinto del gobernador, que deseaba un contertulio para las noches en que el viento le impedía dormir. No iba a ser el mago un hombre pródigo en palabras, pero su presencia pronto se haría imprescindible en los salones de aquel palacio sometido a los bramidos del invisible. Aquella misma noche pidió una habitación en la que entrara la luz de la luna. Cegó de inmediato las ventanas, pero en una de ellas instaló un cristal biconvexo, y entretuvo largas horas en medir la abertura de su refracción. El gobernador desatendía los rituales domésticos por ver los preparativos del anciano. Y el mago, que en solitario se movía con lentitud delatora de múltiples achaques, hacía al verle aspavientos de taumaturgo, y murmuraba hechizos con palabras sin sentido aunque de ensoñadora entonación. Tuvo que esperar a que el sueño venciera al sátrapa para ascender desde el carro la lámina milagrosa. Dos de sus ayudantes la cargaron hasta el aposento que pronto sería el corazón de aquel palacio, y la escondieron tras un cortinaje de pliegues oscuros. A partir de ese momento habría allí un vigilante con una daga emponzoñada, pues era voluntad del mago que el descubrimiento de su secreto se pagara con la vida.

Por la mañana quiso el sátrapa entrar en la sala, y al impedírselo el vigilante llamó al mago a su presencia. Calmó este su cólera, y con buenas palabras lo alejó de la tentación de intentar descifrar lo que aún no conocía. Tomaron un refrigerio de frutas y vino en la terraza desde la que se veía despertar la ciudad, y el mago anunció entonces estar preparado para satisfacer los deseos de su cliente. Suplicaba tan sólo la paciencia necesaria para esperar a que llegara de nuevo la noche, pues su lámina reverberaba únicamente cuando la bañaba la luz de la luna. El sátrapa sintió crecer su impaciencia, pero era hombre acostumbrado a respetar las reglas. Entró de nuevo en el palacio seguido por el mago, y se detuvo entre sus hipopótamos disecados. Aunque los habían traído desde el Nilo daba la impresión de que sus grandes cuerpos habitaban desde siempre los salones del palacio. El sátrapa acarició las fauces de su paquidermo favorito al preguntar al mago si podía anticiparle las manifestaciones de su ya inminente felicidad. Y el mago le habló de la luz. Le dijo que en la luz bailaban las imágenes como en el vapor del agua que hierve —inaprensibles como espíritus que pululaban por todas partes—, y que la oscuridad era el mundo ciego de los volúmenes. Que tan sólo el frío resplandor de la luna, reflejado en la obsidiana bruñida hasta la locura, podía mostrarles las cosas tal como habían sido siempre, inmóviles en un solo lugar y ajenas al devenir del tiempo. El gobernador, que era un hombre inteligente, soltó una risa inquieta al imaginar las posibilidades que se le ofrecían, y pidió contemplar su lejana infancia.

—Comienzas por lo más difícil —contestó el mago—, lo cual demuestra que eres un hombre avezado en la lucha contra los imposibles. Esta noche te daré aviso cuando la luna esté a punto de incidir sobre mi cristal. Deberás tocarte con pañolón de mujer, y en tus brazos llevarás un bulto que se asemejará a un recién nacido.

No fue necesario despertar al sátrapa, que esperaba con impaciencia. Los ayudantes del mago lo encontraron en la balconada que daba a los jardines, con la mirada perdida en el fuego sagrado que se consumía en los altares. El aposento estaba iluminado por la tenue luz de un candil, y el mago esperaba en la penumbra junto a una butaca de madera. El sátrapa tomó asiento mientras el mago le hablaba de la necesidad de estimular los reflejos de la obsidiana. Tal como había anunciado, le obligó a vestir túnica de matrona, y a que un rebujo de trapos simulara en sus brazos las formas de una criatura. Contempló el anciano farsante la figura del gobernador disfrazado de mujer, y de nuevo brotaron de sus labios palabras extrañas. El gobernador, confundido, se limitaba a observar el paño que cubría la lámina. Bajo el resplandor titilante de la mecha la sombra del mago se proyectaba como una aberración demoníaca. A punto estuvo el sátrapa de Sardes de alzar su autoridad contra la pantomima del sibilino hechicero, pero en aquel momento se apagó la llama del candil, y la luz de la luna atravesó el cristal que el mago había colocado en la ventana. Alguien retiró el paño que cubría la obsidiana, y el sátrapa vio un marco de madera labrada en el que se abría una negrura profunda como el abismo del universo. La claridad mortecina de la luna permitía intuir tan sólo la visión de las cosas, y su gelidez le llenó de temblores. La voz apagada del mago sonó a su espalda para calmarle. Era imprescindible que olvidara el frío y que su mirada se concentrara en el reflejo debilísimo de la obsidiana. Lentamente se produjo la visión. El sátrapa notaba en su mejilla el aliento del mago, que murmuraba sortilegios, y vio brotar en la obsidiana primero un contorno, luego una mancha opaca que parecía una silueta de formas orondas. La luz era tan débil que el sátrapa tenía que hacer un gran esfuerzo para verla, pero cuando el disco de la luna se puso en línea con el cristal pudo vislumbrar una mujer de grandes senos que, sentada en una butaca igual a la suya, le miraba con profunda sorpresa, como si fuera ella la que descubriera su reflejo. En su regazo dormía un recién nacido envuelto en los mejores paños de Persia, y el sátrapa gimió de pavor al comprender que aquel niño era él a los pocos meses de nacer. El mago puso una mano sobre el puño crispado del gobernador, y su voz sonó profunda como el bramido de las olas. Con aplomo de embaucador anunció que la imagen en la obsidiana se movería con exagerada lentitud, pues la lámina se hallaba en los límites de su poder. El sátrapa forzó aún más la vista, y pudo ver algunas sombras tras la comadrona. «Hay alguien más —murmuró—, hay alguien más.» Y en ese momento la mujer reverberada alzó muy despaciosamente su mano diestra, y el gobernador observó, un instante antes de que la imagen desapareciera, que en su dedo meñique lucía el anillo emblemático de la satrapía de Sardes. Pero la imagen se veló de súbito.

La luz de la luna se había eclipsado tras una nube, y la obsidiana volvió a ser un pozo insondable. El mago ordenó cubrir la lámina con el paño. Sus ayudantes encendieron de nuevo el candil, y el sátrapa se sintió despertar después de un largo viaje por el tiempo. Su mano diestra aún estaba alzada en respuesta al saludo de la mujer, y en su dedo meñique brillaba el anillo. «No lo entiendo. —Se volvió hacia el mago—. El espíritu llevaba mi sortija.» Entonces el mago soltó una breve risa que hubiera tranquilizado al más perplejo de los hombres.

—La lámina carece de pensamiento —contestó—. En su superficie todas las cosas pasan a ser sólo una, y resulta lógico que al interpretar nuestros deseos cometa ligeros errores. Debes pensar que la obsidiana absorbe tu imagen para ofrecer aquella que deseas.

Sin embargo, cuando el sátrapa se hubo retirado se oyeron gritos en los aposentos del mago. El anciano apartó de un manotazo el paño que cubría la supuesta lámina de obsidiana, y sin que ninguno de sus ayudantes se sorprendiera cruzó el marco para increpar a la mujer, que aún no se había movido de la butaca. Volvieron a cruzar la inexistente lámina agarrados el uno al otro en un forcejeo que revelaba la connubialidad de sus relaciones, y se les añadió la verdadera madre de la criatura dispuesta a impedir que dañaran a su descendencia. Cuando por fin se aplacaron los furores de la reyerta descubrieron que aquel anillo se parecía en muy poco al que llevaba el gobernador. «Ha sido sólo una coincidencia —sentenció el mago—, pero basta para hacernos comprender que la representación que hoy hemos iniciado puede no acabar nunca.»

A la mañana siguiente los soldados buscaron al mago por todo el palacio, y lo encontraron en las bodegas entregado a los sopores del vino. Dormía tumbado de bruces sobre una de las mesas, junto a una mujer de pechos enormes que roncaba apacibles truenos. Ella fue la primera en oír los improperios de los soldados, y no dudó en vaciar un cubo de agua en la espalda encorvada de su anciano acompañanate. Acabó de despertarlo a gritos, y poco después se presentaba el mago ante el sátrapa con su túnica refulgente y la mirada perdida en un arcano vahído. El gobernador descubrió de inmediato los estragos del alcohol en el rostro del farsante, que al moverse despedía además el hedor de sus sudores confundido con el aroma de las mejores rosas de Persépolis. Pero pensó que no le tenía allí por ser un hombre agradable, y sin poder evitar un gesto de malicia le ordenó que utilizara su lámina para mostrarle a la mujer más bella del mundo. El mago le contempló con cierto asombro, pues no había previsto ese capricho. Sin embargo reaccionó con su habitual aplomo. Esbozó una sonrisa de asentimiento, y se inclinó ante su señor con sumisión y complicidad.

Aquella misma mañana abandonó el palacio y se internó en los callejones de Sardes. Preguntó en una taberna, y un hombre se avino a acompañarle hasta una puerta recóndita. La túnica destellaba en las sombras cuando el mago entró en la casa. Necesitó poco tiempo para escoger entre las prostitutas a la menos deteriorada, y algo más para negociar con el dueño del burdel. Regresó a la calle con la muchacha embozada en un manto que la cubría hasta los pies. Un viento súbito agitó la prenda, y la prostituta soltó una risa pueril y se cubrió con premura. Su mirada risueña encontró la del mago para perderse luego en la contemplación del cielo cambiante. Las nubes huían con la celeridad del humo, y en lo alto de la montaña el palacio aullaba como una lechuza. Por la noche el sátrapa había sucumbido ya a la melancolía, y el mago pensó que iba a resultar difícil deleitarle. Utilizó todo su incierto poder. Al otro lado de la lámina la muchacha bostezaba sobre un catre de suntuosas telas fenicias, mientras la mujer del mago probaba en su propio rostro la máscara. Oyeron al mago proferir absurdas palabras, y comprendieron que el sátrapa acababa de entrar en el aposento. La mujer del mago obligó entonces a la prostituta a adoptar una pos-

tura lánguida, y descubrió su cuerpo desnudo. Miró a
través de un diminuto orificio los preparativos del anciano farsante. Sentado en su catre —idéntico al de la prostituta—, el gobernador permitía que empolvaran su rostro como el de una cortesana pervertida. Luego se
tumbó de costado, y el mago le pidió que escondiera el
miembro entre los muslos. Su mujer se apresuró entonces a fijar la máscara sobre las facciones vulgares de la
muchacha, peinó bien su melena sobre la tela suavísima,
y se apartó con un gran abanico entre las manos. En
breve se hizo la oscuridad, y muy lentamente las pupilas
de la matrona se impregnaron con la luz helada de la
luna. Muy cerca oía la respiración pausada de la prostituta, y al otro lado del marco los roncos susurros del
mago y los jadeos arrebatados de su señor, que ya debía
entrever las formas de la muchacha en la penumbra. Comenzó entonces a abanicar a la mujer más bella del
mundo, que cometió la indelicadeza de rascarse una ca-
dera. No iba a destronarla un descuido tan venial. El
sátrapa, que había perdido el pudor, sollozaba embarga-
do por la voluptuosa contemplación. La obsidiana reverberaba la silueta desmayada de una doncella desnuda, y
el gobernador creyó que nunca había abrazado un cuerpo tan lúbrico y a la vez tan delicado como el que tenía
el torturante privilegio de contemplar. En vano buscó su
rostro. El cabello de la muchacha ondulaba sobre la almohada con la cadencia con que el mar agita las algas,
pero sus facciones parecían diluidas en una superficie
tersa y opaca. El sátrapa hizo un esfuerzo inútil por
asentar la mirada en el huidizo semblante de la máscara.
La escasa luz de la luna no podía tender las sombras de
unos rasgos que no existían, y el gobernador vio esfu-
marse la visión sin haber podido retener la identidad de
la muchacha. Cubrieron la lámina con el paño, y mientras en el mundo real el sátrapa se incorporaba enmude-
cido por el desconcierto, en el mundo reverberado la
mujer del mago recuperaba la máscara y cubría con una
mano los labios de la ninfa. Inmóviles ambas, escucha-

ron al farsante explicar a su cliente que la obsidiana era incapaz de descubrir sus más recónditas apetencias, entre las que se encontraba el que para él sería el rostro más bello del mundo. Pero la lámina se había aventurado a ofrecer una silueta que el sátrapa consideraba de una hermosura sublime, mucho más delicada que todas sus mujeres. Quiso saber si el viento que hacía ondular su melena era el mismo viento que alzaba el polvo en las calles de la ciudad, y el mago encogió sus hombros huesudos.

—Puede ser una muchacha de Sardes —contestó con crueldad—, pero puede ser también de cualquier lugar en donde alguna vez haya soplado el invisible.

Tuvo que ausentarse el sátrapa durante unos días, que el mago entregó a los peores excesos. Sus costumbres libertinas incordiaron a todos en aquel caserón de paredones de barro, pero el gobernador había ordenado que se le tratara como a un invitado, y como tal se comportaba el farsante adivino. Hasta la prostituta, que amenazó con revelar la verdad de sus rasgos prosaicos si se la devolvía al burdel, pasó a integrar su desalmada comitiva. Vomitaron los mejores caldos de Lidia sobre las alfombras que extendían en las terrazas para ver la danza inmóvil de las estrellas, y pervirtieron a parte de la servidumbre en orgías que no encontraban su final ni en la soledad tenebrosa del amanecer. Pero el sátrapa regresó rodeado por sus temibles arqueros, y nada más entrar en el palacio convocó al mago, que tuvo que someterse otra vez a los aderezos de su mujer. Llegaba el gobernador de un lugar en donde había podido contemplar la desolación infinita que conlleva el último viaje, y ya sólo deseaba saber cómo iba a ser su muerte. El mago esbozó de nuevo su ambigua sonrisa.

Aquella noche el sátrapa posó para la obsidiana arropado en un sudario y con el rostro cubierto de polvos de arroz. El mago, para impresionarle, simuló un hipogeo con losas de piedra que hizo subir desde la ciudad. A la exigua luz del candil el sátrapa se recostó en la tumba

con demasiado miedo para entornar los ojos. No iba a
ser necesario fingir, pues la obsidiana tenía una noche
creativa. Entró el débil rayo de luna, que iluminó la pro-
fecía de su postrera victoria. «Ningún otro hombre ha
visto el lugar exacto en donde hallará la inmortalidad»,
murmuró el mago. Estaba seguro de que el gobernador
sucumbiría al placer de descubrirse poderoso, y había
praprado el más tentador de los augurios. Apoyado en
la improvisada sepultura en la que temblaba su cliente,
el anciano impostor contempló con orgullo su obra. En
el suelo se hacinaban cadáveres de piel azafranada,
amontonados tras el fragor de una contienda claramente
adversa. Erguido sobre ellos, un anciano de brazos her-
cúleos oteaba el remoto paisaje que acababa de someter
al imperio. El sátrapa ahogó un gemido al ver que los
pertrechos del proyecto guerrero eran los mismos que él
lucía en campaña, aunque adornados con los oropeles
de un título en el que le daba pánico pensar. Aún no se
había recuperado de la impresión cuando uno de los cadáveres, a espaldas del héroe, logró alzar un brazo que
sostenía un venablo de rara manufactura. Fue tal el grito
que soltó el sátrapa, que al otro lado de la lámina los
muertos dieron todos un brinco breve que pudo inter-
pretarse como su último estertor. Eso no impidió que el
taimado moribundo, tras recuperar la compostura de su
felonía, iniciara el gesto de atravesar al héroe con su
rejón. Pero ya el mago cuchicheaba ordenando que ve-
laran la luz de la luna, y alzaba su afilada silueta para
lamentar el alarido del gobernador. La obsidiana acababa de perder la inspiración.

II

Y cuenta la historia que llegaron a Sardes unos mercaderes con el último prodigio de Egipto. Lo instalaron en
el salón de los hipopótamos frente a un pequeño trono
para que el gobernador pudiera entretenerse en su con-

templación. Y ciertamente se entretuvo tanto como deseaban los mercaderes. Con las manos inermes sobre el estómago y la mirada absorta en el prodigio escuchó su glosa de buhoneros, y aún permaneció un rato más observando en silencio. Después ordenó a la guardia que buscara al mago.

Cuando el anciano farsante entró en la sala creyó que se le helaba el corazón. Sentado de espaldas a él, el sátrapa se contemplaba en un gran espejo de cobre bruñido. Se acercó al mago hasta reposar las manos sobre el respaldo del trono, y sus miradas se encontraron sobre la superficie brillante del espejo. La indignación hacía tiritar los labios del mandatario, pero el mago, sin perder la calma, le ofreció el reflejo de la más insolente de sus sonrisas.

—Sabes bien que la mentira es la peor de las desgracias —habló el gobernador con voz contenida—. Quiero saber si debo castigar a esos mercaderes, pues aseguran que su lámina muestra la única reverberación posible de mi persona, y que lo demás es labia de embaucadores.

El mago hizo un gesto con el brazo que parecía querer dar a entender lo efímeras que eran las cosas o lo inabarcable del universo.

—No creo que debas castigarlos —contestó—, y hasta es posible que su lámina te sirva para decorar las estancias de tu palacio. Por lo demás, la encuentro en exceso impúdica pues recoge detalles de dudoso gusto, y carece sin duda de la inspiración artística de la obsidiana. Es una buena falsificación, pero su origen espurio se desenmascara con una sencilla evidencia.

Cogió el mago de un frutero un racimo de uva y se lo entregó al sátrapa. Sus miradas volvieron a encontrarse en el espejo, y el farsante se agachó para hablar junto al oído de su señor.

—Alza tu mano derecha con el racimo, y contempla este reflejo que, según dicen, te reproduce con tanta perfección que no existe otro posible.

El gobenador inició una sonrisa, y las pupilas del mago se iluminaron.

—Tu reflejo lleva el racimo en la izquierda —susurró el anciano impostor—. ¡En la izquierda! ¿Te fiarías de un guerrero que, al ir a coger la espada, no supiera con qué mano hacerlo?

El sátrapa soltó entonces un suspiro de alivio, y mordió una de las uvas henchidas de pulpa madura. Una vez más perdonó en su interior al mago por la fetidez de su aliento. Le contempló en el espejo con cierto desprecio, pero el mago sabía que el desdén del gobernador iba dirigido a la lámina invisible que se interponía entre sus miradas.

—Tu honradez es un bálsamo para mi inquietud —sentenció el sátrapa—. Precisamente iba a pedirte hoy algo muy especial: quiero verme copular esta noche con Anāhita, nuestra diosa fecunda y extraña.

PEDRO ZARRALUKI, *Retrato de familia con catástrofe,* Anagrama, Barcelona, 1991, págs. 25-41.

JOSÉ ANTONIO MILLÁN

EL MILLAR DE DESTINOS DE ERNESTO IMIZCOZ

Hay cosas que nos acompañan desde siempre; pero otras no. Quizá alguien recuerde la aparición de sábanas bajeras de esquinas ajustadas, a mediados de los sesenta, esa década activa y luminosa. Entre los numerosos artilugios con que se quería despertar la codicia del urbanita medio (o más bien de la urbanita), ofreciendo ahorro de esfuerzo, facilidad de manejo, resultados impecables, etcétera, no era el menor este sustituto ingenioso de la operación de plegado de la sábana inferior. (Poco después también hacía su entrada la lavadora que podías alimentar sin agacharte: ahorros minúsculos, dirán algunos, pero no cabe duda de que liberaban, acumulativamente, de una cantidad no desdeñable de ejercicio físico, que luego se podía recuperar toda junta con una sesión en el gimnasio.) Adiós, pues, a la compleja maniobra, en posición tan incómoda para los riñones, de remeter la sábana en dos movimientos, sosteniendo en algo el colchón; ahora bastaba un simple *flop* —que además no admitía más que tamaños normalizados de colchones: todo son ventajas—. ¡Ah!, y la tersura del resultado final, frente a envites pasionales o el desgaste de insomnios, innegable.

Ahora bien, toda sábana, incluso la bajera con esquinas ajustadas, exige sustituciones, colada y doblado para

almacenamiento, y esto último (bien: ¿cómo decirlo?)...
esto último resultaba complicado, difícil: ¿cómo plegar
esta especie de caja chata de lienzo con esquinas fofas?
¿Cómo acercarse siquiera al simple resultante de doblar
en dos, cuatro, ocho, un plano perfecto? Bultos sospe-
chosos, pliegues, lenguas fláccidas de tela colgante que
sobresalen de la pila perfectamente alineada de manteles, toallas y sábanas a la vieja usanza, proclamaban en
voz muy alta los inconvenientes de un progreso no siempre bien asimilado.

    Habíamos estado doblando sábanas después de co-
mer, como preludio, y ahora avanzaba la tarde y me afa-
naba cepillando el fondo de una puerta que rozaba el
suelo. Actividad dominical por excelencia: doméstica,
engorrosa. La puerta sacada de quicio y tumbada de costado a lo largo del pasillo, como un delgado mostrador
para enanos, la extrañeza de la hora (ver caer el día dentro de casa), se unían a la actividad tan *física,* mezcla de
serrín y sudor, y el desagradabilísimo rechinar cuando el
cepillo se encalla. Los niños, mientras tanto, jugando
lejos, y Marisa en la parte de alante, sacrificando también a la sólida deidad de las tardes de los domingos.
Entonces empezó a ladrar el perro.
    Desde que nos mudamos a la pequeña casa con jardín,
antes incluso de comprar los primeros rosales, se plan-
teó el tema del guardián. Consultados amigos y vecinos
(¡y cuántos expertos encuentra uno, a poco que los busque!), hubo un acuerdo absoluto: o *eso,* o verjas en todas las ventanas y alarma electrónica, de esas que se dis-
paran por la noche, y no se pueden cortar más que tras
un complejo proceso, pues tal es su naturaleza. Ganó el
húmedo, el triste animal que me miraba preguntándose
cosas, o aún peor: me aguantaba. Puse límites:
    —Tienen los japoneses (en eso, como en otras cosas,
muy sabios) dos tipos de animales: los «de dentro» y los
«de fuera». Así como se descalzan en el umbral de la

casa, y se bañan antes de entrar en el lecho (el reducto más íntimo), nunca dejarían al perro del jardín entrar en el hogar: entre otras cosas, ¿cómo descalzarle? Y los perrillos falderos para solaz de las damas nunca pisan la calle, y van de un lado a otro en cestillas cerradas por un curioso nudo. Oídme bien: no entrará en casa.

Pronto comprobé la utilidad mayor que podía ofrecer ese extraño erizado de vacunas al que habíamos regalado nuestro jardín: timbre de carne. Apenas alguien, enfilando la calle, mostraba intención de dirigirse hacia nuestra cancela (y a veces ni eso), y ya la híspida voz del can nos lo contaba. ¿Quién sería a esas horas?

Hubo carreras en el piso de arriba: los niños se asomaban. Marisa, más cerca de la entrada, abrió la puerta antes de que sonara el inútil timbre, y al cabo de un rato gritó:

—¡Juan, tienes visita!

Unos pasos, que no pude reconocer, se acercaron desde el fondo, con cierta pachorra. Doblaron el recodo, y era él: Ernesto.

—Hola, chato —dijo—, ¿tienes un cigarro?

Mientras me secaba el sudor, y sacaba con gesto hosco el paquete del bolsillo de la camisa, le miré atentamente: habría dado cualquier cosa por saber qué había hablado con mi mujer.

Ernesto, cuando aparecía, lo hacía sin avisar, y casi siempre para pedir algo. Levantabas la cabeza, sorprendido por la hora, o por el día, y allí estaba él, con los ojillos entrecerrados, pronunciando la frase ritual: «Hola, chato, ¿tienes un cigarro?» Luego solía venir otra.

Quizá el calificativo que mejor le cuadraba fuera *bajo,* moralmente bajo. En los mejores momentos, me daba por pensar que, al menos, tenía la decencia de no ocultar su indecencia bajo ningún disfraz: metía mano a las mujeres en seguida, hacía excesivas cosquillitas a sus sobrinas de corta edad, bebía como un sumidero, faltaba al trabajo con cualquier pretexto, etcétera. En las otras ocasiones le consideraba un hijo de puta, a secas.

—Bueno, pasa. ¿Qué haces por aquí?

—Dame fuego, chato. ¿Aún se te pone dura?

Se repantigó en el primer sillón, y puso una de las caras de su limitado repertorio, la inexpresiva («cara de huevo duro», solíamos llamarla en la mili). Encendí otro cigarro, y esperé a que dijera algo. Siempre acababa por hacerlo.

Nos conocimos en el servicio militar, y entones ya era así. Pero la mili crea extrañas amistades. Cuando el páramo burgalés se refractaba en el interior del cuartel las tardes de invierno, y cuando de las dos opciones (salir a beber, o beber allí) sólo me quedaba una, por el arresto, no era mala compañía ese cabo pelirrojo e indolente, que solía aparecer a media tarde con una barra de pan y una «aspirina»: era él. La aspirina, por su parte, consistía en una mezcla en proporción variable de vino tinto y cocacola. Creaba hábito. El nombre le debía de venir de sus capacidades terapéuticas: no dejaba ni una pena. Hoy, tengo entendido, beben una combinación de cerveza y ginebra; asquerosos.

Desprendía un claro magnetismo animal (que incluso llegaba a someterme, a veces). En un ambiente ya de por sí hipersexuado hasta la exasperación, él sobresalía por sus méritos. Alguna noche, cuando me tocaba de compañero de guardia, dando vueltas en torno a Capitanía, nunca dejaba de sorprenderme. Cada ventana que permanecía iluminada, ya avanzada la noche, era para él señal evidente de actividades sexuales, ¡más los que lo hacían a oscuras! Para él no contaban ni jóvenes estudiosos, ni niños asustadizos, ni velas a la cabecera de un enfermo. Miraba las ventanas, apreciativamente: un sexto con las cortinas descorridas, hummm, esa lamparita de pantalla rojiza... Solía en esos casos citar unos versos, tal vez suyos:

> Cuando las doce están dando
> y está la luna en la cumbre,
> hay más ... funcionando
> que pucheros en la lumbre.

Tras la dispersión del día de la licencia (había quien deponía, postreramente, en abundancia, «para no llevarse nada»), uno se iba con dos o tres ideas claras, muy útiles, varios vicios en distinto grado de arraigo, y algunos números de teléfono. Yo no tenía el suyo, pero él sí el mío. Pasada la resaca me llamó, nos vimos algunas veces, y hasta compartimos un veraneo en el apartamento playero de su familia. Conocí a algunas personas de su círculo, e incluso Marisa vino a través de él, lo que son las cosas...: los dos daban clases en el mismo colegio. Este cúmulo de circunstancias impedía, consistentemente, que llegáramos a la suave separación definitiva que sin duda era el destino de la relación entre dos seres tan diferentes como nosotros.

Sin embargo, el Último Día, cuando nos pidan cuentas y le toque comparecer en el centro del gran anfiteatro, y cuando no encuentre Ernesto palabra que oponer al largo desgranar de afrentas, delitos y estulticias que el Gran Acusador volcará sobre él; cuando tras la fórmula de ritual el mísero deslice la mirada por el cuenco inmenso de rostros (todos cercanos, sin embargo, por magia del momento) a la busca de un testimonio favorable, y no lo encuentre, entonces yo levantaré la mano y contaré el regalo que me hizo, sin saber que lo hacía. Y espero que le sirva.

Lo que hizo fue enseñarme a doblar una sábana bajera de esquinas ajustadas, y lo hizo de forma graciable, gratuita: nada le obligaba, podía no haberlo hecho. Compartíamos por quince días el apartamento en la playa, y descolgábamos juntos la ropa de la cuerda. Pasamos a doblarla. «¿Qué haces?», me dijo, «Mira:». Y yo empecé a copiar especularmente la secuencia de sencillas maniobras: doblar longitudinalmente, hacer coincidir por dentro las esquinas de cada lado (una, pues, invaginada); cogiendo de ellas, dejar colgar los sobrantes, configurando como un medio marco; por último, doblar como si tal cosa. ¡Qué fácil, qué *oportuno* era todo! Supongo que la misma sensación debió experimentar el primero que desolló un conejo, o vio funcionar una polea.

Luego apareció Paula en mi vida, y deshicimos juntos infinidad de camas —hicimos también unas cuantas, por pura simetría—, y de esta forma inmediata, natural, ella absorbió la técnica. Cuando luego la destinaron a Zafra se llevó consigo sus libros (y algunos míos), pósters, una tetera, y algo inmaterial: el *know-how*. Marisa ya dominaba la técnica cuando la conocí, sin embargo. Curiosamente, para ser una habilidad de transmisión restringida, doméstica, y para ser algo que no suele salir en las revistas ni en la televisión, me da la impresión de que se ha extendido mucho. Yo mismo contribuí a implantarla en mi familia y, a través de mi asistenta, en todo un grupo de hogares necesitados. Hoy debe ser ya universalmente conocida, salvo en las islas, quizá, y aldeas montañosas. En cuanto a Ernesto, no sé de dónde lo sacó: tampoco quiero preguntarle demasiado.

—¿No tienes droga, chato?

—No. Ya sabes que no fumo.

Podía ser que le hubieran entrado ganas de fumar un porro en el momento en que pasaba por el barrio, como podía ser cualquier otra cosa. Me estiré, y estornudé un par de veces. Me acerqué al dormitorio por una chaqueta, y a la vuelta se había servido un coñac en una de las tazas de té que hay encima de la chimenea. Me cabreó:

—¿Por qué no pides una copa?

Me miró a los ojos. Tenía expresión de preocupado. Casi me dio pena.

—Es lo mismo. Oye, chato: tengo un problema. Mira esto.

Me tendió una hoja de papel, escrita a máquina. Le eché una ojeada, y se la devolví, con toda premeditación.

—No. Léela entera —me dijo, en tono casi suplicante. Estaba claramente afectado.

Era el equivalente nacional-católico de las ruedas de oración tibetanas, una de esas «cadenas» de oraciones que el receptor tiene que difundir bajo la amenaza de horribles desgracias. La sostuve con mano firme, y empecé a leerla:

Esta es la Santa cadena de San Pancracio. Amén. Jesús. Haz tres copias durante nueve días, y mándalas a desconocidos, pues San Pancracio quiere que la suerte es ciega. No vale fotocopia ni copia a ordenador. Esta cadena tiene que dar la vuelta al mundo y quitar la radiactividad.

La cadena viene de Miami, y hay que rezar tres salves. A San Pancracio, rómpele el brazo. Luis Cuesta se burló, pero su mujer hizo las copias antes del tercer día y ella se salvó. Un accionista mandó todas las cartas y le llegaron 8.500.000. Elena hizo las copias y se le quitó el dolor que tenía y ganó a la Loto 3 millones de pesetas. Esta cadena viene de la isla de Pascua y un misionero de América del Sur la empezó a gloria del Santo. Amén Jesús. San Pancracio, salud y trabajo. En Filipinas el general Hospitos se burló de ella tú no te burles y le raptó las facciones políticas terroristas de allí.

Pon las copias una noche delante de la estatua del Santo antes de mandarlas y te tocará la quiniela, la primitiva o el ciego. Si no hay estatua vale una estampa. Sino vale el propósito.

Quien sabe idiomas extranjeros puede copiarlas en extranjero y hacer sólo veinte. Si llegan a Rusia cuentan el doble. Esta cadena ha dado seis veces la vuelta al mundo. En Tokio Manolo por mandarla se libró del terremoto, y luego ganó $5.000. Ernesto Imizcoz se curó de su onanismo al hacer las copias, pero luego no las mandó y recayó más fuertemente; murió loco.

No pude contenerme, y solté una carcajada tremenda. Levanté la cabeza y le miré: estaba jugando con la caja de cerillas, a la espera. Terminé de leer:

Juana Herrera, en Cádiz, por vaga ni siquiera las fotocopió ella y mandó a su hijo, y no sirvió porque los millones fueron a su cuñada. Hazlo todo bien, sobre todo lo del agua. Amén Jesús. No mandes dinero.

Dejé el papel en la mesa. Ernesto seguía jugando con las cerillas. Me creí en el deber de hablar.

—Ernesto: te han hecho una putada.

Me miró como diciendo «Y cómo...» Recogió la carta y la dobló pensativamente.

—Esto lleva veneno —confirmó—. ¿Has visto lo que dice? ¡Onanista! ¿Sabes cuánto hace que...?

—Espera —le interrumpí—. Igual ésta es una carta que te han mandado sólo a ti, para mosquearte.

Se rió torcidamente y metió la mano en el bolsillo de la chaqueta. Sacó un fajo de papeles.

—La primera fue hace dos meses: me la dio una compañera, muerta de risa. Pensé que era una broma suya, y estuve por partirle la cara. Pero luego empezaron a llegarme más noticias. Me preocupé seriamente, y movilicé a todo el mundo. Mira qué colección he juntado.

Las fue poniendo encima de la mesa. Había de todo: cuartillas, folios, a máquina, manuscritas (y en letra de vieja), e incluso —¡qué indecencia!— fotocopiadas... Iba a comentar algo, cuando entró Marisa, buscando no sé qué. Miró de pasada las hojas que cubrían la mesita y comentó, al ver que nos quedábamos callados:

—Oh, por mí no os molestéis: seguid con ello. Ya me voy —y se fue con el libro, sonriendo francamente en dirección a Ernesto—. ¿Qué tal Eugenia?

Él gruñó, por toda respuesta, y esperó a que saliera. Debía de pensar que era un asunto de hombres. Justo en ese momento (como esas entradas y salidas del teatro, demasiado sincronizadas) se precipitó desde la escalera mi hijo menor, ese extraño facsímil de mis nueve años.

—¡Papá! —gritó, de entrada—, ¿podemos ir a jugar a donde Acisclo?

—Que venga él —enuncié tranquilamente, mientras veía con aprensión cómo Ernesto recogía las cartas—. Vosotros sois dos. Ahorráis energía si es él el que viene.

Era el tipo de razonamiento que, me parecía, mejor podía llegar a esta juventud ecologista. No tuvo éxito.

—¡Pero aquí no tenemos Cuboclups! —exclamó, con franqueza—. ¿Qué eran esos papeles?

—Nada que te importe. Y no digas Cuboclups, di «construcción» —era una lucha perdida, ya lo sabía, pero no podía evitar que me rechinara el cerebro cada vez que oía uno de esos engendros lingüísticos que los fabricantes consideraban lo más apropiado para los niños: «Chupicromos con Buscasuerte», y demás atrocidades. ¿De dónde sacarían mis hijos (condenados por decreto a no tener televisión) semejante riqueza de vocabulario?—. Que la traiga, y jugáis aquí, si quiere. Es mi última palabra.

Desde el sillón de enfrente Ernesto me miraba, no sé si admirado por mi autoridad o sencillamente a la espera de algo. Al cabo abrió la boca, con visible repugnancia:

—¿Qué puedo hacer?

Viniendo de él, la pregunta era lo más parecido a un grito desesperado de auxilio. Pensé la respuesta.

—Mal asunto. ¿Por qué me has venido con esto?

—No lo sé. Tú entiendes de cosas... una vez trabajaste en Correos... ¡Yo qué sé! —la mención de mi corto período en la sucursal 23 me enterneció—. Cada vez que pienso en esas malditas cartas multiplicándose como conejos a cada minuto, me da algo. Además, si tuviera un nombre corriente, un Juan Pérez... —respingué, pero no lo notó—, pero ¿dónde voy con este apellido? ¡Qué mierda!

—Realmente, hay que ser retorcido para hacerlo... Aprovechar una cadena de oración para meter esto. Es como... —no daba con la imagen—, como enseñarle a un loro a insultar a alguien, y luego soltarlo.

—Sí... —dijo con sarcasmo—, con la diferencia de que esto es como una familia de loros, con hijos y nietos, y todos repiten la misma canción: que si soy esto o lo otro. ¿Tú te imaginas? —murmuraba para sí, como poseso—. ¡Qué cabrón!, ¡qué hijo de puta!

Se sirvió más coñac en la taza.

—¿Sabes quién pudo ser? —pregunté en tono casual.

—Mierda: no. ¿Yo qué sé?... cualquiera.

¡Cómo se delataba, el pobre! Efectivamente: desde la madre de una de sus amiguitas, a algún conocido coronado, cualquier hembra objeto de su lascivia (una vez me declaró: «Yo se lo pido a todas, alguna cae»), pasando por un compañero de francachela objeto de una mala jugada... cualquiera. Movía la cabeza:

—A estas alturas debo de ser el hazmerreír de todo Madrid. Bueno, Madrid... Es posible que ya haya cruzado el Atlántico: esta cosa ha estado en todas partes. ¿Tú qué crees?

—No sé. ¿De dónde vienen las copias que has recogido?

—De mi barrio, del Pilar, de la Conce... y una de Barcelona —se le heló el gesto—. Me la envió un amigo.

—A ver —aproveché la ocasión—, déjame ver todas las copias: se puede sacar algo comparándolas.

Me tendió el fajo, y las hojeé ávidamente; en seguida me saltaron a la vista variantes, adiciones, cambios: vida. Sentí una sensación extraña.

—Haz una cosa —le pedí—: déjamelas; ya te llegarán más, para recuerdo. Creo que comparando los textos se puede llegar a saber si han corrido mucho, o si se extienden.

—¿Cómo? —parecía mosqueado.

—Sí, hombre: si dos cartas tienen la misma equivocación, señal de que se ha copiado una de la otra, o las dos de una anterior, ¿no te acuerdas de los exámenes del colegio? Así se puede ir sacando su historia. Por ejemplo —eché una ojeada a la primera—, suponte que sólo hay una copia con esta historia de Cádiz, pues a lo mejor se ha añadido allí. Es una cosa laboriosa, pero algo se puede sacar.

—Bueno —transigía—, te las dejo: ya me contarás. Ya sabía yo que en algo sí podías ayudarme. ¿Y cuántas puede haber por ahí, entonces?

—Yo qué sé... —fingí calcular—, millares, decenas de millares... pero no te preocupes.

—¿No?

—No: muchas de ellas no surtirán efecto. ¿Te acuerdas de la parábola del sembrador? Estas cosas sólo las hacen viejas, tenderos, monjas, adolescentes... Tampoco es probable que se extienda por barrios muy buenos. Yo mismo, ya lo ves, no he recibido ninguna.

—Me tranquilizas —se levantó—. Me voy.

No dije que no, y le acompañé a la puerta. El perro se dispuso, al otro lado. Pensaba para mí: ¿se lo digo o no se lo digo? Triunfó el bien:

—Mira, Ernesto. No te preocupes demasiado, ¿sabes por qué? Estas cosas se degradan pronto, al hacer copias de copias. Fíjate en que pone «no vale fotocopia»: eso son más probabilidades aún de que se aleje del original. Dentro de poco tu nombre, e incluso tus vicios —añadí, quitando hierro con un pequeño puñetazo en las costillas— se habrán hecho irreconocibles. Y entonces, ¡pam!: fin.

Abría la puerta y se volvió de pronto, mirándome fijamente:

—Tú... No fuiste tú, ¿verdad? Te juro que yo nunca, después de... —se le quedó bailando dentro la frase, y acto seguido, como por una asociación de ideas: —Recuerdos a Marisa.

Cuando se fue, envuelto en ladridos, respiré por primera vez en mucho rato. Cerré el capítulo «puertas», colocándola de nuevo en su sitio: raspaba un poco, pero menos. Retiré el cenicero repleto, y la taza pringosa. Estaba encantado, y canturreaba por la casa. Marisa me miraba con sorpresa.

Anuncié, con el tono de las grandes declaraciones,

que acto seguido, y por tiempo indeterminado, me recluiría en mi estudio para hacer algo importante. No deseaba ser molestado ni para la cena. Los dos niños, el facsímil y el *otro* facsímil, ¡Dios mío!, me miraban con ojos de sorpresa; les debió parecer importante.

Cogí el precioso fajo, y subí las escaleras. Cerré la puerta por dentro, encendí el flexo, saqué tabaco, prendí un cigarrillo y desplegué las cartas: había muchas. Me sentí feliz.

¡Qué pesada carga la discreción (forzada)!, ¡qué duro no poder airear la grandeza de mi acto! Aun en el caso de que sus sospechas crecieran, ¿cómo me vería en lo sucesivo? Un cabrón, pero un cabrón amaestrador de loros. Y la realidad... la realidad era más meritoria.

La cadena era realmente un virus, un parásito de cuatro metros y medio. Cuanto más indefenso es un animal, más tiene que poner de su parte (y a su pesar) el huésped. No tiene patitas, ni órganos reproductores, ni reservas energéticas, de modo que el huésped no tiene más remedio que aportar los materiales, cuidar de la reproducción, de la elección de la nueva víctima, y del transporte hasta ella. Demasiado, diría cualquiera: ¿por qué habría nadie de hacer eso? Bueno: lo que sí aporta ese virus es una cuidadosa selección de *promesas*: bienes para el buen huésped y males para el poco cooperativo. ¿Quién podría resistirse a eso?

Insertar en una cadena preexistente esas pocas frases envenenadas, ésa fue mi primera idea: una simple operación de ingeniería genética, como esas bacterias modificadas que, según dicen, firman sus creadores en el ADN. Pero yo había ido más allá, había *creado* la totalidad del organismo, a través de un cuidadoso diseño: un santo popular, unos ritos simples, alusiones de amenazadora actualidad, abundancia de premios y castigos, incoherencias calculadas (para mejor prender en el subconsciente: efecto Zeigarnik, lo llaman) y para remate —como el artesano que ha fabricado un mueble «de época» y lo expone a la intemperie, le dispara perdigones que simulen carcomas y lo erosiona con una pistola de arena— lo salpiqué de esas delicadas incorrecciones sintácticas, de inculto, y los disloques y remiendos que sólo puede proporcionar un largo historial de transmisiones: ¿quién confía en una cadena que no circula? Y en el centro, brillando con luz propia, el meditado insulto a mi ex-amigo.

No es que hubiera esperado mucho: es que siempre confié en que la vida acabaría por ponerme delante el medio más adecuado, más fino, para mis propósitos. Y cuando tuve en mis manos la primera generación —un millar de individuos ansiosos por hundirse en un millar de mentes—, sentí que todo estaba bien.

Inoculé la ciudad una inolvidable mañana de sábado. Consideré un acto de justicia cósmica —además de una ayuda muy útil— que mi hijo mayor colaborara. Le exigí plena discreción, se lo camuflé de experimento delicado, y le amenacé con mis iras si lo perturbaba en lo más mínimo. Él por un lado, y yo por el otro de la calle, fuimos metiendo sobre buzón tras buzón, portal tras portal, en zonas que había estudiado cuidadosamente. Cada vez que veía su cabecita pelirroja desaparecer por una puerta, sentía un estremecimiento de cariño.

Y ahora, allí, sobre la mesa, estaban las pruebas del éxito: las sucesivas generaciones, las variantes que hablaban del éxito reproductivo. Me puse a estudiar las relaciones, los parentescos: dominaba la «línea 65.000», cifra en que se habían convertido los $5.000, quizá excesivamente complejos para uno de los primeros copistas. Como era de esperar, unos cuantos habían optado por la lectura, más fácil, «enanismo» (bueno: casi más divertido). Uno de los anónimos huéspedes, al que pronto rotulé como Vago, había podado el texto hasta extremos inverosímiles: «facciones políticas terroristas de allí», por ejemplo, había quedado reducido a «terroristas». Otro, Prolijo, había redondeado algunas expresiones, y añadido a mi primitivo «no vale fotocopia» la coda: «ni copia a ordenador». Pero a lo que iba: el nombre de Ernesto Imizcoz había resistido bastante bien (comparado con otros: Hospitos había dado lugar a Popitos, e incluso Hontiles); sólo una vez le habían añadido una hache, quizá por contaminación; pero así y todo, allí estaba, perfectamente reconocible.

A veces pienso que, realmente, tal vez no tenía motivos: siempre habrá habido alguna que, a veces, se resistiera a sus asechanzas, ¿o no? Luego los parecidos, y todo eso, que ¡vaya usted a saber! Además de que está toda la historia de genes recesivos, y demás. Entonces me abruma la idea del virus afrentoso multiplicándose torrencialmente y cruzando océanos. Pero luego me veo como representante o portavoz del extenso colectivo de padres y esposos damnificados por ese pene con patas, y me tranquilizo.

Aunque, a decir verdad, con la primera versión lista para el —voluntariamente defectuoso— mecanografiado final, sentí escrúpulos. Me debatía en ellos cuando, por sorpresa, me asaltó un recuerdo. Verano. La penumbra de persianas bajadas olorosa a sol y agua. Leo en la hamaca, y debajo de la camisa los hombros quemados tienen un escozor agradable. Alguien se me acerca por detrás y me da suavemente en la mejilla:

—Vamos, chato; ayúdame a recoger la ropa.

Me levanto y me acerco a la terraza: entran toallas, calzoncillos, sábanas. Nos ponemos a doblarlas.

—¿Qué haces? —me dice—. Mira...

Entonces fue cuando decidí darle una oportunidad, meter una bomba de tiempo que acabara por anular la identidad del ofendido, y añadí «no vale fotocopia» en las instrucciones.

La copia manual es una operación quíntuple, con amenazas al original en cada esquina: el copista tiene que leer un fragmento, memorizarlo, dictárselo a sí mismo, transcribirlo y, por último, volver al modelo... en el mismo punto que lo dejó. Nadie puede transitar mucho por un camino tan erizado. Sabiéndolo, hice la adición (y —cosas del destino— Prolijo la remachó, para incontables descendientes de su línea). Sin embargo, siempre hay, al fin y al cabo, el copista cuidadoso, el alma grande, que lee y que coteja como si le fuera algo en ello. En él confío.

José Antonio Millán, *La memoria (y otras extremidades)*, Sirmio, Barcelona, 1990, págs. 91-106.

JAVIER GARCÍA SÁNCHEZ

DUNCAN

Un día le contaron la historia de Duncan, y desde entonces vivió obsesionado. En cierto modo cambió su vida, aunque con frecuencia hablaría de ella en términos de fantasía, y a veces incluso de broma. Era la historia de alguien, un tal Duncan, que se tiró desde la azotea de un edificio con la intención de suicidarse, pero nunca llegó al suelo.

Años antes, el padre de Carlos entró cierta tarde en casa. Venía del trabajo. Entonces vivían en Madrid. Aquella tarde el padre dijo a su esposa nada más llegar: «Duncan se ha suicidado». Luego explicó los pormenores hasta donde él sabía. Al parecer, los hechos ocurrieron hacia media tarde. Duncan, como el padre de Carlos, trabajaba en una compañía norteamericana, unos grandes almacenes. Tenía un puesto importante, en concreto el de Gerente de Compras para España. Después de comer, Duncan llegó a los despachos situados en pleno Paseo de la Castellana. Fue hacia las tres y media, como todos los días, y al poco le dijo a su secretaria que pensaba acercarse hasta Coslada para supervisar personalmente la llegada de cierto pedido procedente de la central de Chicago. En las oficinas se cruzó con varios ejecutivos y técnicos de la empresa, a los que saludó cortésmente, entre ellos el padre de Carlos. Después to-

mó su auto y, unos veinte minutos más tarde, llegó a esa
zona periférica de la ciudad, no muy alejada del Aero-
puerto de Barajas.

En el almacén de Coslada estuvo durante hora y media aproximadamente. Se mostró cordial con los empleados que había por allí, y también bastante ajetreado
yendo de un sitio a otro. Incluso ayudó a descargar un
material pesado. Fue hacia las cinco y cuarto cuando entró en uno de los despachos. Habían llamado por teléfono preguntando por él. Después se supo que se trataba
de un hombre con acento inglés que se limitó a decir:
«¿Mr. Duncan, por favor?» Duncan estuvo en aquel
despacho apenas un minuto. Dos empleados pudieron
observarle, serio el semblante pero en apariencia no especialmente preocupado. No hablaba, más bien parecía
atender a lo que su interlocutor le decía. Sin embargo,
otro empleado creyó oírle comentar una frase en inglés.
La estructura acristalada de aquellos despachos permitía
oír lo que se decía dentro si no sonaba ninguna máquina
cerca, algo que era bastante usual.

La secuencia de los hechos fue rápida, aunque a la vez
se desarrolló con normalidad. Ocurrió en un par escasos
de minutos. Duncan salió del despacho, dirigiéndose a
continuación a un sector del almacén en el que había
una puerta de acceso a los pisos superiores, también
propiedad de la empresa. Subió por aquella escalera re-
corriendo un estrecho y oscuro pasillo hasta alcanzar
una nueva puerta que sólo daba a la azotea. En total, la
altura vendría a ser la equivalente a seis pisos. Justo
cuando entraba por esa puerta se encontró con un empleado de mantenimiento que se hallaba en la última
planta. El empleado, a pesar de sorprenderse al ver al
señor Duncan allí, le saludó como si tal cosa. Duncan no
correspondió a su saludo. Se limitó a sonreírle y entró
por la puerta, cerrándola tras de sí con fuerza. El empleado, no sin cierto desconcierto, empezó a bajar las
escaleras. Había descendido ya un piso cuando tuvo un
presentimiento inquietante. Se dio media vuelta y, a pa-

so ligero, llegó hasta la puerta por la que entrase Duncan. Seguía cerrada. Llegó a la azotea y, para espanto suyo, comprobó que Duncan no estaba. Imposible que hubiese bajado, pues se lo habría encontrado de frente al subir él. Tampoco había allí ninguna otra escalera, ningún pasillo por el que descender a los pisos inferiores. Ése era el único camino. Alarmado, miró una y otra vez por la azotea. Finalmente, y ya temiéndose lo peor, se asomó cuanto pudo al vacío. Duncan se había tirado, no cabía duda. Lo había hecho en unos pocos segundos. Pero desde arriba, y debido a la peculiar forma de la cornisa que rodeaba la azotea, no lograba verse la calle en una perspectiva vertical. Como es de suponer, el empleado bajó dando gritos y avisando a todos de lo que acababa de suceder. Faltaba poco para las seis y la noticia fue comunicada por teléfono a las oficinas centrales de Corporación en los momentos de alboroto y nervios que siguieron. En el almacén de Coslada se produjo la comprensible situación de caos y llamadas. Policía, ambulancia. Fue ése el instante en el que al padre de Carlos le comunicaron lo ocurrido. Supuso un jarro de agua fría para todos, principalmente para quienes estaban en relación más estrecha con Duncan. Quedaron anonadados. Duncan era un hombre delgado y canoso, parco de palabras pero de aspecto apacible y hasta risueño. Contaba cincuenta y tres años y tenía cuatro hijos.

Carlos y su madre oyeron impresionados el relato. En un par de ocasiones ella había coincidido con el matrimonio Duncan en sendos cócteles organizados por la empresa. Aquella noche Carlos tuvo pesadillas. Esas cosas siempre le habían afectado, pero lo que más le dio que pensar fue lo de la sonrisa de Duncan, su última sonrisa al empleado que se cruzó con él, su último contacto con la vida. A Duncan sólo lo había visto en una foto, y realmente aquél parecía un tipo entrañable, con una especial serenidad en el rostro. Una vez más se hizo la pregunta acerca de la parsimonia y el dominio de sí mismos que tienen ciertos suicidas, ese postrero y desesperado desafío a todas las reglas establecidas.

Al día siguiente, a eso de media mañana, se produjo el mazazo. Carlos no había ido a la Universidad, ya que debía preparar un trabajo en casa. Sonó el teléfono y lo cogió su madre. De pronto se quedó demudada, dejando escapar un significativo «¿qué?» al aparato. Luego colgó y dijo escuetamente: «Duncan no aparece por ningún lado.» Tan sólo eso. Carlos preguntó y ella repitió lo que el padre acababa de detallarle. Que, en efecto, el cadáver de Duncan no había aparecido, que le vieron entrar en la azotea y que no salió de allí. Que había ido una dotación de la Policía al almacén de Coslada, y también una ambulancia. Que buscaron por todas partes, en los cuatro lados del edificio, y Duncan no estaba. Sí su auto estacionado frente al almacén, a la vista de todos. Sí su chaqueta, apoyada en el respaldo de una silla, en un despacho. También estaba su documentación, sus llaves e incluso algo de dinero que llevaba encima. Aquello parecía magia.

El padre de Carlos volvió a llamar a su esposa después del mediodía informándole de nuevos pormenores. En la empresa la consternación había crecido hasta lo indecible. El empleado que viese entrar a Duncan en la azotea se hallaba ahora en las dependencias policiales. Había sufrido una pequeña crisis nerviosa. En cualquier caso, su testimonio era esencial. Duncan no apareció. Durante bastantes días sólo se habló de ese tema. Fue unos meses más tarde cuando Carlos se ofreció para acompañar a su padre al almacén de Coslada. Allí todavía parecía flotar el fantasma de Duncan. A diferencia de lo que acaeció en las oficinas de Corporación, donde la opinión general era que Duncan se había marchado a alguna parte y a saber por qué razón, en el almacén cundía un evidente malestar cuando se mencionaba el asunto. Aunque una gran parte del personal del almacén también había acabado por pensar que lo de Duncan debía tratarse de una fuga meticulosamente planificada.

Daba igual que en teoría, y por lo que había llegado a saberse de él, no tuviera ni un solo motivo aceptable para hacerlo. Ése era el recurso mental fácil, obvio. Pero aquella tarde Carlos, no sin antes vencer su timidez, se atrevió a abordar al empleado que se cruzase con Duncan en la puerta de la azotea. Al priincipio éste no se mostró en exceso dispuesto a explayarse. Durante los pasados meses incluso habían llegado a burlarse veladamente de él, juzgando su versión de inverosímil. Pero Carlos creyó leer en sus ojos que aquel hombre no mentía, que hasta donde él había contado era verdad. Aún se emocionaba al hablar. El misterio, lo inexplicable, fuese lo que fuese, ocurrió en la azotea.

Luego de haber atendido con suma atención las explicaciones del empleado, quien por fin se desahogó largo y tendido por encontrar a alguien que parecía dar crédito a su historia, Carlos decidió hacer algo que en realidad deseaba desde que se enteró de la ilógica desaparición de Duncan: subió a la azotea. Lo hizo rápidamente, procurando que nadie le viese. Estaba completamente decidido a hacerlo, y ni siquiera su padre hubiera podido impedirlo. Subió por aquellas oscuras escaleras con el corazón latiéndole de tal modo que, pensó, iba a salírsele del pecho. Cruzó sigilosamente la puerta metálica en la que Duncan fue visto por última vez. Los pasos finales hasta pisar la azotea los efectuó como un autómata. Una vez allí, con el aire pegando en su rostro, se acercó con cuidado a la cornisa. Incluso antes de mirar tuvo una sensación de inmenso vértigo. Una rara vibración se cebó en sus sienes. Sintió, aunque de hecho tardó aún bastante en comprender el verdadero alcance de esa percepción, que las cosas dejaban de tener color. Eran en blanco y negro, opacas. También le pareció que todo se hallaba encuadrado en una dimensión plana, no en relieve. Lo cierto es que estaba lo suficientemente impresionado como para que ese tipo de sensaciones no le parecieran algo preocupante o anómalo.

Desde la cornisa no se veía el suelo de la calle. Un

saliente de ladrillo lo impedía, por esa razón el empleado no alcanzó a ver el supuesto e inexistente cuerpo de
Duncan. Para comprobarlo debería haberse arrastrado
más allá de la barandilla, pisar la cornisa y asomar la
cabeza por el extremo del saliente, operación que hubiera supuesto un indudable riesgo. Después observó con
detenimiento a dónde iban a dar las tres fachadas laterales del edificio. La primera, a una estrecha callejuela
en la que había dos contenedores de basura. Otra, a un
patio anexo al almacén, de unos cien metros cuadrados
o más, en el que solían aparcar los camiones o furgone-
tas de carga y descarga. La tercera daba directamente a
un descampado en el que el terreno tenía una ligera inclinación. Allí sólo había arbustos, tierra, piedras y restos de unas gruesas tuberías metálicas. También rollos
de goma industrial que parecía recién quemada. Pero
quedaba aún una posibilidad, en la que Carlos no dejó
de pensar en todo este tiempo: que Duncan hubiese sal-
tado hasta otro tejado, huyendo luego a saber cómo y
dónde, ya que su dinero y su auto seguían en el almacén.
Esa posibilidad se desvaneció en el acto. El tejado más
próximo estaría a unos diez o quince metros de distancia. En medio, el vacío. Una caída en picado hasta el
pavimento o, de haberse tirado por la parte trasera, a
ese escampado en pendiente. En cualquiera de los casos
aquellas caídas debían resultar mortales.

Pero ¿y si por una casualidad, por uno de esos azares
de los que se da uno por cada millón, Duncan no había
caído ni al pavimento ni al campo, sino sobre algo que
amortiguó su caída? ¿Quizá a uno de los contenedores
de basura situado allí accidentalmente, o sobre algún camión que frenase la caída, consiguiendo que el impacto
del cuerpo, al no haber nadie cerca en aquel preciso momento, pasase desapercibido? ¿O acaso fue a caer en ese
descampado de arbustos, piedras y desechos industria-
les, y allí pasó algo que imposibilitó su hallazgo? No, eso
era imposible. Carlos reconstruyó la conversación man-
tenida con el empleado que vio a Duncan por última

vez, así como otros detalles que le relatasen varios empleados del almacén y su propio padre en las jornadas posteriores al suceso. La Policía había rastreado minuciosamente, y por espacio de horas, los alrededores del edificio. Asimismo se preguntó al personal de esas fábricas y almacenes contiguos, indagando, por ejemplo, si el cuerpo podía haber ido a parar justo encima de algún camión de gran tonelaje que aquellos momentos pudiera transitar por aquel sitio. Las investigaciones duraron semanas. Finalmente, aunque con multitud de puntos oscuros, fue la misma Policía la que se inclinó por la hipótesis de una huida voluntaria y meditada. No sería ni el primero ni el último caso de circunstancias similares en los que las familias de los desaparecidos son las más perplejas. Y como una de las características inherentes al género humano acostumbra a ser la negación sistemática de todo aquello que a simple vista no se puede comprender, cuando no negarse a concebirlo desde otros ámbitos que trasciendan la estricta lógica, fue en la propia empresa donde se empezaron a hacer referencias a Duncan con una oblicua sonrisa que no era de extrañeza o de reprobación, sino simplemente de sospecha. Llegó a ser así hasta tal punto que el padre de Carlos, años después y en tono de broma, le dijo a su mujer en cierta ocasión: «Un día de éstos haré como Duncan, buscarme un lío por ahí e irme a Brasil.»

Pero aquella tarde, en la azotea del almacén, Carlos entendió que una tras otra se esfumaban todas las posibilidades de dar con una tesis fidedigna o cuando menos aceptable para saber qué sucedió con Duncan. No obstante, antes de abandonar la azotea, aún hizo otra cosa. Aquel gesto marcó su vida en el futuro, una parte fundamental de su vida, la interior. Nadie lo supo nunca, nadie le vio. Avanzó hacia la cornisa cerrando los ojos cuando estuvo a un metro escaso del vacío. Imaginó estar en la mente de Duncan, intentó sentir a través de sus sentidos, ver a través de sus ojos. A un escalofrío sucedió una debilidad general. Y se vio a sí mismo cayendo lentamente, el mundo y las cosas al revés, pero sin pánico en la conciencia. No percibió impacto alguno en el suelo. La sensación se cortó en el acto. Al contrario, una remota y poderosa sensación de plenitud recorrió sus venas. Estaba empapado en sudor, con claros síntomas de mareo, y de nuevo su corazón se había acelerado. Cuando bajó, su padre hizo una alusión a la palidez que Carlos no lograba disimular.

El tiempo pasó y, como suele suceder con el transcurso de los años, Carlos se dio cuenta de que el instinto de supervivencia acabaría relativizándolo todo. Tal vez fuese cierto que Duncan, a saber cómo, se las ingenió para huir de la vida cotidiana que llevaba hasta entonces. Quizá era verdad que en esos mismos momentos Duncan vivía en algún lugar lejano, con otra identidad. A pesar de todo, Carlos siguió pensando, esforzándose en hallar otras explicaciones, si no lógicas sí al menos coherentes para tan extraño caso. Siempre tuvo la convicción de que la clave de todo estaba en aquella llamada telefónica que Duncan recibió en los instantes previos a que subiese a la azotea. Puestos a especular, ¿y si estaba metido en algún problema enorme, algo relacionado con los servicios de inteligencia, por ejemplo, y fue recogido por un helicóptero en la azotea? De todas, ésa sería la única versión posible, siempre que el empleado tuviese razón, sobre todo en lo concerniente al tiempo transcurrido desde que vio entrar a Duncan a la azotea hasta que volvió allí. En tal caso cabía pensar que alguien, tanto en el almacén como en la zona, debiera haberse apercibido de la presencia de un helicóptero, aparato que provoca un gran ruido.

Pero aún tenía dos certezas: una, que a la mujer de Duncan jamás le correspondió un seguro o pensión por viudedad, ya que su marido estaba oficialmente desaparecido. La otra, aunque eso Carlos ya lo sintió al acercarse a la cornisa del edificio con los ojos cerrados, y por lo inexplicable no podía siquiera comentarlo con nadie de modo serio, era que Duncan había estado en el vacío por algunos momentos. Pero su cuerpo jamás tocó el suelo. ¿Por qué? Eso nunca se sabría. Para aventurar alguna explicación o teoría al respecto habría que ser niño, genio o loco. Y él no era ninguna de las tres cosas.

Carlos llegó a ser profesor de Lengua y Literatura en un instituto de cierta provincia cántabra. También quiso hacer poesía, pero comprendió que sólo el día que llegase a imaginar qué le sucedió a Duncan, sólo ese día podría considerarse poeta. En el instituto, cada varios años, a los más capacitados e imaginativos de entre sus alumnos les proponía un juego a medias perverso y literario. Era una especie de redacción, de cuento fantástico. Él daba el punto de partida explicándoles la increíble historia de un hombre que se tiraba desde un tejado, pero cuyo cuerpo nunca llegaba al suelo. Cierto que obtuvo algunas versiones ingeniosas o delirantes hasta lo genial, pero ninguna le sirvió realmente. Tampoco podía volver a ser niño. Le quedaba, pues, la alternativa de enloquecer. Quizá allí, aguardándole, estuviera Duncan.

JAVIER GARCÍA SÁNCHEZ, *Ronda Iberia,* IX/1991, págs. 112-119. Recogido en *Crítica de la razón impura*, Edhasa, Barcelona, 1991, págs. 107-117.

JOSÉ FERRER-BERMEJO

EL ÁNGEL CUSTODIO DE VISITACIÓN
MONTERA

El célebre teólogo jesuita Oswaldo Santamaría estudió, en 1979, un extraño caso de «posesión angélica», ocurrido algunos meses antes en la ciudad de Madrid. Luego de entrevistar a varios sacerdotes que habían seguido directamente los sucesos, el padre Oswaldo consiguió que la protagonista, una joven llamada Visitación Montera, que permanecía a la sazón recluida en un establecimiento psiquiátrico, le relatara en primera persona su historia. El teólogo, que publicó al respecto un pintoresco artículo en el diario madrileño *Ya,* grabó dicha narración con el fin de incluirla en su libro *Memorias de un Católico Curioso*, cosa que finalmente no ha llevado a cabo. No explicaré de qué extraña forma la cinta llegó a mi poder; me limito a transcribir literalmente.

Tú sabes sin duda, porque eres cura, que antes que al mundo creó Dios a los ángeles, y que cuando los hombres empezaron a desperdigarse sobre la superficie de este planeta, en vista de las movidas chungas que venían realizando sin parar, allí quiso el Creador darnos a cada uno un ángel custodio que guiase nuestros pasos y nos sacase de los peligros y las tentaciones. Y también es del

dominio público que, a pesar de la perfección que van
por ahí pregonando que tiene, el Padre Eterno metió
como quien dice la pata, y ya sé que perdonas por la
forma de señalar, porque más de un angelito le salió
rana, y si no ahí tienes el ejemplo mismamente de Luci-
fer, y Asmodeo, y Belcebú, y Gomaray, y Bechet y toda
la basca de ángeles que quisieron ser rebeldes y subir al
paraíso mismo para no sé qué rollo, que si estaban tan
bien y eran tan guapos como la Biblia asegura no sabe
una qué carajo iban a buscar total tres o cuatro nubes
más arriba. Digo todo esto no porque esté así como
zumbada, que es lo que sostienen las titis de aquí, y ellas
sí que están un poco deterioradas de la chorla, sino porque viene a cuento dejar bien claro que los ángeles, muy
al contrario de lo que la mayoría de la gente piensa, no
son de piedra, algo así como espíritus perfectos que nunca se equivocan, sino de naturaleza bastante más frágil,
como ahora se verá.

Pues bien, quiso el Altísimo, que debe ser que está
tan alto que no ve muy bien las cosas del suelo, que me
tocara en suerte un ángel custodio más bien salidillo,
que en mi barrio como en los demás se les llama a los
mendas que la tienen ahora levantada y luego también,
aunque eso sea exagerar un poco, ya me entiendes. Al
principio, naturalmente, aquello no fue problema, seguramente porque el tal ángel de la guarda no atesoraba en
su espiritual esencia el sutil vicio de la pederastia, y
mientras fui chinorri nada ocurrió. Quiso también la
suerte que mi viejo, un modesto comerciante de la calle
San Bernardo, fuese uno de esos católicos a machamar-
tillo, de los que la gente llama, no sin razón, beatones o
meapilas, y me impuso una educación de colegio de
monjas y misa diaria con el lógico resultado, entre otros,
de que cuando me llegó el primer menstruo yo pensaba
que los nenes los traía una cigüeña desde París en la
mismísima punta del mirlo, que marchaba por las calles
mirando en cada edificio y en cada hogar, a ver si encontraba alguna señora gorda para darle un mamón y que

así se le pasara la hinchazón, fijo. Pero el tiempo fue pasando y las carnes se me fueron empezando a poner redondas, que tú mismo podrás apreciar si alargas la mano que este cuerpo que se comerán los gusanos no es moco de pavo, antes al contrario, ya con trece años empecé a desarrollar un culito y unas tetitas y unos muslitos que hacían la boca agua. Y ahí empecé yo a notar historias mosqueantes.

El primer desliz angélico que recuerdo me ocurrió una noche cuando, arrodillada junto a mi cama con el pijama ya puesto, rezaba esa oración tan capulla que dice:

> Ángel de la guarda, dulce compañía,
> no me dejes sola ni de noche ni de día.

Vale, pues nada más terminar de orar sentí un beso en los labios que mira, macho, me dejó colgadísima. Me quedé de mármol, porque estaba, naturalmente, sola en la habitación, y no pude imaginar de dónde habría salido aquella boca misteriosa que tan deliciosa caricia me regaló. Apenas dormí en toda la noche, y en mis ensueños de duermevela se mezclaban fantasmagóricos labios rojos flotando en el ambiente, sensaciones desconocidas que me rodeaban, y guapísimos chulos con cazadoras de cuero subidos en sus motocicletas y tirando niños hacia las ventanas, al ritmo de canciones sincopadas y rodeados de humo.

En días posteriores nada nuevo ocurrió, aunque algo dentro de mí me hacía cosquillas cuando cerraba los ojos y decía eso de «ni de noche ni de día», y estiraba los morritos como una boba, para ver si de esa manera el fantasma se animaba otra vez y me daba un beso tan embriagador como el primero. Pero al cabo de un par de semanas, una noche en que ya el sueño empezaba a vencerme, sentí cierto magreo sobre las nalgas y la espalda, tapadas por la manta; fue algo muy distinto al cariñoso y aséptico azotito que papá me daba segundos antes de arroparme convenientemente y desearme dulces sueños («que sueñes con los angelitos», solía decir, el subnormal). Me volví en seguida, con el corazón saliéndome por la boca de tanto miedo, pero no vi nada. Tuve tiempo sobrado, en las interminables horas de insomnio que siguieron al acontecimiento, de unir mentalmente los dos sucesos, el ósculo invisible y el furtivo mimo, y no me fue muy difícil llegar a la conclusión de que ambas cosas me habían sido hechas por el mismo fantasma. El acojonamiento que me inundó tenía, ahora puedo decirlo con seguridad, algo de agridulce. Pero imagínate a una chavalita de trece años que comprende de pronto que es visitada por un espectro: como para volverse loca, tronco, y no las gilipolleces que dicen que he hecho para meterme aquí dentro, en este puñetero asilo de dementes.

Con el tiempo los signos se fueron sucediendo muy espaciadamente, y casi podría decir que me iba acostumbrando, ya sabes, un pellizco en un muslo al ir por el pasillo, el tacto etéreo de unos dedos sobre el busto incipiente al sentarme en la mesa, un bocadito dulcísimo en el cuello al meterme en el agua tibia de la bañera... Cositas sin importancia, pero que me iban metiendo alacranes en el cuerpo tan tierno, y me impedían dormir y me daban fiebre. Hasta que pasó lo que tenía que pasar.

Ya es sabido que cuanto más rígida es la educación de una chica más caliente se va haciendo, y no tardé en enamorarme de un muchachito alto y rubio como la cerveza, que eso decía la letra de una canción cachondísima del año de la patata que cantaba Conchita Piquer. Era hijo de un mercero y vivía tres manzanas más abajo de la mía. Tenía una bicicleta y alguna vez pasó frente a mí en el parque del Oeste, donde paseaba con mis amigas, hasta que un día nuestros ojos se encontraron y el corazón me dio un vuelco. Y ya no pude quitarlo de mi cabeza, y lo espiaba tras los visillos de mi ventana cuando pasaba, tan rubio y tan delgado, con su bicicleta calle abajo, rumbo hacia el parque.

Te ahorraré ahora, colega, la tópica secuencia de amiga mensajera y en el fondo envidiosa, notitas tontas que decían «me gustas, estaré en el parque esta tarde», y gansadas por el estilo, pero el caso es que nos hicimos novios y nos cogíamos de la mano detrás de los árboles más gruesos, y nos poníamos colorados (sobre todo él, tan blanco y tan rubio), y no decíamos casi nada, sólo chucu-chucu-chucu nuestros corazones latiendo muy fuertes y nuestras pupilas encendidas. Y yo no sé si es que mi amiguito era algo bobochorra, o tan niño o qué, pero yo quería de él algún beso o algún roce o algún aliento caliente como los del fantasma, que me hicieran asustarme y alegrarme al mismo tiempo de esa manera tan extraña, y él sólo me miraba muy ruborizado y decía tonterías como «hoy escuché en la radio que a partir de mañana sube el precio del metro», o «mi padre ha prometido llevarme el próximo sábado al Campo del Gas a ver lucha». De todas formas yo le apreciaba y pensaba que era tan guapo y tan rubio, y montaba tan bien en su bicicleta.

Después vino el primer aviso del más allá, que no estaba tan allá, pero no olvides, tío, que yo entonces pensaba que se trataba de un fantasma. Un día, después de salir de la escuela, al cruzar Sagasta rumbo al metro de Bilbao para volver a casa, un Simca mil doscientos blanco y como monstruoso estuvo a punto de atropellarme; fue una chorrada, simplemente no miré y me metí en la carretera por la cara. El conductor anduvo listo y frenó con el tiempo justo de no llevarme por delante. Sólo un susto, comprendes, pero también a partir de entonces noté que las caricias escatológicas empezaban a ser menos dulces, algo así como violentas. Los pellizcos dolían de verdad, y los azotes en el pompi parecían bofetones. En mi inocencia, todo aquello me desbordaba; no podía sospechar que mi fantasma, o mi alma en pena, o el hombre invisible o lo que carajo fuera se estaba poniendo celoso por lo de mi amistad con el hijo del mercero. Y, por último, vino el acontecimiento que me hizo verlo tan claro, tan espantosamente claro y posible: mi amigo

el de la bicicleta y yo estábamos en el parque detrás de
un árbol, como siempre, y él debió echarle valor o yo me
le puse tan a tiro que no pudo contenerse y me abrazó y
me besó. ¡Ah, qué indescriptible felicidad me asaltó
cuando comprendí que aquella sensación dulcísima de
unos labios resbalando sobre los míos TAMBIÉN podía
venir de un ser de carne y hueso! Pero no siguió; turba-
do por su atrevimiento, mi amigo se levantó de golpe,
miró a un lado y a otro como si alguien le hubiera propi-
nado un capón en lo alto del coco, y después dirigió sus
ojos hacia mí, absolutamente cabreado; sin comprender
nada, pobrecito, levantó su bici y se fue sin despedirse.
Pero no acabó ahí todo, porque al primer bordillo que
encontró la rueda delantera de su máquina se despren-
dió como por ensalmo, y dio con mi atribulado y recién
perdido tronco en el duro suelo. A consecuencia de la
caída comenzó a sangrar por la boca y a quejarse de un
brazo. Suerte que algunos colegas suyos que por allí había jugando al fútbol lo recogieron y lo llevaron a su
casa. Un rato después, pasando junto a ellos, escuché,
horrorizada, la razón de la caída: las palometas de la
rueda delantera estaban totalmente destornilladas.
    Después de cenar aquella noche, ya en mi habitación,
tenía el negro presentimiento de que algo muy grave iba
a ocurrir entre mi fantasma y yo. Lo notaba por el ambiente tenso que la lámpara sobre la mesita de noche
iluminaba con dificultad. Se respiraba igual que antes de
las grandes tormentas, había un aire electrizado. Por fin,
un par de horas después que mi viejo me había deseado
buenas noches, como solía, la aparición se produjo. Comenzó por un punto de luz azulenca a los pies de la cama
que se fue moviendo trémulo en el ámbito del dormitorio, como si eligiera el lugar idóneo para tomar forma
definitiva. Después toda la habitación se iluminó con un
resplandor sobrenatural y empezó a dibujarse frente a
mí la figura de un joven musculoso de pelo muy largo y
rostro afeitado, cubierto por unos ropajes brillantes y
vaporosos de los que sobresalían, a sus espaldas, dos

alas grandes y fuertes y limpias, que temblaban produciendo una especie de rumor de pájaro agazapado. El horror de lo desconocido me impidió mover un solo músculo, apenas podía respirar, pero desde que la visión se aclaró por completo no me cupo duda alguna de que aquello era nada menos que un ángel en todo su esplendor. Se supone que una, acostumbrada a las lecturas piadosas, y al Corpus Christi y la Biblia y el bla, bla, bla, tendría que haberse postrado de rodillas diciendo «hágase en mi según tu palabra» o cualquier soplapollez por el estilo. Pero aquello era impresionante, tío, me temblaba todo el cuerpo. Una vez que ya se hizo materia total el ángel dio un paso hacia mí. Ahora recuerdo claramente que estaba buenísimo, con el pelo tan largo y la barbilla tan afilada, y aquellos alones musculosos que parecían tener luz propia. «Parece talmente un ángel», pensé, qué bobada, ya ves, qué otra cosa iba a ser sino un ángel fetén de los pies a la cabeza. En mi atolondramiento, en mi pavor, me gustó mucho más que el hijo del mercero, dónde va a parar, era tan fuertote y así como tan macho, tan demasiado, imagínate, colega, ¡un espíritu celestial!

En seguida se inclinó hacia mí, y con una voz ronca y profunda murmuró: «¡He sufrido tanto, Visitación mía!» Luego se despojó de su túnica, y ahora me río yo de todos aquellos que dicen que los ángeles carecen de atributos sexuales. Ja, ja y ja, porque el ángel aquel de la guarda mío, dulce compañía, etc., estaba en posesión de un atributo grandote y guapo, de cabeza colorada y rodeado de plumitas muy pequeñas de aspecto suave, que, posiblemente por ser el primero que me era dado contemplar, me impresionó mucho más de lo que hubiera sido razonable, y cuando el espíritu se acercó más a mí y me dijo, en un aliento entrecortado: «ave, Visitación, no temas, amor mío, que no te va a doler», las aguantaderas de mi terror se rompieron y empecé a gritar con todas mis fuerzas, sembrando la alarma en toda la casa y desencadenando un mogollón de carreras, puertas que se abrían y se cerraban, estentóreos aullidos preguntan-

do que dónde estaba el fuego, dolorosas luces repenti-
nas hiriendo los ojos aún semidormidos y, finalmente, el
rostro congestionado de mi padre diciendo que qué pasaba, que por qué gritaba de esa manera, qué tripa se
me había roto. El ángel se evaporó, con la mirada sorprendida y tristísima, al primero de mis gritos, y fue
como un dolor que se me pegó a la piel y salpicó las
paredes de la habitación con una explosión silenciosa de
repentina oscuridad.

Lo demás es ya más bestia y creo que tú lo sabes.
Gritaba tanto y tan sin tregua que pensaron que estaba
endemoniada. La histeria se apoderó de mi mente, y
sentía tanto dolor y tanto placer a un tiempo dentro de
mí que entre un aullido y otro no sabía si aquello era el
paraíso o el infierno. Pero ni siquiera entonces estuve
loca. Sólo que la idea de que tenía un ángel dentro de mí
era demasiado grande para mi pobre cabecita de muchacha ignorante. Llamaron a un exorcista baboso, me ata-
ron a la cama, me manipularon durante días y días, y al
fin aquel espíritu enamorado salió de mí. Claro que para
entonces ya había tenido tiempo de sufrir el castigo divino a su rebeldía y se había convertido en un auténtico
demonio horrible con cuernos y rabo, pero aún bajo esa
forma pavorosa, un instante antes de desaparecer para
siempre en los abismos del infierno, me pasó junto al
oído y me susurró, en un gemido: «perdona, Visitación,
amor mío».

Y me curé, según dijo el exorcista baboso. Y me quedé vacía también.

Pasaron varios meses y mi viejo palmó en olor de san-
tidad. Recogí lo poco que me dejó y me fui a una buhar-
dilla de Malasaña. Era muy joven y muy hermosa, viví
de mi cuerpo. Me aficioné a la ginebra y, borracha, buscaba ángeles por los arrabales. Luego los delirios, las
pesadillas de día y de noche. Y el arroyo. Y el punto
final justo y razonable: el manicomio cabrón.

Pero yo no estoy loca.

Ya veo que tú tampoco me crees, ya veo. Por la cara

que pones piensas que estoy pirada, como todo el mundo aquí, en este manicomio sin compasión. Pero yo lo sé que es verdad; sólo yo sé que fui tan estúpida. Tenía un ángel para mí sola, un ángel bellísimo enamorado de mí, y por mi culpa fue condenado por ángel malo, y luego por demonio malo también, y ahora seguro que ni Dios ni Satanás saben por dónde andará, pobrecito mío, angelito de la guarda bobo que perdió la cabeza por mí. Qué solo, qué triste vagará por los arcanos, tronco, quizá tan solo y tan triste como estoy yo aquí, solita, viendo mi cuerpo tan lindo arrugarse poco a poco, sin razón, escuchando siempre que estoy loca, loca, loca. Quizá loca por no haber sabido querer a un ángel que un día quiso ser rebelde por mí.

José Ferrer-Bermejo, AA.VV., *Para soñar con angelitos*, Madrid, 1981. Recogido en *Incidente en Atocha*, Alfaguara, Madrid, 1982, págs. 113-123.

ANTONIO MUÑOZ MOLINA

LA POSEÍDA

Marino alzó los ojos del café y se volvió con disimulo
hacia las mesas del fondo. Como ya había presentido,
casi temido, la muchacha estaba allí, con sus labios sin
pintar y su carpeta de colores vivos, haciendo sitio en la
mesa para dejarla sobre ella, examinando el interior de
un pequeño monedero de plástico, porque tal vez no estaba segura de poder pagarse un desayuno. Era tan joven que aún faltaban varios años para que en su rostro
hubiera rasgos definitivos. La nariz, la boca, los pómulos, eran casi del todo infantiles, y también sus cortos
dedos con las uñas mordidas, pero no el gesto con que se
ponía el cigarrillo en los labios, ni la mirada, fija en la
puerta del bar, casi vidriosa a veces. Dormía mal, desde
luego, tenía ojeras y estaba muy pálida, sin duda madru-
gaba para llegar a tiempo al bar y mentía diciendo que
las clases empezaban muy temprano, y era probable que
ni siquiera fuese al instituto. Cómo imaginar ese rostro
en una fila de bancas, junto a una ventana, atento a las
explicaciones de alguien.

Llegaba uno o dos minutos después de las nueve y se
sentaba siempre en la misma mesa. Él lo sabía y la esperaba, ya instalado en la barra, hojeando el periódico
mientras tomaba el desayuno. La verdad es que ni siquiera tenía que pedirlo, y que eso le otorgaba una mo-

desta certidumbre de estabilidad. Apenas cruzaba la
puerta, el camarero ya se apresuraba a buscar el periódico del día para ofrecérselo y ponía en la cafetera un
tazón de desayuno, saludándolo con una sonrisa de
hospitalidad, casi de dulzura. Marino llevaba meses apareciendo a la misma hora en el bar y marchándose justo
veinte minutos más tarde para volver a tiempo a la oficina, al reloj donde introducía una tarjeta plastificada con
su foto oyendo un seco chasquido como de absolución,
las nueve y media en punto. Decían los otros que el reloj
era él, que tenía en su alma una puntualidad de cristal
líquido.

   De nueve a nueve y media las dimensiones del mundo
se ceñían al camino entre la oficina y el bar. Habitar ese
tiempo era tan confortable como ser ciudadano de uno
de esos principados centroeuropeos que tienen el tamaño de una aldea en la que todos se conocen y donde no
hay pobreza ni Ejército, sino tranquilos bancos con
cuentas numeradas. Un país de aduanas benévolas: bastaba introducir la tarjeta magnética en la ranura del reloj
para cruzar su frontera, y luego bajar a la calle y cruzar
una plaza donde había árboles y un jardín con una fuente mediocre. Marino sabía exactamente a quién iba a ver
en cada esquina y quién estaría ya en el bar cuando él
entrara, empleados furtivos, señoras de cierta edad que
mojaban con reverencia sus *croissants* en altos vasos de
leche con cacao. Se trataba de gente tan familiar como
desconocida, porque Marino no se la encontraba nunca
en otros lugares de la ciudad, como si todos, también él,
agotaran su existencia en la media hora del desayuno.

   A aquel país casi nunca iban extranjeros. Y si llegaba
alguno era difícil que los habituales lo notaran, ensimismados en la costumbre de saberse pocos e ignorados, tal
vez felices. Por eso él tardó algunos días en advertir la
presencia de la muchacha. Cuando la vio fue como si
concluyera un lento proceso de saturación, semejante a
ese goteo de un líquido incoloro en un vaso de agua al
que de pronto añade un tono rojizo o azul que ni siquie-

ra se insinuó hasta el instante en que aparece. Se fijó en ella un día sin sorpresa ninguna y tardó menos de diez minutos en enamorarse. Veinte minutos después, en la oficina, ya la había olvidado. Le hizo falta verla a la mañana siguiente para reconocer en sí mismo la dosis justa y letal de desgracia, la sensación de no ser joven y de haber perdido algo, una felicidad o plenitud de las que nada sabía, una noticia fugaz sobre un país adonde no iría nunca.

Sentado ante la barra, de espaldas a la puerta, Marino la sentía pasar a su lado, caminando hacia el fondo, tan indudable como un golpe de viento o como el curso de un río. El verano se había adelantado y todo el mundo llevaba camisas de manga corta, menos ella. El hombre a quien esperaba también parecía indiferente al calor. Vestía un traje marrón, de chaqueta ceñida y pantalón ligeramente acampanado, llevaba siempre chaqueta y corbata de nudo grueso y unas gafas de sol, incluso en las mañanas nubladas. Ella lo esperaba ávidamente cada segundo que tardaba en llegar. Se notaba que esperándolo no había dormido y que cuando iba hacia el bar la impulsaba el desesperado deseo de encontrarse allí con él, pero el hombre nunca llegaba antes que ella. La impuntualidad, la indiferencia, eran los privilegios de su hombría.

En el curso de dos o tres desayunos Marino calculó la historia completa. El hombre tendría treinta y cinco o cuarenta años y la trataba con una frialdad exagerada o dictada por el disimulo. Estaba casado, en el dedo anular de la mano izquierda Marino había visto su anillo. Tendría hijos no mucho más jóvenes que ella, acaso un pequeño negocio no demasiado próspero, una *boutique* en los suburbios o un taller de aparatos de radio, y se iría a abrirlo en cuanto la dejara a ella en la parada de algún autobús, aliviado, un poco clandestino, permitiéndose una discreta sensación de libertad y de halago: quién a su edad no desea un asunto con una muchacha como ésa, quién lo obtiene.

Él le traía regalos. Paquetes pequeños, sobres con anillos baratos, suponía Marino, cosas así. Objetos fáciles de disimular que el tipo sacaba del bolsillo y deslizaba sobre la mesa con la mano cerrada y que desaparecían en seguida en el bolso o en la carpeta de la muchacha, como si nada más verse cada mañana se entretuvieran en un juego infantil. Marino los espiaba de soslayo pensando con suficiencia y envidia en la estupidez del amor. Algunas veces no se quedaban en el bar ni diez minutos. Una mañana, el hombre ni siquiera entró. Marino vio que la chica levantaba bruscamente los ojos agrandados y enrojecidos por el insomnio hacia la puerta de cristal. El hombre estaba parado en la calle, con las manos en los bolsillos, las gafas oscuras, la corbata floja, como si también él hubiera pasado una mala noche, y cuando supo que ella lo había visto le hizo una señal. Como una sonámbula la chica se puso en pie, recogió su carpeta y su paquete de cigarrillos rubios y salió tras él.

—Otra vez se me ha ido sin pagar —le dijo el camarero.

—La invito yo —Marino a veces tenía inútiles arrebatos de audacia.

—No sabía que la conociera —el camarero lo miraba con una sospecha de reprobación.

—Ella tampoco lo sabe.

—Allá usted.

Marino, que padecía una ilimitada capacidad de vergüenza, pagó los cafes y se arrepintió instantáneamente, pero ya era tarde, siempre lo era cuando decidía hacer o no hacer algo, y ese día terminó de desayunar diez minutos antes de lo acostumbrado, y fichó de regreso en el reloj de la oficina a las nueve y veinticinco, hecho que no dejaron de anotar con agrado sus superiores inmediatos, y que a fin de mes debía suponerle un incremento casi imperceptible en su nómina. De igual modo, si al volver se retrasaba un solo minuto el ordenador le descontaba una mínima parte proporcional de su sueldo, y lo peor no era el perjuicio económico, difícil de advertir en una paga ya tan baja, sino el oprobio de saber que las impuntualidades más sutiles quedaban automáticamente registradas en su ficha personal. Por eso Marino prefería salir a desayunar con unos segundos de retraso, y volver con un margen de tranquilidad más amplio, un minuto o dos, y cuando daban las nueve treinta él ya estaba sentado en su mesa, ante su máquina de escribir, chupando un pequeño caramelo de menta, porque ya no fumaba, o sacándole punta a un lápiz hasta volverlo tan agudo como un bisturí. En la oficina había quien le llamaba en voz baja esquirol.

Marino pasó tres días sin atreverse a desayunar en el sitio de siempre. Se avergonzaba, casi enrojecía al recordar la cara con que lo había mirado el camarero cuando le pagó los cafés. Le había sonreído, pensaba, como adivinándole un vicio secreto, sin duda lo tomaba por uno de esos hombres maduros y sombríos que se apostan tras las tapias de los colegios de niñas. Esas cosas eran increíbles, pero ocurrían, Marino leía de vez en cuando sobre ellas en las crónicas de sucesos y en una revista de divulgación sanitaria a la que estaba suscrito.

Y también era espantosamente posible que el camarero, sin malicia, le hubiera hablado de él a la muchacha, lo cual crearía una situación singularmente vidriosa para todos, seguro que ella sospechaba algo y se burlaba, y el hombre podía tomar a Marino por un competidor, uno de esos espías famélicos del amor de los otros. De qué le sirve a uno forjarse una vida respetable, obtener un puesto de trabajo para siempre y cumplir sus horarios y sus obligaciones con fidelidad impoluta, si un solo gesto, si un antojo irreflexivo lo puede arrojar a la intemperie del descrédito. Durante tres días, provisionalmente desterrado de su bar de costumbre, Marino sobrevivió entre nueve y nueve y media a un desorden semejante al que provocan las riadas. Tardó más tiempo del debido en encontrar otra cafetería. El aire olía turbiamente a tabaco y a orines, el suelo estaba sucio de serrín, el café era lamentable, los *croissants* añejos, el público desconocido, los camareros hostiles. Así que volvió a la oficina con dolor de estómago y con tres minutos de retraso, y a la mañana siguiente cambió de bar, pero fue inútil, y el tercer día ni siquiera desayunó, sumido ya en el abandono enfermizo de la melancolía, como quien renuncia a toda disciplina y se entrega a la bebida. Pasó la aciaga media hora de su libertad dando vueltas por las calles próximas a la oficina, examinando desde fuera bares desconocidos, como un mendigo que si se atreve a entrar será expulsado, mirando rostros de muchachas apresuradas que salían de los portales con carpetas de colores vivos asidas contra el pecho, sin verla nunca a ella, sin darse cuenta exacta de que la estaba buscando. A las diez y diecinueve minutos, después de subrayar con tinta roja el título de un expediente, decidió que se rendía a una doble evidencia: estaba enamorado, no había en la ciudad otro café como el que le daban en su bar de siempre.

Al día siguiente lo despertó la excitación del regreso, igual que cuando era más joven y no lo dejaba dormir la proximidad de un viaje. A las ocho menos tres minutos ya estaba en la oficina, antes que nadie, no como esos bohemios que aparecían jadeando y sin lavar a las ocho y cinco, mintiendo indisposiciones y disculpas. Marino los miraba con profunda piedad, con el alivio de no ser como ellos, y seguía afilando las puntas de sus lápices. Aquella mañana partió varias, si bien el prestigio menor que le había ganado su pericia en esa tarea se mantuvo inalterable, pues nadie se dio cuenta. Marino reprobaba el sacapuntas y usaba siempre, con delicado anacronismo, una cuchilla de afeitar.

A las ocho cincuenta y siete, contra su costumbre, ya se había puesto la chaqueta y cerrado con llave el cajón de su escritorio, donde guardaba los lápices y la cuchilla, así como varias gomas de borrar tinta y lápiz y un muestrario de grapas de diversos tamaños. A y cincuenta y nueve ya estaba al acecho frente al reloj digital de la oficina con su tarjeta perforada en la mano, esperando el instante justo en que aparecieran en la pantalla las nueve cero cero. Cuando vio por fin el deseado temblor rojizo de los números introdujo la tarjeta en la ranura con la misma gallarda exactitud con que hinca un torero las banderillas en la cerviz del animal. Pero Marino estaba enamorado y le era indiferente hasta su propia perfección.

La muchacha ya estaba en el bar, dulce patria recobrada que desplegó ante Marino sus mejores atributos, sus banderas más íntimas, su tal vez inmerecida clemencia. El camarero, en cuyo rostro no pudo descubrir Marino la más lejana seña de reprobación, se apresuró a servirle el café exactamente como a él le gustaba, muy corto, con la leche muy caliente, con una última gota de leche fría, y en cuanto a la tostada, nunca la había probado él más en su punto. Pero todo se volvió súbitamente inútil, porque el amor, como en la adolescencia, le había quitado el apetito.

La muchacha estaba sola en el bar y lo miraba. Sentada en su mesa de siempre, bebiendo con desgana su café, fumando, tan temprano, manchando circularmente con la taza las hojas de apuntes de su carpeta escolar. Más pálida y despeinada que nunca, con un sucio y ceñido pantalón de raso amarillo y un basto jersey del que sobresalían con descuido los faldones de una camisa que debía pertenecer a un hombre mucho más alto que ella, el hombre que esa mañana ya no aparecería, el infiel. El pelo liso y descuidado le tapaba los ojos. Se mordía un mechón con sus agrietados labios rosa, extraviada en la inmóvil desesperación, en la soledad y el insomnio.

Cada vez que aparecía la silueta de alguien tras las cristaleras del bar la muchacha se erguía como si recobrara por un instante la conciencia. En realidad no había mirado a Marino, no parecía que pudiera mirar nada ni a nadie, tan sólo despertaban por un instante sus pupilas para permitirle comprobar de nuevo que quien ella esperaba ya no iba a venir. A las nueve y veinte se marchó. Olía casi intangiblemente a sudor tibio cuando pasó junto a Marino, que sólo se atrevió a volverse hacia ella cuando ya no pudo verla.

—Tengo una hija —le dijo amargamente el camarero—. Me da miedo que crezca. Ve uno tantas cosas.

Marino asintió con fervor. Merecer las confidencias del camarero, un desconocido, lo emocionaba intensamente, mucho más que el amor, sentimiento que ignoraba en gran parte.

Por la noche, hacia las diez, cuando volvía de un cursillo nocturno, vio desde el autobús a un hombre que le resultaba conocido. Antes de que su memoria terminara de reconocerlo ya lo había identificado el rencor. Caminaba solo, con las manos en los bolsillos y la chaqueta abierta, y la punta de su corbata sobresalía casi obscenamente bajo el chaleco marrón. Desde hacía años nadie que tuviera un poco de decencia llevaba tan largas las patillas. Marino, sobresaltado, buscó en la acera a la muchacha, y al principio obtuvo la decepción y el alivio de no verla. El hombre quedó atrás, pero luego el autobús se detuvo en un semáforo y los mismos rostros que Marino había visto un minuto antes se repitieron sucesivamente, como si el tiempo retrocediera al pasado inmediato, sensación que con frecuencia inquietaba a Marino cuando iba en autobús.

Ahora sí que la vio. Caminaba tras él, vestida exactamente igual que por la mañana, con los faldones arrugados de la camisa cubriéndole los muslos, con la carpeta entre los brazos, más fatigada y pálida, más obstinada en la desesperación, como si no hubiera dejado de seguir al hombre y de buscarlo inútilmente desde las ocho de la mañana, despeinada, sonámbula bajo las luces de la noche, invulnerable a toda tregua o rendición. El hombre ni siquiera se volvía para mirarla o esperarla, tan seguro de su lealtad como de la de un perro maltratado, ajeno a ella, a todo. Se abrió el semáforo y Marino ya no los vio más.

—Ahí la tiene usted —le dijo a la mañana siguiente el camarero, señalándola sin disimulo—. Lleva media hora esperando. Alguien debería avisarle a su padre.

—Si lo tiene —dijo Marino. Imaginarla huérfana exageraba un poco turbiamente su amor.

—Asco de vida —sin que Marino lo pidiera, el camarero le entregó el periódico, doblado todavía, intacto. Estaba abriéndolo cuando un gesto de la muchacha lo estremeció de cobardía. Se había levantado y pareció mirarlo y caminar hacia él, llevando algo en la mano, un monedero o un estuche de lápices. Pero cuando llegó a la barra y se acodó en ella ya no lo miraba. Bajo el pelo, en los pómulos y en la frente, le brillaban gotas de sudor como pequeñas y fugaces cuentas de vidrio. Por primera vez Marino escuchó su voz cuando le pedía con urgencia un vaso de agua al camarero, tamborileando nerviosamente sobre el mármol con sus cortos dedos de uñas mordidas y pintadas. Ni su voz ni sus pupilas parecían pertenecerle: tal vez serían suyas muchos años más tarde, cuando no hubiera nada en su vida que no fuera irreparable.

Algunas cosas lo eran ya, temió Marino, viéndola ir hacia el lavabo: la soledad y el miedo, el insomnio. Sin duda el hombre del traje marrón había decidido no volver, se había disculpado ante ella con previsible cobardía y mentira, digno padre de nuevo, esposo arrepentido y culpable. Engañada, pensó Marino contemplando el breve pasillo que conducía a los lavabos, envilecida, abandonada. Llorando con las piernas abiertas en el retrete de un bar, temiendo acaso que no hubieran bastado, para ocultarlo todo, el sigilo y las diminutas píldoras blancas numeradas por días, como las lunas sucesivas de los calendarios. Eran las nueve y dieciséis y la muchacha aún no había salido. Haciendo como que leía el periódico, para evitar en el camarero cualquier sospecha de ingratitud, Marino vaticinó: «Cuando salga se habrá pintado los ojos y ya no llorará y será como si hubieran pasado cinco años y lo recordará todo desde muy lejos».

A las nueve y veintiuno el camarero ya no reparaba en Marino, porque la barra se había llenado de gente, y la única mesa que quedaba vacía era la de la chica abandonada: una carpeta rosa con fotografías de cantantes y actores de televisión, una taza de café, un cenicero con una sola colilla en la que Marino creía distinguir huellas de lápiz de labios. Pero a Marino el amor también le borraba los detalles y era posible que la chica no se pintara los labios. Para distraer su impaciencia imaginaba secretas obligaciones femeninas, el ácido, el escondido olor de celulosa adherida a las ingles. Era como estar espiando algo que no debía tras una puerta entornada, como oler su pelo o su jersey sin que ella lo supiera.

Pero nunca salía y el tiempo se desgranaba en la conciencia de Marino con el vertiginoso parpadeo con que se transfiguraban los números de los segundos en el reloj donde debía fichar al cabo de seis minutos, porque ya eran las nueve y veinticuatro, y aún debía pagar su desayuno y doblar el periódico y cruzar la plaza hasta el portal de su oficina y subir a ella en el ascensor, todo lo cual, en el mejor de los casos, y si se iba ahora mismo, le ocuparía más de cinco minutos, plazo arriesgado, pero ya imposible, porque el camarero, agobiado por el público, no le hacía ningún caso, y él no tenía suelto ni se atrevía a marcharse sin pagar el desayuno, y quién sabe si cuando a las y veintisiete llegara al portal no estaría bloqueado el ascensor, desgracia que le ocurría con alguna frecuencia.

El pasillo oscuro de los lavabos era como un reloj sin agujas. Marino calculó que la chica llevaba encerrada más de veinte minutos. En su trato con las fracciones menores del tiempo la gente suele actuar con una ciega inconsciencia. Armándose de audacia, Marino decidió que tenía ganas de orinar. A las nueve y veintiséis podría estar en la calle. Como última precaución observó al camarero: hablaba a voces con alguien mientras limpiaba la barra con un paño húmedo, y, de cualquier

modo, nadie podría desconfiar del comportamiento de
Marino; cualquiera puede bajar de su taburete y caminar hacia el lavabo.

Hacía al menos diez años que no le latía tan fieramen-
te el corazón, que no notaba en el estómago ese vacío de
náusea. En la puerta del lavabo de mujeres había una
silueta de japonesa con paraguas. Estaba entornada y se
oía tras ella el agua del depósito. Eran las nueve y veintisiete y Marino ya no tuvo coraje para seguir simulando.
Como quien se arroja a la indignidad y al vicio la empu-
jó. Notó con desesperación una resistencia obstinada e
inerte. Junto al bidé, en el suelo, sin entrar todavía, vio
una mano extendida hacia arriba, desarbolada como un
pájaro muerto.

«Se ha desmayado», pensó Marino, como si oyera
esas palabras en una pesadilla, y siguió empujando hasta
que su cuerpo fue atrapado entre la puerta y el dintel, y,
ya ahogado por la desdicha, sintió que iban a sorpren-
derlo y que perdería el trabajo y que nunca más introdu-
ciría su tarjeta de plástico a la hora exacta en la ranura
del reloj. Sólo a la mañana siguiente, al leer el periódico
—no en el bar, adonde nunca volvería— pudo entender
lo que estaba viendo. La cara de la muchacha era tan
blanca y fría como la loza del bidé, y también su brazo
desnudo, que tenía una mancha morada un poco más
oscura que la de los labios contraídos sobre las encías.
En sus ojos abiertos brillaba la luz de la sucia bombilla
como en un vidrio escarchado. Yacía doblada contra el
suelo en una postura imposible, y parecía que en el último instante hubiera querido contener una hemorragia,
porque tenía un largo pañuelo con dibujos atado al an-
tebrazo. Antes de salir Marino pisó algo, una cosa de
plástico que crujió bajo su pie derecho reventando como
una sanguijuela.

Temblando cruzó el bar. Nadie se fijó en él, nadie vio
las rojas pisadas que iba dejando tras de sí. A las nueve
y treinta y dos introdujo su tarjeta magnética en el reloj
de la oficina. Mucho más tarde, como en sueños, subió

hasta él el sonido de una sirena de la Policía o del hospital, hendiendo amortiguadamente el aire cálido, el rumor de los acondicionadores y de las máquinas de escribir.

ANTONIO MUÑOZ MOLINA, *El País*, 31 de diciembre de 1987. Recogido en *Nada del otro mundo*, Espasa Calpe, Madrid, 1993, págs. 29-37.

AGUSTÍN CEREZALES

EXPEDIENTE EN CURSO
(Basilii Afanasiev)

Basilii Illich Afanasiev llegó a Medina del Campo un día tórrido de agosto. Los campos ralos eran una mera ilusión temblorosa al otro lado de la ventanilla, y cuando se bajó del tren y se internó entre aquellas casas sin sal ni color, hostiles a su mirada de miope tímido, cuando pisó el asfalto reblandecido con sus circunspectos andares de visitante respetuoso, sintió que toda su alma era un quejido infinito y hondísimo, una desmesurada nostalgia de los campos floridos de su Ucrania natal.

Por extraño que pueda parecer, Basilii Illich no había acariciado nunca la idea de salir de su país. Al contrario de tantos compatriotas suyos, ni siquiera le había tentado la idea de visitar Moscú o Leningrado, y de hecho en su situación actual lo único que le consolaba era la perspectiva de reintegrarse pronto al hogar.

Ciertamente ni en su persona ni en sus estudios o competencias concurría mérito alguno que le hiciese acreedor de la misión encomendada. Nada sabía del ganado ovino, ni de crianzas, tundiduras, lanas, tintes, técnicas ni calidades del producto en origen. De lo que entendía era del producto acabado, pues no en vano era el último representante de una familia que había regentado durante generaciones la mejor mercería de la ciudad (una tienda milagrosamente sobrevivida a la Revolución, donde un buen cliente podía encontrar aún artículos insospechados y donde, pese a pertenecer ahora al Estado, nadie había osado descolgar de la pared el letrero conmemorativo de la feliz ocasión en que la zarina Alejandra, más de un siglo antes, en el curso de uno de sus viajes veraniegos al mar Negro, había ordenado detener su calesa frente al establecimiento y entrado en él por su propio pie, para pedir un vaso de limonada y comprar un carrete de hilo dorado con el que, se especuló, pensaba remendar un calcetín).

Basilii había crecido a la sombra de aquel letrero, entre hilos y aguas, cintas, cretonas, horquillas, medias, paños, dedales, organdíes y cenefas, elásticos y botones: todo ello bien envuelto en cajas de cartón con papel de seda que olían a nada, a orden, a la meticulosidad amorosa e infinitesimal del tío Gregorii, heredero del puesto tan hábilmente preservado por el abuelo Fedor, un hombre facundo y sagaz que supo convertirse sin traumas de propietario en empleado estatal.

Desde el primer momento, Medina del Campo le pareció un lugar desgraciadísimo, hasta el punto de que muy pronto empezó a pensar —acaso con un reflejo de defensa— que se trataba de un lugar más imaginario que real, producto de una pesadilla, de una fisura incomprensible en la holgada arquitectura del universo: idea en la que iría afirmándose con el tiempo y que en ningún momento —excepto metafóricamente, como luego hemos de ver— fue desmentida ni abandonó su cabeza.

El horror que de siempre le inspiraban el olor del ganado, los balidos animales y los gritos de pastores y contratantes no se alteró lo más mínimo al acudir a la Feria (en calidad de observador, pues esperaba la llegada de un intérprete que lo guiara en sus primeros pasos y lo informara quizás de la naturaleza de su misión). Antes al contrario, el ganado español le pareció aún más maloliente que el de su país, desangelada la Feria, la lengua brusca y la ciudad un recinto carcelario, todo ello en comparación con el alegre trato que gentes y cosas le dispensaban al mundo bajo el cielo limpio y franco de su República.

Los primeros meses de su estancia en Medina del Campo los pasó don Basi (como ya empezaba a llamarlo Lucrecia, la dueña o regenta —extremo nunca averiguado— del hostal donde vino a hospedarse) harto filosóficamente, esperando iluso al intérprete que nunca llegó y nunca había de llegar, paseando las calles, asomándose a la tristeza sucia de Zapardiel, y sobre todo escribiendo cartas a su amada Nastassia Fedorovna. Estas cartas, que al principio eran breves y líricas punzadas amorosas, raptos de alma cogidos al vuelo y disecados con blanca devoción en su honor, no tardaron en convertirse en largas requisitorias: Natacha, además de ser su prometida y el bien último que él anhelaba, había sido la instigadora, organizadora y en resumen culpable de su expedición a tierras capitalistas.

El proyecto era que a su regreso, y mediante los buenos oficios del padre de Nastassia, dirigente local del Partido, Basilii fuera ascendido a Comisario de Abastecimientos o cuando menos Encargado del Almacén Municipal, puesto de menos relumbrón que el precedente, pero codiciadísimo por razones que no vienen al caso. En vano había él argüido, y defendido, la cortedad de su ambición, que no era otra que la de seguir al frente de la mercería familiar, y en vano había suplicado a Natacha que fijara la boda sin más dilaciones. Ella se había mostrado inflexible y un buen día, o un día aciago, había llegado la orden de presentarse en la Comisaría Central, donde le entregaron billete de tren, cupones, dietas, pasaporte e instrucciones puntuales.

Las respuestas de su amada eran desesperadamente acordes con sus envíos; poéticas cuando él lo había sido, prosaicas cuando tal había sido su talante, e idénticas siempre en lo relativo a su regreso: era preciso acumular méritos, esperar; no era momento de echarlo todo a perder, precisamente cuando había conseguido lo más difícil. Con parecidas palabras le contestaba el primo Iván, pero éste tenía mejores motivos para no desear su vuelta, puesto que le sustituía en el negocio durante su ausencia.

De forma que Basilii, harto de verse pagado con desilusiones, no tardó en ir espaciando sus cartas, lo que venía a ser tanto como espaciar disgustos. Pero no se daba por vencido y decidió llevar a cabo su propio plan, que como veremos le honraba por valiente y desdecía el nimbo de apocamiento que siempre se le había adjudicado, empezando por él mismo todas las mañanas, cuando al mirarse al espejo cerraba los ojos y trataba de olvidar sus propias facciones, que irremediablemente retornaban en cuando los abría, aunque a veces alcanzara un pálido instante de la extrañeza ansiada.

Entretanto don Basi fue forjándose en Medina una vida asaz regular, estableciendo algunas relaciones y adelantando un poco en el dominio del castellano. Vivía en el Hostal de los Dos Mundos, regido por la señora Lucrecia, y cuyo nombre no se sabía muy bien a qué aludía, allí en el ombligo de Castilla, aunque probablemente no se refiriera *motu proprio* a lo que designaba con toda derechura, que era la estricta separación que doña Lucrecia o sus predecesores habían establecido entre los sexos.

El viejo caserón se dividía en efecto en dos mundos: un Ala Norte, donde se hospedaban los viajeros o pensionistas de sexo contrario, y un Ala Sur, donde se alojaban las damas. La señora Lucrecia no admitía matrimonios ni otras componendas, y ambos mundos apenas tenían en común el patio central de la casa, al que daban los corredores de los dos pabellones, con lo que fatalmente y pese a todo los habitantes de cada hemisferio hubieran tenido comunicación frecuente, al menos visual, de no existir como sin duda existía algún otro lugar de tránsito interior al mundo femenino, que dispensaba a las damas de toda exposición a los crudos aires mesetarios. (Todo ello en caso de que existiera tal tipo de hués-

pedes, cosa que don Basi dudó y no sin cierta complacencia hasta que la aparición de un nuevo y fortuito
punto de contacto inter-mundos vino a disiparle, si no
todas, sí alguna incertidumbre.)

Había entrado en aquel hostal por hallarse situado enfrente de una pequeña tienda de pañuelos que su intuición catalogó al punto de agradable cuando no de reden-
tora (tal era el orden de cosas en que se debatía al poco
de su llegada, y tal debió de serlo seguramente hasta el
final), y decidió quedarse en él precisamente por su am-
plitud, por la oquedad y el frío de sus destartaladas habitaciones, que, como en alguna ocasión pensó apuntar en
su libreta, daban la medida de su propia soledad.

Que sospechara o no el verdadero peso de tales decisiones poco importa. Al fin y al cabo confería a sus actos
un valor relativo, pues relativo era el valor que otorgaba
a la realidad de su existencia en la nueva y desventurada
fase de Medina del Campo, lo que no indica que dichos
actos perdieran coherencia por ello, dignidad de eslabón
en la cadena de las causas y los efectos: don Basi era
ético y constante hasta en sueños.

Su intuición respecto de la tienda de pañuelos fue
exacta. Don Hermógenes Pelayo, en la Unión Soviética,
hubiera sido jubilado años atrás por la ley y sin remedio,
cediendo el puesto a cualquier próximo o cualquier desconocido, como se disponía a hacer el tío Gregorii. Claro que el tío Gregorii tampoco abandonaría la tienda
por el hecho de jubilarse: entre ambos había más de una
semejanza. Hermógenes era pequeño y de grandes orejas, Gregorii alto y huesudo, de aspecto poco afín al manejo de las menudas mercancías. Hermógenes era muy
hablador, Gregorii sólo decía lo preciso. Pero los dos
tenían la misma verruga en la nariz, y esa verruga le
inspiraba a Basilii un sentimiento de ternura reconfortante. Llegó a pensar que si algún día amanecía él con
un atributo parecido era incluso posible que acabara
queriéndose un poco a sí mismo.

Don Basi, por temperamento, hubiera preferido que

su relación con el dueño de La Elegante fuera meramente circunstancial. Le gustaba establecer fidelidades, pero sin rebasar ciertos límites. Y así, del mismo modo que acudía a comer todos los días al restaurante Ideal (el más barato que encontró, y no lo hacía por ahorrar aunque de hecho ahorrase) y nunca se le ocurriría protestar por cualquier variación inopinada en el trato o en la comida, en aras siempre de la continuidad y el mutuo acomodo, había empezado a frecuentar la tienda de don Hermógenes y con ello reunir una pequeña colección de pañuelos (tal de seda, tal de hilo, de batista, de algodón; con ribete y sin él; para doblar en pico, para doblar cuadrado; para ocasiones graves y para cumplidos) respondiendo simplemente a la necesidad animal de respirar el aire allí reinante, y sin esperar que su dueño le hiciera pasar nunca a la trastienda, como hizo un buen día, donde le invitó o forzó a beber un sedicente vodka que era puro —y excelente— orujo (de cualquier forma, a don Basi tampoco le gustaba el vodka) y le hizo entender, salvando todas las dificultades lingüísticas —mediante balidos, meneos de cabeza y torso, ojos en blanco, palabras italianas e imitaciones sonoras del tren que hubieran hecho sonreír a cualquiera menos al impávido ucraniano—, que conocía perfectamente la naturaleza de su misión —sin duda mejor que él mismo—, el porqué de su estancia misteriosa en Medina del Campo y por supuesto su atrabiliaria nacionalidad.

Agradeció muy azorado don Basi todas las deferencias, formuló algunas excusas en inglés (siempre había supuesto que los españoles hablaban todos inglés, mal que bien, y nunca llegaría a acostumbrarse a un don Hermógenes que escuchaba con menos extrañeza sus esporádicas exclamaciones rusas que las anglosajonas), y, asustado por el alud, renunciando a saber cómo diantres era pública su situación, se prometió no volver y se retiró al hostal, de donde no salió en varios días, decidido a preservar su soledad y meditar el plan que había de propiciar el retorno a casa.

El Hostal de los Dos Mundos en verano era como un cántaro de agua fresca en cuyo interior las ideas se liberaban de toda gravedad, y en invierno seguía siendo cántaro, pero de agua helada, donde las ideas cristalizaban en inmovilidad atroz.

Reclamó don Basi agua caliente para la ducha. Protestó la señora Lucrecia. Pasaron los días sin que se resolviera el asunto, y al cabo retó la señora Lucrecia a don Basilio a que arreglara él si podía la vieja caldera alemana que debía suministrar agua a las duchas. No funcionaba desde que fuera despedido el último mozo, muchos años atrás, tras la muerte del marido de la señora Lucrecia, fecha desde la cual la casa había declinado y venido a menos, no tanto por la falta de un agua caliente que nadie había reclamado hasta entonces, como porque la propia señora Lucrecia consideraba oscuramente más acorde con una viudez digna una fachada descascarillada y una miseria incipiente que el pingüe negocio que el establecimiento hubiera seguido representando, con sólo haber conservado la cuantiosa clientela de tratantes que la Feria deparaba con regularidad.

Don Basi se superó a sí mismo y arregló la caldera, que no tenía más problemas que el de su conducto principal, obturado por la momia de un gato escaldado. Una vez limpio el paso, la vieja Krupp volvió a funcionar como el primer día, y apenas hubo que restañar alguna tubería de bajada, que reventó con la sorpresa.

Gracias al episodio de la caldera, don Basi estuvo a punto de entrar en el Otro Mundo. Pero falló la suerte y hubo de conformarse con pasar varias veces ante una puerta entreabierta de donde llegaba un olor diferente. Por otra parte, el hecho de que la caldera funcionara de nuevo planteaba un problema a la señora Lucrecia, como era el de tener que encenderla una hora antes si quería agua caliente para don Basi y varias si quería agua para todo el edificio. Como no estaba dispuesta a contratar

ningún mozo ni tampoco a encargar de la faena a ninguna
de sus camareras (en la casa, además de la señora Lucrecia, pululaba una cohorte de fantasmagóricas y antiquísi-
mas camareras que fregaban suelos y hacían camas, y de
las que don Basi no llegaría nunca a saber ni su número ni
sus nombres), ambos llegaron al acuerdo de que sería el
propio huésped quien bajara a encender la caldera todas
las mañanas y quien pagara la leña y el carbón consumi-
dos, sin ningún otro recargo por el uso de la ducha ni por
el gasto de agua. Ello significaba pasar una hora en ayu-
nas auscultando el pálido amanecer, pero como Basilii
no trasnochaba ni había trasnochado nunca (ni pensaba
hacerlo jamás y menos en un lugar cuya dudosa consis-
tencia aconsejaba abrazarse firmemente a la clara realidad diurna), obvió el problema y decidió emplear esa
hora de privilegiada lucidez en el análisis de la situación.

Cada mañana se levantaba pues antes que nadie, salía
al helado corredor envuelto en una manta, bajaba unas
crujientes escaleras, cruzaba el patio, bajaba por otras
escaleras, éstas de piedra, buscaba a tientas un interruptor cuyos cables pelados eran un constante peligro, encendía la luz, se estremecía ante las cavernosas y húme-
das paredes del sótano, corría al fondo del antro y
bregaba allí con los elementos durante un buen cuarto
de hora hasta dejar asegurado el ansiado fuego, a cuyo
calor y vigilancia pasaba luego otro buen rato, para regresar al fin, como un monje que volviera de su cotidiana excursión a los infiernos, retorcido dentro de la manta, con los ojos rojos de humo y los pies agarrotados en
las zapatillas, muy distinto ciertamente del pulcro y severo funcionario que constituía su ideal, y a cuya minuciosa reconstrucción se dedicaba luego en su cuarto con
esmero cepillando el traje gris, lustrando los zapatos negros, alisando la corbata y el cuello y los puños de la
camisa, y eligiendo por último el pañuelo más apropiado: en todo el tiempo que pasó en Medina del Campo
nadie pudo decir que le había visto nunca mínimamente
desaliñado, desafecto al respeto público.

Llegaba por último el glorioso momento de la ducha, al fondo del corredor desierto, en un cuarto sin espejos, tan grande que el vapor no llegaba nunca a llenarlo ni a empañar los cristales.

La ducha tenía una gran alcachofa, que esperaba a llenarse para estallar por fin en generosa lluvia, con todo un recital previo de pitidos y regüeldos anunciadores del oleaje que se avecinaba: un soñado órgano hidráulico. Durante diez minutos caía un agua de temperatura constante, perfecta. Al cabo de los diez minutos de éxtasis, transportado a su Ucrania natal, con los ojos cerrados y la sonrisa besada por las aguas, le tocaba de pronto enjabonarse a toda prisa y aclararse antes de que el caudal se agotara definitivamente y sobreviniera, tras un horrendo eructo, una descarga de agua helada.

Gracias a la ducha, la repetición de los días, que Basilii procuraba que fuera lo más exacta posible, contaba con un elemento positivo y casi embriagador que le sacaba insensiblemente del círculo letal, haciendo del tiempo domesticado un movimiento referido a una constante de gozo, a un ritmo semejante y con un fin y una mecánica idénticos a los de una noria.

Un buen día, todo cambió. Era una mañana como otra cualquiera y el agua caía como siempre. Pero no habían pasado cinco minutos cuando la temperatura sufrió una alteración, el caudal se hizo imperceptiblemente menos denso y pudo oírse un pitido de fondo, como si un codo de tubería vibrara contra el yeso de la pared. Le robaban el agua caliente sin duda alguna: alguien se duchaba quizás a la vez que él. Cerró el grifo y el pitido cesó: el agua discurría ahora sin bolsas de aire, por otros tubos. El rumor era inequívoco, y una visita a la caldera le confirmó en ello: alguien estaba utilizando el agua caliente, y ese alguien, quienquiera que fuese, lo hacía desde el Otro Mundo.

Don Basi no era hombre de hacerse mala sangre por pequeñeces, y aunque en un principio pensó protestar ante la señora Lucrecia, decidió que se trataba de una casualidad y, ensimismado como andaba con la puesta a punto de la peliaguda estrategia para el retorno a Ucrania, olvidó lo sucedido.

Pero no había sido una casualidad, o mejor dicho no se trató de una casualidad ocasional. Al día siguiente sucedió exactamente lo mismo, y así ocurrió en días sucesivos. Basilii, aunque andaba atareado con lo suyo, no pasó nada por alto: le gustaba sorprender en su raíz esas intrusiones que, insidiosas, pretenden instalarse en nuestras vidas y tomar carta de naturaleza sin que nos enteremos.

También rondó por su cabeza la negra desazón de que fuera la propia señora Lucrecia quien le gastaba la broma, puesto que estaba en el secreto. Pero la señora Lucrecia no ofrecía lugar a dudas sobre su higiene personal, y tampoco contaba entre sus muchas virtudes con la manía de madrugar.

Con tanta sospecha y reconcomio se sintió mezquino. Enfadado consigo mismo, salió a la calle de forma intempestiva, hizo turismo puro y duro, del puente romano al Castillo de la Mota, y cuando ya le dolían los pies regresó al hostal algo más tranquilo, aunque sin haber aventado del todo el disgusto, el olor rancio que le parecía emanar ahora su quieto pasar solitario.

Fue por entonces cuando se cumplieron las previsiones de don Hermógenes y Basilii acabó cediendo a sus agasajos: aunque no pretendía luchar contra la evidencia siniestra de que aquel lugar, mirárasele por donde se le mirara, no merecía crédito cabal, tampoco pretendía poner en entredicho los inescrutables designios del Alto Comisariado para el Abastecimiento de Lana.

Razonamiento harto sinuoso pero que conducía a una conclusión: era preciso aceptar un puesto en la sociedad que lo rodeaba.

A don Hermógenes se le había muerto Paco el Galguero, su pareja de mus, y se tenía en tan alta estima como jugador que decidió formar al ruso en las lides del naipe, amamantándolo con su picardía. Poco podía ima-

ginar que ese ruso rojo de pura cepa, soviético y pa-
panatas, acabaría llevándolo a conquistar lo que nunca
soñara con el Galguero, el Campeonato de Mus de Castilla la Vieja, lo que a su juicio era como alcanzar la
corona y el cetro de la sabiduría.

Naturalmente tal cosa no sucedió al primer año: Basilio tardó un tiempo en saber manejar las fintas, señas y
estados de ánimo que determinan el curso de una partida. En cualquier caso, bastante menos de lo que tardó
en chapurrear el castellano, que nunca dominaría del
todo. Don Hermógenes, que hacía del optimismo profesión de fe, se empeñaba en consolarlo asegurándole que
«cualquier día se despertaría sabiéndolo». Don Basilio
pensaba para sí que de buena gana se despertaría ha-
biéndolo olvidado por completo, lejos por fin de la interminable pesadilla. El optimismo de don Hermógenes
era en verdad extravagante, y su único rasgo antipático a
ojos de Basilii, sobre todo durante las partidas. Llegaba
a afirmar sin asomo de ironía, cuando quería justificar su
habitual premiosidad, que él andaba tranquilo porque
no tenía intención de morirse. Basilii no veía maldita la
gracia a la idea de una vida eterna en Medina del Campo, pero se reservaba la opinión.

Opinión que ni siquiera confiaba a su familia las contadas veces que escribía, por no tener que explicar a nadie —y menos a sí mismo— que la diferencia esencial
entre su amada Sumaskaia y Medina del Campo, lo que
más profundamente le dolía, era que precisamente no
había diferencia alguna, sino que era como estar al otro
lado del espejo, sin voz, sin relieve, sin lengua vinculan-
te, sin sentido pleno, en una identidad sólo aparente,
estéril como un cristal.

Con la primavera el plan empezó a surtir efecto. Había ido enviando, según lo previsto, informes puntuales
y perfectamente descabellados sobre el número de cabezas de ganado, los precios, las calidades de la lana, etc.

Pero todos esos informes habían sido como piedras arro-
jadas a un pozo sin fondo. La respuesta que ahora le
llegaba correspondía a una iniciativa aún más audaz: le
concedían la autorización solicitada para que, aun sin
haber recibido instrucciones concretas —las que el intérprete tenía que haberle comunicado—, gestionara por sí
mismo directamente aquellas compras que juzgara convenientes. Y venía adjunta la correspondiente provisión
de fondos, contra una cuenta corriente de la Embajada
de Madrid.

Era más de cuanto podía esperarse. Se trataba sin duda de un error administrativo, acaso la broma de un se-
cretario resentido con su jefe. Pero le daba las riendas
del asunto, esas riendas que, ¡ay!, tan pronto habían
perdido, o soltado, las manos blancas y azules de Nastassia Fedorovna.

La clave estaba en suscitar una reacción fulminante
del sistema central, que lo devolviera expeditivamente a
Ucrania. Claro que también había que calibrar los detalles para evitar todo asidero a cualquier ulterior interpretación ociosa, ya fuere política, psiquiátrica o penal.
Lo que Basilii Afanasiev pretendía con diabólica honradez era salvarse obteniendo ni más ni menos la tarjeta de
«tonto pero inocente».

Fue don Hermógenes quien le suministró el compin-
che ideal, aunque ignoraba sus verdaderos designios.
(De haberlos conocido los habría considerado absurdos
y en consecuencia tampoco los habría tomado en consideración.) Rafael el Gitano era en efecto un individuo
de tan horrible catadura como bellísimo corazón: don
Hermógenes había contado con su apariencia fiera y la-
dina para apoyarlo en la dura brega que suponía la Feria, pero allí todos conocían al Gitano (que por cierto
era castellano viejo) y para lo que realmente sirvió su
sociedad fue para que todo le saliera a don Basi a pedir
de boca. Había decidido enviar a Sumaskaia no ya un
cargamento de lana sino de ovejas vivas, en cantidades
desorbitadas y a un precio ridículamente alto: gracias a

Rafael no hubo oveja tísica, manca o sarnosa que no emprendiera ese día viaje a Oriente.

Todo lo cual ocurría antes de que don Basilio ganara el campeonato de mus, por lo que puede decirse que fue ese notable suceso el primer cimiento de la fama que luego hubo de padecer: incluso la radio local destacó a su enviado para cubrir la información, en la salida del histórico convoy de merinas rumbo a Kiev.

Mientras tanto, antes y después del evento famoso, prosiguieron las averiguaciones relativas a la misteriosa Dama que se duchaba todos los días al mismo tiempo que él. (Se trataba de una dama, pues no cabía duda de que pertenecía al Otro Mundo.)

Sencillas experiencias, como la de esperar sin dar el agua y observar que ella agotaba el depósito sin el menor reparo, o hacer lo contrario y comprobar que ella, vengativa, tenía ya abierto el grifo al día siguiente, antes de que él subiera de la caldera, fueron suministrando información, tanto más variada cuanto múltiple fuera el enfoque analítico.

Al final dedujo que lo mejor era dejar que se duchase primero, cronometrando, y a los cinco minutos avisarla mediante unos breves cortes (abriendo su propio grifo), reservándose así el resto. La Dama tardó un tiempo en aceptar el reto. Insistía en seguir hasta el final, y don Basi anduvo una temporada con un humor de perros, que le hacía arrastrar aún más las erres cuando daba los buenos días a la señora Lucrecia.

Lo ideal hubiera sido doblar la ración de leña y carbón, que él pagaría con gusto, pero temía las suspicacias de la patrona. En realidad había empezado a necesitar ese diálogo matutino, y no quería correr ningún riesgo de perderlo. Era un placer sutil que se había adueñado de él sin sentirlo, pese a estar él a la defensiva: había algo de prohibido y de secreto, de íntimo y hasta de erótico. Y además era cotidiano. Lo cotidiano es muy importante cuando se trata de vivir una existencia real en un medio irreal como el que le había tocado a él en gracia.

Si ella dejara de estar ahí de pronto, en ese momento del día, Basilii no podría bajar nunca más a la caldera con los mismos ánimos, ni acostarse cada noche con la misma paz.

Sus relaciones fueron ganando en matices y complejidad. Si el invierno inspiraba pulcro cumplimiento de las normas, la primavera desataba alegres infracciones: unos cortes brevísimos y retozones bastaban para comunicar capricho, regocijo, dando pie a dulces venganzas y risueñas regañinas. Todo hallaba, de un modo u otro, forma de expresión insospechadamente rica.

Los campos de Ucrania eternamente cuajados de margaritas y amapolas, los cielos arcangélicos y estirados como liras se desvanecían ahora al contacto con el agua, y era el cuerpo de una mujer, su aliento e incluso su risa lo que colmaba su ser en esos momentos de privilegio. Y también sus pensamientos: discernía con nitidez su callado agradecimiento al otro lado de las paredes, su enfado si le retiraba el agua demasiado pronto, la renuncia al enfado y la súplica del perdón, el comentario alegre cuando así lo exigía un día radiante, todos los ítems, en definitiva, de la felicidad humana.

No tardó en conocerla bien, y en saberse conocido. Se trataba de una mujer algo más joven que él. De espíritu decidido, la vida le había opuesto no obstante demasiados obstáculos, que por la nobleza misma de su carácter no había sabido romper. No estaba dispuesta a pisar a nadie, y tampoco a venderse. Condenada al ostracismo, mantenía sin embargo una siempre viva llama de esperanza que alegraba sus ojos y sus palabras… Palabras, ojos, sonrisas en donde Basilii podía verse retratado y donde empezó a descubrirse aspectos hasta entonces desconocidos: caballeroso, audaz, emprendedor y dotado de un fino sentido del humor, resultaba ser ese hombre con el que una mujer podría viajar sin miedo hasta el fin del mundo.

La respuesta oficial al peregrino envío de merinas llegó pasados los meses. Lo primero fue un telegrama de la Academia Local de las Ciencias de Sumaskaia notificándole que había sido nombrado miembro honorario de la misma. La explicación y la felicitación personal del jefe del Alto Comisariado vinieron poco después. Basilii había dado pruebas de una extraordinaria eficiencia, así como de un arrojo y de una intuición no menos extraordinarios. Su envío de miles de ovejas había conseguido paliar notablemente los desastrosos efectos del muermo que asolaba la comarca y podía decirse que gracias a él se había salvado la industria local de calcetines militares, así como el suministro de carne de ovino para la tradicional festividad revolucionaria del Día del Cooperativista (antes San Miguel). Sendas placas conmemorativas del Sindicato de Tejedores y de la Oficina de la Carne abundaban en lo mismo. Basilii, aunque en letra pequeñita, era un héroe al servicio de la Revolución; se le otorgaba una medalla de 5.ª categoría y se le daban instrucciones: seguiría en su puesto con las mismas competencias durante el próximo quinquenio. (Excepción esta a su favor tan difícil de obtener como de revocar.)

Basilii se derrumbó. Nada podía hacer. Le quedaba sólo la dudosa venganza de que Rafael el Gitano siguiera ocupándose de todo. Pero hiciera lo que hiciera nadie osaría ya tocar un expediente sellado con la medalla de 5.ª categoría, a menos que cometiera un auténtico desfalco o que asesinara a alguien. De momento, tenía por delante todo un quinquenio de terrible impunidad.

Con el otoño vino la gripe. Se enojó la Dama por su prolongada ausencia, y cuando él, ya convaleciente, volvió a la ducha para informarla de lo sucedido, contrajo ella a su vez la enfermedad.

La dolencia de su amiga no hizo sino sumir a don Basi en pensamientos más negros que nunca, inculcándole una inquietud histérica. Hubiera acudido a su cabecera para cuidarla, volcándose y olvidando acaso sus propios males, pero los riesgos eran excesivos. Pese a todo se decidió, y ya bajaba las escaleras para buscar a la señora Lucrecia e interesarse por una huésped enferma cuando le detuvo un NO terminante: era un NO telepático, emitido desde el lecho de dolor. El sentir la cálida mixtura de su voz tan firme y tan dulce, confirmándole en sus más íntimas convicciones acerca de la hermosa desconocida, le produjo tal arrobo que cuando la señora Lucrecia lo encontró ahí quieto, en medio del patio, con la mirada perdida en el canto de los pájaros, no pudo menos de pensar que don Basi había envejecido mucho, y que tenían razón los del Ideal cuando comentaban que comía demasiado poco en los últimos tiempos.

En realidad aquella experiencia, primera y última que tuvieron fuera de la ducha, no era sino la floración consciente de lo que ya venía sucediendo a diario sin que lo supiesen del todo. A partir de ese momento las cosas tomaron otro rumbo. En cuanto ella pasó la gripe hicieron una serie de pruebas definitivas, con una clave muy simple: bastaba con cerrar dos veces el agua para decir *sí* y una para decir *no*. Fórmula que se hizo muy pronto innecesaria puesto que podían escucharse a la perfección mentalmente, pero que conservaron un poco con la misma función de contacto, de corroboración, que tienen los síes en las conversaciones telefónicas.

Las duchas matutinas se hacían cada vez más largas; los días, más cortos. Entre el aseo de la mañana y el mus vespertino el tiempo pasaba como un soplo, y don Basi, embebido en su amor, cavilando sueños, parecía alejarse progresivamente de la realidad.

La noticia de la muerte del tío Gregorii, a los pocos años de su llegada a Medina del Campo, y la de la boda de su primo Iván con su antigua novia, Nastassia, algo después, produjeron distintas reacciones en Basilii, pero con algo en común: ni la tristeza por la muerte de su tío era totalmente sincera ni la indignación por la traición consumada de Iván y Nastassia era del todo sentida. Eran sentimientos decolorados, idénticos en la apariencia a los sentimientos que hubiera tenido al otro lado del espejo, en un lugar interior al Universo, pero vacíos por dentro, tersos como un cristal. No, ni siquiera podían considerarse vacíos, pues carecían de cavidad, relieve o dimensión. Eran meros signos referenciales, y Basilii, que se consideraba a sí mismo otro tanto, empezaba a no experimentar tampoco angustia, a mirar las cosas con la debida frialdad.

Acaso fuera este tránsito sutil de la angustia a la indeferencia (excepción hecha de las emociones puntuales, con la compra de las ovejas, el inicio de la relación platónica, etc.) el único índice apreciable de que también por don Basi pasaba el tiempo, pues nadie, excepto la señora Lucrecia, tuvo nunca de él una visión decrépita. Atuendo, costumbres, ocupaciones, opiniones y amistades no variaron nada en los muchos años que pasó en el Hostal de los Dos Mundos. Y, como si el solo contacto con su persona tuviera la virtud de conservar cuanto le rodeara, tanto don Hermógenes como don Rafael, como Sebastián y Durango, la pareja rival en el mus, la señora Lucrecia y sus camareras permanecieron asimismo inalterables, personajes fantásticos en medio de la ciudad que se desintegraba y recomponía incesantemente, cayendo y levantándose en un vértigo estatuario.

Las relaciones con la Dama, como es natural, sufrieron vicisitudes, pero que no llegaron a pervertir la dulzura de su rutina. Los primeros tiempos abundaron en conflictos quisquillosos, caprichos y plantes, como cuando Basilio se empeñó en sorprenderla a la puerta de la iglesia, lo que originó una tensa lucha que finalmente se decantó por Dorotea. Pasados los primeros ímpetus, resuelto este contencioso, el curso del amor conocería luego fases casi levitantes, y hubo días en que ni siquiera se dirigieron la palabra, por así decirlo, y hasta se olvidaron el uno del otro.

Sólo en una ocasión pudo Basilio atisbar desde fuera

la felicidad en que andaba sumergido, cuando olvidó que les tocaba celebrar el aniversario de su primer encuentro, distracción que ella no perdonó así como así. Tales fechas (con los cumpleaños, el 1.º de mayo y el día de Navidad) las celebraban duchándose a un tiempo, en un difícil equilibrio de caudales. La molestia que ello suponía para el cuerpo redundaba en beneficio de las almas, que se estrechaban entonces más que nunca.

El castigo fue severo, quizás porque él no tuvo la humildad de reconocer su error con suficiente presteza, y vino la separación: durante casi un mes Basilii tuvo que ducharse completamente solo.

Y fue precisamente entonces cuando le llegó la noticia más esperada de su vida: podía regresar a Ucrania. Finalizado el último quinquenio con buenos resultados (don Rafael se había convertido con el tiempo en un negociante probo pero avispado) y con una medalla de 5.ª categoría en su haber, Basilii tenía derecho a un ascenso, y esto no lo podía impedir Nastassia ni su padre. En Medina del Campo no había escalafón que trepar, y por lo mismo se imponía el regreso. No obstante, alguien había conseguido que en atención a sus méritos se le concediera la oportunidad de renunciar al ascenso y permanecer en su puesto si así lo deseaba.

Basilii se enfrentaba por primera vez al ineludible imperativo de elegir. No recordaba libertad semejante en su vida. La alegría del retorno había sido como un latigazo inmediato que lo sacó fuera de sí. Con la notificación en el bolsillo, a grandes zancadas, había subido a lo más alto de la ciudad, y allí respiró hondo todos los efluvios que Castilla quiso brindarle. Amaba la vida, amaba la tierra, el corazón le reventaba dentro hasta dolerle. La realidad era suya de nuevo y Medina del Campo, ahora que empezaba a convertirse en un recuerdo, cobraba súbita verdad, tomando olores y dotándose de afectos.

Pero lo que hizo renunciar a Basilii a su meta más ansiada no fue la nueva y fugitiva visión de una Medina del Campo repentinamente provista de entrañas, con un Hermógenes insustituible, una Lucrecia honesta y recta como un huso y un Rafael con trazas de sublime: lo que llenó el corazón de don Basi con negras nubes primero y amargas lluvias después fue el sentimiento del deber. La Amada Desconocida, aun enemistada con él, lo necesitaba. Como en ningún momento llegó a pensar que tampoco él podría vivir sin ella, será preciso convenir en que Basilii tuvo que hacer gala de una generosidad heroica para tomar tal decisión.

¿Quién sino él podía encender la caldera todas las mañanas? ¿Qué sería de ella sin el diario consuelo de sus atenciones, sin la renovación constante de su respeto? Abandonar a una mujer tan largamente cortejada era más propio de sátrapas que de gentes honradas. Y decididamente, ¿no era ella, a fin de cuentas, su esposa legítima, por muy peculiar que fuera la modalidad de su matrimonio?

Volver a Ucrania era dejarla sola, abandonada al frío del Otro Mundo, injustamente condenada. Nunca hubo tantas interrogaciones y exclamaciones en el corazón de Basilio como el día que renunció a su ascenso. Claro que obtuvo su recompensa. A la mañana siguiente la Dama estaba al otro lado de la ducha: el castigo había sido levantado y reanudaban sin más dilación su agradable trato. Basilio, emocionado y desafiando toda prudencia, corrió entonces a la caldera y le echó carbón como para darse cinco baños. A partir de ese día quedó instituida la fiesta de la Reconciliación, que a diferencia de las otras se celebraba con doble ración de agua.

No hubo nada más reseñable en el curso de su vida. Pasaban los lustros, pero el tiempo parecía detenido, dominado por las artes de Basilii, tal como había soñado más de una vez de niño, cuando sufría el temor de la vejez y jugaba a retroceder, a no crecer, a desvincularse de los vientos cálidos que mecen la mies prometiéndole la hoz.

Tal vez reste señalar que Basilio nunca dudó de la

existencia de su mujer o que, si lo hizo, no fue con mayor profundidad que la de ese marido que, al mirar a su esposa, tiene por un momento una breve ráfaga de lucidez y comprende que esa persona, de tanto verla ahí todos los días, es en realidad una perfecta desconocida: basta con un gesto para desbaratar la ilusión.

Una mañana no hubo nadie al otro lado de la ducha ni al otro lado del pensamiento. Medina del Campo amanecía de nuevo hueca, cristal sin temperatura para la carne. Por la tarde, un féretro negro salió del Hostal de los Dos Mundos seguido por una escueta comitiva de mujeres, y siguió cuesta abajo, rumbo al cementerio.

En Ucrania, un viento gris desecaba las amapolas y ennegrecía las margaritas, soplando lento e inexorable como un alud de barro.

Al entierro de Dorotea Sánchez acudió muy poca gente. Al de don Basilii Afanasiev, alguna más: Hermógenes, Paquita, Durango, Rafael... Ninguno de ellos pasó el invierno. La señora Lucrecia se esfumó un buen día, la caldera alemana fue a parar a manos de un concejal avisado, y sobre los solares del Hostal de los Dos Mundos y de La Elegante se levantó un moderno centro comercial, gloria de la nueva ciudad y olvido de la pasada.

Muy lejos y muy ajeno a todo ello, embarcado en una pulcra carpeta gris, un expediente seguía su curso.

AGUSTÍN CEREZALES, *Perros verdes*, Lumen, Barcelona, 1989, págs. 11-28. Reeditado en *Huella leve*, Biblioteca de *El Sol*, Madrid, 1991, págs. 7-27.

LAURA FREIXAS

FINAL ABSURDO

Eran las ocho y media de la tarde, y el detective Lorenzo Fresnos estaba esperando una visita. Su secretaria acababa de marcharse; afuera había empezado a llover y Fresnos se aburría. Había dormido muy poco esa noche, y tenía la cabeza demasiado espesa para hacer nada de provecho durante la espera. Echó un vistazo a la biblioteca, legada por el anterior ocupante del despacho, y eligió un libro al azar. Se sentó en su sillón y empezó a leer, bostezando.

Le despertó un ruido seco: el libro había caído al suelo. Abrió los ojos con sobresalto y vio, sentada al otro lado de su escritorio, a una mujer de unos cuarenta años, de nariz afilada y mirada inquieta, con el pelo rojizo recogido en un moño. Al ver que se había despertado, ella le sonrió afablemente. Sus ojos, sin embargo, le escrutaban con ahínco.

Lorenzo Fresnos se sintió molesto. Le irritaba que la mujer hubiese entrado sin llamar, o que él no la hubiese oído, y que le hubiera estado espiando mientras dormía. Hubiera querido decir: «Encantado de conocerla, señora...» (era una primera visita) pero había olvidado el nombre que su secretaria le había apuntado en la agenda. Y ella ya había empezado a hablar.

—Cuánto me alegro de conocerle —estaba diciendo—. No sabe con qué impaciencia esperaba esta entrevista. ¿No me regateará el tiempo, verdad?

—Por supuesto, señora —replicó Fresnos, más bien seco. Algo, quizá la ansiedad que latía en su voz, o su tono demasiado íntimo, le había puesto en guardia—. Usted dirá.

La mujer bajó la cabeza y se puso a juguetear con el cierre de su bolso. Era un bolso antiguo y cursi. Toda ella parecía un poco antigua, pensó Fresnos: el bolso, el peinado, el broche de azabache... Era distinguida, pero de una distinción tan pasada de moda que resultaba casi ridícula.

—Es difícil empezar... Llevo tanto tiempo pensando en lo que quiero decirle... Verá, yo... Bueno, para qué le voy a contar: usted sabe...

Una dama de provincias, sentenció Fresnos; esposa de un médico rural o de un notario. Las conocía de sobras: eran desconfiadas, orgullosas, reacias a hablar de sí mismas. Suspiró para sus adentros: iba a necesitar paciencia.

La mujer alzó la cabeza, respiró profundamente y dijo:

—Lo que quiero es una nueva oportunidad.

Lorenzo Fresnos arqueó las cejas. Pero ella ya estaba descartando, con un gesto, cualquier hipotética objeción:

—¡No, no, ya sé lo que me va a decir! —se contestó a sí misma—. Que si eso es imposible; que si ya tuve mi oportunidad y la malgasté; que usted no tiene la culpa. Pero eso es suponer que uno es del todo consciente, que vive con conocimiento de causa. Y no es verdad; yo me engañaba. —Se recostó en el sillón y le miró, expectante.

—¿Podría ser un poco más concreta, por favor? —preguntó Fresnos, con voz profesional. «Típico asunto de divorcio», estaba pensando. «Ahora me contará lo inocente que era ella, lo malo que es el marido, etc., etc., hasta el descubrimiento de que él tiene otra.»

—Lo que quiero decir —replicó la mujer con fiereza— es que mi vida no tiene sentido. Ningún sentido, ¿me entiende? O, si lo tiene, yo no lo veo, y en tal caso le ruego que tenga la bondad de decirme cuál es. —Volvió a recostarse en el sillón y a manosear el bolso, mirando a Fresnos como una niña enfadada. Fresnos volvió a armarse de paciencia.

—Por favor, señora, no perdamos el tiempo. No estamos aquí para hablar del sentido de la vida. Si tiene la bondad de decirme, concretamente —recalcó la palabra—, para qué ha venido a verme...

La mujer hizo una mueca. Parecía que se iba a echar a llorar.

—Escuche... —se suavizó Fresnos. Pero ella no le escuchaba.

—¡Pues para eso le he venido a ver, precisamente! ¡No reniegue ahora de su responsabilidad! ¡Yo no digo que la culpa sea toda suya, pero usted, por lo menos, me tenía que haber avisado!

—¿Avisado? ¿De qué? —se desconcertó Fresnos.

—¡Avisado, advertido, puesto en guardia, qué sé yo! ¡Haberme dicho que usted se desentendía de mi suerte, que todo quedaba en mis manos! Yo estaba convencida de que usted velaba por mí, por darle un sentido a mi vida...

Aquella mujer estaba loca. Era la única explicación posible. No era la primera vez que tenía clientes desequilibrados. Eso sí, no parecía peligrosa; se la podría sacar de encima por las buenas. Se levantó con expresión solemne.

—Lo siento, señora, pero estoy muy ocupado y...

A la mujer se le puso una cara rarísima: la boca torcida, los labios temblorosos, los ojos mansos y aterrorizados.

—Por favor, no se vaya... no se vaya... no quería ofenderle —murmuró, ronca; y luego empezó a chillar—: ¡Es mi única oportunidad, la única! ¡Tengo derecho a que me escuche! ¡Si usted no...! —Y de pronto se echó a llorar.

Si algo no soportaba Fresnos era ver llorar a una mujer. Y el de ella era un llanto total, irreparable, de una desolación arrasadora. «Está loca», se repitió, para serenarse. Se volvió a sentar. Ella, al verlo, se calmó. Sacó un pañuelito de encaje para enjugarse los ojos y volvió a sonreír con una sonrisa forzada. «La de un náufrago intentando seducir a una tabla», pensó Fresnos. Él mismo se quedó sorprendido: le había salido una metáfora preciosa, a la vez original y ajustada. Y entonces tuvo una idea. Pues Fresnos, como mucha gente, aprovechaba sus ratos libres para escribir, y tenía secretas ambiciones literarias. Y lo que acababa de ocurrírsele era que esa absurda visita podía proporcionarle un magnífico tema para un cuento. Empezó a escucharla, ahora sí, con interés.

—Hubiera podido fugarme, ¿sabe? —decía ella—. Sí, le confieso que lo pensé. Usted... —se esforzaba visiblemente en intrigarle, en atraer su atención—, usted creía conocer todos mis pensamientos, ¿verdad?

Lorenzo Fresnos hizo un gesto vago, de los que pueden significar cualquier cosa. Estaría con ella un rato más, decidió, y cuando le pareciese que tenía suficiente material para un relato, daría por terminada la visita.

—¡Pues no! —exclamó la mujer, con tono infantilmente burlón—. Permítame que le diga que no es usted tan omnisciente como cree, y que aunque he sido un títere en sus manos, también tengo ideas propias. —Su mirada coqueta suavizaba apenas la agresividad latente en sus palabras. Pero Fresnos estaba demasiado abstraído pensando en su cuento para percibir esos matices.

—...cuando me paseo por el puerto, ¿recuerda? —continuaba ella—. En medio de aquel revuelo de gaviotas chillando, que parecen querer decirme algo, transmitirme un mensaje que yo no sé descifrar. —Se quedó pensativa, encogida. «Como un pajarito», pensó Fresnos, buscando símiles. «Un pajarito con las plumas mojadas»—. O quizá el mensaje era, precisamente, que no hay mensaje —murmuró ella.

Sacudió la cabeza, volvió a fijar los ojos en Fresnos y prosiguió:

—Quería empezar de nuevo, despertarme, abrir los ojos y gobernar el curso de mi vida. Porque aquel día, por primera y desgraciadamente única vez, intuí mi ceguera —«¿Ceguera?», se asombró Fresnos—. Esa ceguera espiritual que consiste en no querer saber que uno es libre, único dueño y único responsable de su destino, aunque no lo haya elegido; en dejarse llevar blandamente por los avatares de la vida. —«Ah, bueno», pensó Fresnos, algo decepcionado. Claro que en su cuento podía utilizar la ceguera como símbolo, no sabía bien de qué, pero ya lo encontraría.

—Por un momento —continuó la mujer—, jugué con la idea de embarcarme en cualquier barco y saltar a tierra en el primer puerto. ¡Un mundo por estrenar...! —exclamó, inmersa en sus fantasías—. A usted no le dice nada, claro, pero a mí... Donde todo hubiera sido asombro, novedad: con calles y caminos que no se sabe adónde llevan, y donde uno no conoce, ni alcanza siquiera a imaginar, lo que hay detrás de las montañas... Dígame una cosa —preguntó de pronto—: ¿el cielo es azul en todas partes?

—¿El cielo? Pues claro... —respondió Fresnos, pillado por sorpresa. Estaba buscando la mejor manera de escribir su rostro, su expresión. «Ingenuidad» y «amargura» le parecían sustantivos apropiados, pero no sabía cómo combinarlos.

—¿Y el mar?

—También es del mismo color en todas partes —sonrió él.

—¡Ah, es del mismo color! —repitió la mujer—. ¡Del mismo color, dice usted! Si usted lo dice, será verdad, claro... ¡Qué lástima!

Miró al detective y le sonrió, más relajada.

—Me alegro de que hagamos las paces. Me puse un poco nerviosa antes, ¿sabe? Y también me alegro —añadió, bajando la voz— de oírle decir lo del cielo y el mar.

Tenía miedo de que me dijera que no había tal cielo ni tal mar, que todo eran bambalinas y papel pintado.

Lorenzo Fresnos miró con disimulo su reloj. Eran las nueve y cuarto. La dejaría hablar hasta las nueve y media, y luego se iría a casa a cenar; estaba muy cansado.

La mujer se había interrumpido. Se hizo un silencio denso, cargado. Afuera continuaba lloviendo, y el cono de luz cálida que les acogía parecía flotar en medio de una penumbra universal. Fresnos notó que la mujer estaba tensa; seguramente había sorprendido su mirada al reloj.

—Bueno, pues a lo que iba... —continuó ella, vacilante—. Que conste que no le estoy reprochando que me hiciera desgraciada. Al contrario: tuve instantes muy felices, y sepa usted que se los agradezco.

—No hay de qué —replicó Fresnos, irónico.

—Pero era —prosiguió la mujer, como si no le hubiera oído— una felicidad proyectada hacia el porvenir, es decir, consistía precisamente en el augurio (creía yo) de una felicidad futura, mayor y, sobre todo, definitiva... No sé si me explico. No se trata de la felicidad, no es eso exactamente... Mire, ¿conoce usted esos dibujos que a primera vista no son más que una maraña de líneas entrecruzadas, y en los que hay que colorear ciertas zonas para que aparezca la forma que ocultan? Y entonces uno dice: «Ah, era eso: un barco, o un enanito, o una manzana»... Pues bien, cuando yo repaso mi vida, no veo nada en particular; sólo una maraña.

«Bonita metáfora», reconoció Fresnos. La usaría.

—Cuando llegó el punto final —exclamó ella, mirándole de reojo— le juro que no podía creérmelo. ¡Era un final tan absurdo! No me podía creer que aquellos sueños, aquellas esperanzas, aquellos momentos de exaltación, de intuición de algo grandioso..., creía yo..., terminaran en..., en agua de borrajas —suspiró—. Dígame —le apostrofó repentinamente—: ¿por qué terminó ahí? ¡Siempre he querido preguntárselo!

—¿Terminar qué? —se desconcertó Fresnos.

—¡Mi historia! —se impacientó la mujer, como si la obligaran a explicar algo obvio—. Nace una niña..., promete mucho..., tiene anhelos, ambiciones, es un poquitín extravagante..., lee mucho, quiere ser escritora..., incluso esboza una novela, que no termina —hablaba con pasión, gesticulando—, se enamora de un donjuán de opereta que la deja plantada..., piensa en suicidarse, no se suicida..., llegué a conseguir una pistola, como usted sabe muy bien, pero no la usé, claro..., eso al menos habría sido un final digno, una conclusión de algún tipo..., melodramático, pero redondo, acabado..., pero ¡qué va!, sigue dando tumbos por la vida..., hace un poquito de esto, un poquito de aquello..., hasta que un buen día, ¡fin! ¡Así, sin ton ni son! ¿Le parece justo? ¿Le parece correcto? ¡Yo...!

—Pero ¿de qué diablos me está hablando? —la interrumpió Fresnos. Si no le paraba los pies, pronto le insultaría, y eso ya sí que no estaba dispuesto a consentirlo.

La mujer se echó atrás y le fulminó con una mirada de sarcasmo. Fresnos observó fríamente que se le estaba deshaciendo el moño, y que tenía la cara enrojecida. Parecía una verdulera.

—¡Me lo esperaba! —gritó—. Soy una de tantas, ¿verdad? Me desgracia la vida, y luego ni se acuerda. Luisa, los desvelos de Luisa, ¿no le dice nada? ¡Irresponsable!

—Mire, señora —dijo Fresnos, harto—, tengo mucho que hacer, o sea, que hágame el favor...

—Y sin embargo, aunque lo haya olvidado —prosiguió ella, dramática, sin oírle—, usted me concibió. Aquí, en este mismo despacho: me lo imagino sentado en su sillón, con el codo en la mano, mordisqueando el lápiz, pensando: «Será una mujer. Tendrá el pelo rojizo, la nariz afilada, los ojos verdes; será ingenua, impaciente; vivirá en una ciudad de provincias...» ¿Y todo eso para qué? ¡Para qué, dígamelo! ¡Con qué finalidad, con qué objeto! ¡Pero ahora lo entiendo todo! —vociferó—.

¡Es usted uno de esos autores prolíficos y peseteros que
fabrican las novelas como churros y las olvidan en cuanto las han vendido! ¡Ni yo ni mis desvelos le importamos
un comino! ¡Sólo le importa el éxito, el dinero, su mísero pedacito de gloria! ¡Hipócrita! ¡Impostor! ¡Desalmado! ¡Negrero!

«Se toma por un personaje de ficción», pensó Fresnos, boquiabierto. Se quedó mirándola sin acertar a decir nada, mientras ella le cubría de insultos. ¡Aquello sí
que era una situación novelesca! En cuanto llegara a
casa escribiría el cuento de corrido. Sólo le faltaba encontrar el final.

La mujer había callado al darse cuenta de que él no la
escuchaba, y ahora le miraba de reojo, avergonzada y
temerosa, como si el silencio de él la hubiera dejado desnuda.

—Déme aunque sólo sean treinta páginas más —susurró—, o aunque sean sólo veinte, diez... Por favor, señor Godet...

—¿Señor Godet?... —repitió Fresnos.

Ahora era ella la que le miraba boquiabierta.

—¿Usted no es Jesús Godet?

Lorenzo Fresnos se echó a reír a carcajadas.

La mujer estaba aturdida.

—Créame que lamento este malentendido —dijo
Fresnos. Estaba a punto de darle las gracias por haberle
servido en bandeja un argumento para relato surrealis-
ta—. Me llamo Lorenzo Fresnos, soy detective, y no conozco a ningún Jesús Godet. Creo que podemos dar la
entrevista por terminada. —Iba a levantarse, pero ella
reaccionó rápidamente.

—Entonces, ¿usted de qué novela es? —preguntó con
avidez.

—Mire, señora, yo no soy ningún personaje de novela; soy una persona de carne y hueso.

—¿Qué diferencia hay? —preguntó ella; pero sin dejarle tiempo a contestar, continuó—: Oiga, se me ha
ocurrido una cosa. Ya me figuraba yo que no podía ser

tan fácil hablar con el señor Godet. Pues bien, ya que él no nos va a dar una nueva oportunidad, más vale que nos la tomemos nosotros: usted pasa a mi novela, y yo paso a la suya. ¿Qué le parece?

—Me parece muy bien —dijo tranquilamente Fresnos—. ¿Por qué no vamos a tomar una copa y lo discutimos con calma? —Sin esperar respuesta, se levantó y fue a coger su abrigo del perchero. Se dio cuenta de que no llevaba paraguas, y estaba lloviendo a mares. Decidió que cogería un taxi. Entonces la oyó gritar.

Estaba pálida como un cadáver mirando la biblioteca, que no había visto antes por estar a sus espaldas. La barbilla le temblaba cuando se volvió hacia él.

—¿Por qué me ha mentido? —gritó con furia—, ¿por qué? ¡Aquí está la prueba! —Señalaba, acusadora, los libros—. ¡Cubiertos de polvo, enmudecidos, inmovilizados a la fuerza! ¡Es aún peor de lo que me temía, los hay a cientos! Sus Obras Completas, ¿verdad? ¡Estará usted satisfecho! ¿Cuántos ha creado usted por diversión, para olvidarlos luego de esta manera? ¿Cuántos, señor Godet?

—¡Basta! —gritó Fresnos—. ¡Salga inmediatamente de aquí o llamo a la policía!

Avanzó hacia ella con gesto amenazador, pero tropezó con un libro tirado en el suelo junto a su sillón. Vio el título: «Los desvelos de Luisa». Creyó comprenderlo todo. Alzó la cabeza. En ese momento menguó la luz eléctrica; retumbó un trueno, y la claridad lívida e intemporal de un relámpago les inmovilizó. Fresnos vio los ojos de la mujer, fijos, desencajados, entre dos instantes de total oscuridad. Siguió un fragor de nubes embistiéndose; arreció la lluvia; la lámpara se había apagado del todo. Fresnos palpaba los muebles, como un ciego.

—¡Usted dice que el cielo es siempre azul en todas partes! —La voz provenía de una forma confusa y movediza en la penumbra—. ¡Sí! —gritaba por encima del estruendo—, ¡menos cuando se vuelve negro, vacío para siempre y en todas partes!

—¡Tú no eres más que un sueño! —vociferó Fresnos, debatiéndose angustiosamente—. ¡Soy yo quien te he leído y quien te está soñando! ¡Estoy soñando, estoy soñando! —chilló en un desesperado esfuerzo por despertar, por huir de aquella pesadilla.

—¿Ah, sí? —respondió ella burlona, y abrió el bolso.

Enloquecido, Fresnos se abalanzó hacia aquel bulto movedizo. Adivinó lo que ella tenía en sus manos, y antes de que le ensordeciera el disparo tuvo tiempo de pensar: «No puede ser, es un final absurdo…»

«Ni más ni menos que cualquier otro», le contestó bostezando Jesús Godet mientras ponía el punto final.

LAURA FREIXAS, *El asesino en la muñeca*, Anagrama, Barcelona, 1988, págs. 49-61.

JUAN MIÑANA

MACARRONES

Llevaban más de cinco horas comiendo. Más de cinco horas, pobre Souto, y mi amigo sudaba y se llevaba los platos vacíos, entraba en las cocinas por una puerta batiente y volvía al salón con más platos o con más fuentes de barro. Eran seis camareros para atender un banquete de bodas de más de cien personas, y en las cocinas trabajaban tres mujeres, cuatro hombres más y un niño de unos doce o trece años. Yo lo miraba todo desde un rincón, detrás de una pecera donde se movían unas langostas y se abrían unas conchas para respirar burbujas. Acababa de entrar en el restaurante y había elegido aquel lugar discreto entre unas mesas apartadas para esperar a que el gallego terminara su trabajo. Souto, entre las prisas, había encontrado un momento para servirme una copa de albariño —de ese vino que se estropea cuando sale de Galicia pero que a mí me supo a gloria pura—. Caminaba soplando, nervioso y pequeño como es él, y llevaba muy grasiento el poco cabello que le quedaba. Algunas veces, entre la gente descamisada, gritona, en medio de aquel agobio y aquel olor de comida, se levantaba un viejecito muy solemne, se ponía un gorro de fieltro negro, y soplaba su gaita con un ímpetu envidiable. La gente se besaba y cantaba. Se cogían del hombro y fumaban puros, sudaban y bebían, aplaudiendo la nueva entrada de los camareros —casi siempre con mi amigo Souto a la cabeza—, con más botellas y bandejas de comida.

Yo había llegado casi a los postres, afortunadamente, pero tuve la sensación de estar en mitad de un campo de batalla. De las cocinas salía un fragor de platos y de agua. Y voces que se apremiaban. Y algo que se rompía o se caía al suelo con un estruendo de mil demonios. La puerta batiente no dejaba de moverse en uno u otro sentido, y lo más prodigioso era que los camareros parecían tener los movimientos coordinados, de manera que adivinaban si la puerta iba a abrirse y esperaban un segundo con los platos en la mano para empujarla en sentido inverso, aprovechando el impulso. Por las ventanas redondas de la puerta se presentía el humo y el mal humor del mismísimo infierno. Los camareros llevaban chalecos rojos con la cruz de Santiago bordada y estaban todos sofocados como cangrejos hervidos. De la gaita del viejo salía un aire húmedo y verde como la nostalgia que recorría las fotografías murales de las paredes: un paisaje en blanco y negro con un hórreo en primer plano. Unas mujeres mariscando en una gran extensión de arena mojada. Un pastor con una yunta de bueyes. El viejo dejó por fin de soplar —la gaita siguió sonando un rato sola cuando la dejó en una silla, lamentándose aún—, pero no se sentó a comer en su lugar de honor junto a la novia. Le habían traído un puchero enorme y se dedicó a verter botellas de orujo, puñados de azúcar y corteza de limón. El aire empezaba a oler a café y Souto volvió a acercarse un momento a la pecera para hablar conmigo.

—Ya preparan las queimadas —dijo—. Vamos a apagar un rato las luces.

—Se está haciendo un poco tarde, Souto. ¿Les has dicho ya lo del Liceo?

—Como decirlo, lo he dicho, pero no me contestaron nada. Esto es una locura todo el día.

—En fin —le dije, mirándole fijamente—, aún me queda tu palabra.

Souto asintió y se fue al salón en el momento en que apagaron las luces. Sólo quedó encendida la luz turbia de la pecera y el fuego de los pucheros en los que ardía el orujo. El gaitero parecía un curandero preparando su brebaje. Yo ya estaba temiendo que al final sólo pudiera reclutar a Souto para la comparsa, cuando había imaginado poder llevarme al Liceo a todos los camareros del restaurante. Aquella mañana me había llamado a casa el jefe de escenario para pedir mi colaboración: la gripe había diezmado el ejército egipcio de la Aida, y contaba con todos nosotros, los electricistas y los tramoyas, para salir del apuro llevando a alguien al teatro para la función de aquella noche. Había encontrado a Souto por la calle y le había pedido por favor que me acompañara. Souto me había contestado que por hacerme un favor —yo ya lo sabía—, podía contar con él para cualquier cosa. Pero aquel domingo tenían una boda en el restaurante, y que las bodas gallegas se sabía cuándo empezaban pero nunca cuándo iban a acabar.

—Pero cuento contigo —insistí.

—Cuenta, cuenta —concedió—. Veré si alguno se apunta. ¿No habrá que hablar o aprenderse algo de memoria?

—Nada —le tranquilicé—. Hacer un poco de bulto en escena y a cobrar. De paso veréis todo aquello por dentro. Es impresionante.

Quedamos en que pasaría a buscarles por la tarde al restaurante, pero Souto no había podido convencer a nadie para alistarse en aquella guerra de teatro. Yo tampoco me había atrevido a entrar en las cocinas al ver todo aquel trajín. Me dije —se lo dije a las langostas de la pecera— que al menos me llevaría a Souto al Liceo para justificarme ante el jefe de escenario.

Cuando volvieron a encender las luces y el viejo sirvió las queimadas, me di cuenta de que Souto no salía de las cocinas. Otro de los camareros, uno muy joven con los cachetes colorados, me dijo que Souto ya se había cambiado de ropa para irse conmigo. Sólo que antes quería cenar porque estaba desmayado. Llevaba desde la mañana con un café con leche.

—¿No quiere venir nadie más con nosotros al Liceo? —le pregunté al camarero—. No hay que saber cantar ópera. Sólo hay que estar callado y aguantar una lanza.

—Ay —se rió el camarero—. Ya tuvimos hoy lo nuestro. Souto se habrá comprometido con usted por amistad, pero la verdad es que estamos todos para meternos en la cama y no salir en un mes.

Me encogí de hombros y me quedé mirando las burbujas, y a través del agua verde de la pecera, vi también la imagen submarina de aquella gente brindando y posando para las fotografías. Me levanté y me acerqué a la puerta batiente, entre unos niños que corrían y se perseguían por las mesas. Miré por el cristal de una de las ventanas y vi la cocina de aluminio llena de tartas, y al niño y a las mujeres de espaldas fregando platos. Souto estaba sentado, inclinado sobre un plato del que comía a grandes cucharadas. Muy deprisa. Bebía un sorbo de vino y seguía comiendo y suspirando con resignación. Parecía a punto de caerse dormido.

Cuando salimos del restaurante, Souto se llevó las manos al estómago y respiró el aire fresco de la calle. Había estado lloviendo y los extractores de los restaurantes exhalaban un olor de refritos. Decidimos ir al teatro dando un paseo, aunque ya era bastante tarde. Fuimos caminando y hablando de una cosa y otra hasta que empecé a darme cuenta de que Souto estaba preocupado por algo. Quise facilitarle las cosas antes de que me dijera que lo sentía en el alma, pero que se iba a casa a dormir.

—Te agradezco que te hayas dado tanta prisa cenando. La verdad es que deberíamos haber llegado al Liceo hace más de media hora.

Souto cerró los ojos y volvió a respirar como si le faltara el aire. Se detuvo un momento.

—¿Qué pasa, Souto? —le pregunté.

—Bueno, vamos a ver —dijo con las manos por delante—. Ahora llegamos al Liceo. Bien. Tú me acompañas a donde tenga que ir. Pero luego, yo, yo qué tengo que hacer. Es que no entendí bien eso de los egipcios...

—Tranquilo, hombre —dije para animarle, sonriendo—, se trata poco más o menos de lo que te he contado esta mañana. Mira, voy contigo al guardarropa, te vistes con lo que te den, a lo mejor hasta te maquillan un poco. Esperas allí fumándote un cigarro y cuando digan: «venga chavales», formáis en fila de dos y salís a hacer bulto a escena. Aguantas la lanza o lo que demonios lleves y otra vez a esperar. Luego vengo a buscarte, cobras y nos vamos. Siempre tendrás algo que contarle a los nietos.

—No, ya —me dijo, volviendo a caminar—. Como uno no tiene costumbre de estas cosas...

Souto sólo volvió a titubear un momento cuando llegamos frente a la fachada principal del teatro, iluminada con focos. Esta vez le tiré suavemente de la manga y lo llevé hasta el acceso lateral. Se quedó en un rincón mientras yo me asomaba un momento al despacho vacío del jefe de tramoya. Era muy tarde, pero no quise que Souto perdiera la ocasión de admirar tanta maravilla. Le llamé y subimos las escaleras hasta el corredor del último piso. Llegamos a uno de las accesos y nos asomamos al vacío de la platea, sobre el acantilado de palcos. Yo había comido varias veces en el restaurante donde trabajaba Souto —aquel lugar de las langostas y los paisajes grasientos en blanco y negro—. Pero Souto nunca había estado en el Liceo, mirando el terciopelo y la luz de cristal de las lámparas. No pude evitar un punto de vanidad cuando me asomé a su lado por la baranda.

—Aquí trabajo desde hace más de quince años —le dije, satisfecho, rodeándole los hombros con un brazo, y me pareció notar que estaba un poco más encogido de lo habitual. Era la primera vez que yo veía a Souto en trance, mucho más deslumbrado de lo que había previsto—. Alguien dijo que el Liceo es como un joyero —añadí—. Un joyero musical gigante. —Y el gallego asintió aferrado a los adornos de hierro forjado de una lámpara, con la mirada fija en el escudo dorado del telón que guardaba el secreto del escenario. La frente le brillaba por el sudor. Lo vi tan frágil que le di unas palmaditas en la espalda para quitarle importancia a todo aquello. Después le dije que nos diéramos prisa porque el jefe de escenario ya estaría echándome en falta.

Íbamos bajando las escaleras, camino de los sótanos, cuando Souto me retuvo y me preguntó quién era Aida, más que nada por conocer un poco de asunto de la función. Le empujé suavemente y seguimos bajando las escaleras. No quedaba demasiado tiempo, pero el gallego tenía derecho a saber en qué extraña historia estaba a punto de participar. Sin dejar de correr le hablé de Verdi, de El Cairo, del Canal de Suez, y casi sin tránsito le conté la desventura de un cierto general Radamés, cuyos amores reclamaba para sí la hija del faraón. Pero el general amaba a Aida, una cautiva etíope, y es acusado de traición y condenado a ser enterrado vivo. —A Souto volvía a faltarle el aire, corriendo a mi lado, parecía estar escuchando una noticia de sucesos que hubiera publicado el periódico aquel día.— Radamés acabará descubriendo que no está solo en la tumba sellada donde morirá: Aida se ha encerrado voluntariamente con él, para seguir su misma suerte y acaso alcanzar la felicidad en el otro mundo.

Souto tenía una idea del amor menos apasionada, creo, pero hizo el esfuerzo de entender la trama. Se le notaba por el modo en que repetía algunas palabras mías. Llegamos a los sótanos y yo me cambié de ropa en las taquillas. Luego le acompañé al guardarropa. Allí Souto se detuvo y me miró, porque una legión de antiguos soldados egipcios se estaba repartiendo un arsenal de escudos y lanzas. El jefe de escenario me hacía señas, y yo aún tuve un momento para Souto diciéndole que buscara a una de las sastras y que diera su nombre al ayudante para no quedarse sin paga. Había perdido los colores de la cara cuando pasó entre las bromas y la lanzas para dejarse disfrazar en el guardarropa. Algo inconcreto me advirtió de que no dejara solo al gallego demasiado tiempo. Y algo inconcreto también me aconsejaba que no me dejara ver demasiado tiempo con mi amigo.

No sé qué ocurrió durante los pocos minutos que tardé en negociar el trabajo de aquella representación con el equipo de electricistas. Se trataba de que me ayudaran entre todos para poder ocuparme de Souto, aunque fuese a cierta distancia. Digo que no sé lo que ocurrió cuando en realidad tengo la palabra justa: había ocurrido un milagro, porque regresé al guardarropa y ya no pude ver al gallego, sino a un convincente soldado egipcio, veterano sin duda, fumándose un cigarrillo con filtro contra la pared, entre la tropa de figurantes.

—Souto —le dije con algún disimulo—, ¿te has mirado al espejo?

Estaba sudando bajo un casco reluciente y sostenía una lanza. Habían oscurecido su piel con maquillaje. Iba vestido con una falda de lino y llevaba el torso desnudo cruzado por dos correas tachonadas. Pero lo más sorprendente es que había encontrado a otro gallego en mitad del desierto y ya habían empezado a hablar en un egipcio cantarín. Creo que en aquel momento pensé que todo acabaría bien después de todo, incluso me permití un poco de mala conciencia al ver la facha de Souto, ni más ni menos cómica que la de sus compañeros de armas. Me prometí —y ahora vuelvo a traicionar esta promesa— que no le contaría a nadie aquella noche de Souto en el Liceo, pero los acontecimientos se desbordaron de tal modo que siempre tengo esta historia a punto cuando alguien me pregunta si después de tantos años, de tanto tiempo trabajando como electricista en el Liceo, no sabré contar alguna anécdota de las muchas que habré vivido.

Porque esta misma anécdota la podría contar también el jefe de escenario, el director de orquesta o la mismísima Aida que cantó aquella noche, lo que ya es darle brillo a un pequeño incidente de comparsas. El telón de plomo acababa de izarse y hasta los corredores y las salas del escenario llegaba esa confusión musical, esa indisciplina, que se permiten los profesores cuando templan sus instrumentos. El circuito cerrado de televisión estaba conectado pero ya no se oían las órdenes por megafonía. El jefe de escenario dio unas palmadas y los comparsas apagaron los cigarrillos y se guardaron los relojes y las medallas, como si fueran visibles a tanta distancia. Parecía inevitable el pequeño discurso que comprometía a los modestos figurantes en el resultado final de la obra: «Os habrán dicho que venís de relleno, a hacer bulto, y nada más lejos de la realidad. La comparsa es pieza clave en un gran número de óperas. Da una magnificencia añadida al cuadro que se representa y subraya la desolación de los personajes principales. Ahora me forman de dos en dos y van dejando las bromas para los entreactos. Están a punto de entrar en escena.»

Souto había adquirido un aire vagamente marcial, incluso ya estaba sudando los soles y las fatigas de aquel Egipto remoto y extraño, que quizá —no sé si era aficionado o tenía tiempo para ir al cine— había recreado con el recuerdo de alguna superproducción bíblica. O será que recordaba una casi tan remota instrucción militar, un poco menos magnífica que la de aquella Aida en el Liceo. El caso es que iba marcando el paso, junto a su paisano, casi al final de las columnas, y cuando pasó a mi lado, entre los aplausos de las sastras y las maquilladoras, entre los maquinistas y los carpinteros, no supe apreciar las palideces de angustia —la dignidad del miedo que sobrellevaba— bajo el betún de su caracterización. Souto había escuchado atentamente aquel discurso del jefe de escenario, y probablemente la importancia de su papel ya le pesaba en los hombros. Iba arropado en la tropa y ni siquiera me miró de reojo. No sé cómo pero estaba viviendo su papel. Estaba en Egipto dispuesto para lo que hiciera falta, el torso al aire, consciente de su responsabilidad en aquella guerra de cartón piedra.

Busqué un buen lugar entre bambalinas después de comprobar que todo estaba en orden en los cuadros de luces. La voz de la diva llenaba el aire y la música formaba una gran burbuja de magia sobre el escenario. Se presentía el ensueño del público. El teatro vibraba después de la obertura.

Estuve mirando el desarrollo del primer acto bajo los palcos de proscenio, mirando a veces a los fondos del escenario, donde había acampado la comparsa. No faltaba demasiado tiempo para el primer telón cuando advertí algo, una pequeña agitación de lanzas. Apenas un ligero movimiento en la formación de figurantes. Salí de entre los lienzos y corrí hasta los contrafuertes de madera de un templo, para observar mejor lo que estaba sucediendo: el paisano de Souto sostenía dos lanzas y mi amigo tenía la cabeza agachada y las piernas muy abiertas, de modo que oscilaba ofreciendo el casco reluciente al público. Otros figurantes le miraban, porque parecía estar a punto de que le fallaran las rodillas. Crucé los dedos y esperé. ¿Alguien sabría alguna vez que yo lo había llevado al teatro? ¿Que aquel gallego era mi soldado?

Cuando levantó la cabeza, pude adivinar sus esfuerzos por sobreponerse al pánico de tantas luces y tantos ojos mirándole. Temí que se mareara por el calor o la emoción fortísima de verse allí, en aquel sueño egipcio, cuando hacía pocas horas aún estaba entrando y saliendo de una cocina con bandejas de marisco, al son de una gaita. Pensé en nuestra relación de muchos años, siempre en un punto en que la amistad ya no avanzaba ni retrocedía. Éramos vecinos y a veces habíamos jugado a las cartas en mi casa. Nos encontrábamos en el ascensor y hablábamos del trabajo o de los hijos. La verdad es que Souto siempre había sido muy lacónico, incluso cuando era muy joven. Podías darte por satisfecho si además de encogerse de hombros y suspirar, te regalaba con algún comentario. Prefería escucharte y estar de acuerdo con todo lo que decías.

Por suerte, ya pude reconocer los compases finales del primer acto, y respiré de alivio cuando la tropa se retiró por uno de los foros, en perfecta formación. Nadie, desde la platea o los palcos —deberían prohibir los prismáticos—, podría apreciar el paso de Souto arrastrando los pies, sin lanza y con el casco bajo el brazo. Cayó el telón y empezó la batalla campal de la tramoya, el vértigo de los lienzos subiendo y bajando, los decorados mudables, la voz del jefe de maquinistas dando prisas a todo el mundo.

Entre aquella confusión, pude ver a Souto atendido por varios soldados egipcios. Le estaban haciendo aire con las faldas de lino y los escudos. Miré a mi alrededor por si veía al jefe de escenario y me acerqué un momento a mi amigo, que no podía dejar de repetir:

—Ya pasó, ya pasó. Es este calor de los focos.

Un carpintero le ofreció al gallego una botella de agua. Bebió con avidez y luego se quedó mirándome. Me acerqué y le dije al oído:

—Si no te encuentras bien, déjalo, Souto. No es la primera vez que pasa algo así.

El gallego suspiró y negó con la cabeza. Me dijo que todo estaba bien. Sólo un poco de ahogo, porque estaba muy cansado y nunca tuvo costumbre de estas cosas. Aceptó un cigarrillo y por un momento volvió a ser mi vecino. No sé por qué le mentí diciéndole que debía volver a mi trabajo, y Souto, tan cumplidor, me dijo que claro, que fuera a mis cosas, que todo estaba bien y que ya había pasado el susto. Volvió a beber agua como si hubiera atravesado el desierto a pie. Su paisano le miraba cabeceando.

Se oyeron poco después los timbres de aviso, y decidí no perderme nada de lo que estaba seguro iba a suceder. No me alegra confesarlo ahora. Encontré el lugar más idóneo entre los nuevos decorados, aún más cerca de la comparsa, y sonaron los primeros compases de la obertura del segundo acto. Mi devoción por Verdi quedaría muy resentida aquella noche, porque centré mi interés en el grupo de lanzas, en el maquillaje oscuro de Souto resbalando por su cara hasta acumularse en el cuello y los hombros, como la roña de sus muchos esfuerzos en aquella guerra. Ahora estaba más pálido que un muerto. Ni siquiera tenía color en los labios.

Pude ver cómo volvía su angustia y cómo volvía a darle la lanza al vecino, desarmado definitivamente por el calor y el mareo de tener que aguantar aquella situación. A veces se erguía más allá de sus posibilidades y miraba a su paisano, con la boca abierta. Aunque todo acabara bien —parecía jurar— nunca más volvería a verse en un trance semejante. Estaba agotado. Había cenado mucho y muy deprisa en el restaurante —según todos pudimos comprobar poco después—. Y aquélla era una casa de locos, con todo el lujo y todo el arte que se quiera, pero casa de locos al fin.

Iban pasando los minutos lentamente, y Souto mostraba su casco o su cara desencajada. Parecía seguir el compás de la música con el cuerpo. Como si el cuello no pudiera sostenerle la cabeza. De pronto, mientras yo me mordía los labios, emitió un sonido gutural, se dobló en una arcada, y empezaron a salir macarrones enteros por su boca. No quiero ser demasiado detallista, pero la descripción merece la pena: la primera fila de comparsas no tuvo más remedio que abrir un hueco de repugnancia para que Souto se despachase a gusto. Y mirad, nunca he visto tantos macarrones saliendo por la boca de un hombre. Cuando digo macarrones, quiero decir macarrones y más macarrones, cientos de ellos, como en un truco de ilusionismo. Un rancho entero de color rojizo, gelatinoso, que el gallego expulsaba sin poder parar después de cada nueva náusea, hasta formar un charco inverosímil a sus pies.

La diva acababa de iniciar las primeras notas de un aria cuando en su huida hacia los fondos del decorado se encontró con aquel asco de escena. La tropa egipcia abierta, Souto de rodillas contemplando su obra, añadiendo —valga la expresión— alguna pincelada suelta.

Parecía rendido a la evidencia de que acababa de perder la batalla por conservar la dignidad.

A la vista de aquel cuadro inesperado, de aquel revoltijo sin digerir, le temblaron el escote y la voz a la diva. Qué contagiosas pueden ser las arcadas de náusea. Enmudeció un momento y el director de orquesta, muy atento, retomó el aria en el mismo punto con la esperanza de poder continuar. Ella recorrió el escenario evitando mirar a la clase de tropa, que ya se replegaba llevándose al gallego en volandas, y necesitó de todos sus recursos, que eran muchos, para disimular aquel lapsus con una apostura de voz renovada, ahogando en su misma belleza la intrusión de aquel pobre hombre descompuesto.

No fue la mejor Aida que yo había presenciado, desde luego. Estaba amparado por la oscuridad y decidí que lo mejor sería volver con los electricistas, antes de que alguien pudiera verme por allí. Aún hoy, tanto tiempo después, cuando como macarrones —y tardé mucho en volver a probarlos, como supongo harían Souto, la diva y más de un soldado egipcio—, me acuerdo de aquella noche y de los gritos agudos que se oían en los camerinos. La representación pudo acabarse de todos modos, y luego supe que el paisano de Souto le había acompañado a casa en un taxi, y que su mujer, aunque nunca me comentó nada, no acabó de creerse la historia de aquella extraña salida nocturna.

Tuve que negar tres veces, como san Pedro con Jesús, mi relación con aquel gallego que alguien había traído a la comparsa. Un verdadero misterio. La primera vez que volví a encontrarme con Souto, ya restablecido, dudé un momento antes de decidir que era mejor no recordarle nada que tuviera que ver con macarrones o con la ópera. Su laconismo me ayudó a que las cosas siguieran como siempre entre nosotros. Estábamos en el bar, cerca de la puerta, y le dije que ya se acercaba el buen tiempo. Souto exhalaba el humo sin expresión y protegía su taza de café con una mano.

—Pues sí, hombre —me dijo. Y por el tono de voz comprendí que me hacía responsable de lo que había sucedido—. No nos daremos cuenta y ya tendremos aquí el verano.

Juan Miñana, *Última sopa de rabo de la tertulia España*, Edhasa, Barcelona, 1992, págs. 29-42.

IGNACIO MARTÍNEZ DE PISÓN

INTEMPERIE DE LOS FOSFENOS

Son agradables estas noches de invierno, el cálido contacto de Marta bajo las mantas y el frío ahí fuera, a sólo unos centímetros, tan próxima e inofensiva su intemperie. Y aunque al principio nos preguntemos si hemos cerrado el gas o pronunciemos inútiles frases centenarias, un día más un día menos, es en realidad como si no dijéramos nada, como si abrigáramos con sonidos esta quietud nuestra y restáramos gravedad al roce de nuestros miembros y temores. Dilatar simplemente la espera, compartir de antemano el regocijo inminente, preparar la acogida de las primeras visitas hasta que llegue el momento y una mano se aventure, palpen los dedos el interruptor, cuatro ojos se abran de golpe al centro exacto de la luz y admitan por unos segundos la voracidad de su llama, cedan sin pausa al embeleso y a la callada sonrisa de decir ya está, y de apagar otra vez y recuperar la mano para el calor.

Bonita pareja de tontos, así de juntos Marta y yo, tapados los dos, los ojos cerrados con fuerza, y diciendo he atrapado tres, o qué fino es éste y qué tierno, o hay uno que debe de ser macho porque coletea como un espermatozoide, o ahí te mando un par de gemelos, ¿los tienes ya?...

Marta sabe que son fosfenos, mera ilusión óptica,

pero les llama bichitos, y le gusta pensar que si navegan por los mares del párpado es porque tienen hambre y buscan alimento en sus rincones. ¡A la derecha!, les anima a veces entre risas, ¡a la derecha creo que encontraréis pececillos! Yo en cambio no suelo moverlos, prefiero dejarlos a su antojo, asistir nada más a su tenue deriva sin escollos, seguir el curso amable de su estela, y sólo cuando ella insiste accedo a enviarle alguno, con un súbito y preciso impulso hacia la frontera oriental del ojo.

Las primeras noches ignorábamos aún que fuera posible este intercambio recíproco, y por eso en aquella ocasión en la que a Marta se le escapó el más luminoso y yo lo vi entrar, cachazudo y confiado, por mi margen derecho, reímos ambos alborozados, comprendiendo que hay un solo océano para los fosfenos. Tardamos apenas una hora en aprender el giro suficiente, el leve empuje necesario que les hace saltar en el sitio e instante oportunos, traspasar la linde imaginaria del dominio, y ello nos proporcionó un motivo de entretenimiento al que volvemos noche tras noche.

No siempre son tan dóciles como hoy, ni tan puntuales. Ha habido veces que les hemos tenido que esperar en vano durante varios minutos y se ha hecho preciso volver a sacar la mano de entre las sábanas, encender de nuevo la bombilla y mirarla con una energía que acaba doliéndonos en la retina. Si sale alguno, por pequeño que sea, suspiramos aliviados: sabemos que muy pronto llegarán los demás, de uno en uno y despacio, soñolientos, como si no acabaran de entender la perentoriedad de nuestra cita cotidiana o como si reivindicaran con esa demora su derecho a la pereza.

Hoy mismo, por ejemplo, tiene Marta un fosfeno que busca con disimulo el camino de vuelta al sueño, y que aprovechará la menor distracción para retirarse sigilosamente. Pero Marta lo ha visto y no lo va a permitir, por eso enciende otra vez la luz, y los dos la miramos embobados, conscientes de que ninguno podrá ya dormirse o escapar y de que consentirán en jugar con nosotros hasta que el cansancio nos derrote.

Qué maravilla de bichitos, dice ella, y yo sonrío: son como niños traviesos, podemos quererlos como a nuestros hijos. Comprendo mientras lo digo que tendría que haberme callado, torpe de mí, aunque quizá no haya llegado a oírlo o no le conceda importancia alguna, una tontería al fin y al cabo. Ausculto por un instante su silencio, compruebo sus tejidos en busca del menor indicio de aspereza, pero es en vano, felizmente, y Marta no tarda en anunciarme su próximo envío, un delicioso bichito cuya irrupción me produce un sincero alborozo: cómo salta de una esquina a otra, con qué frescura empuja a los más grandes o los arrastra y culebrea luego ante ellos, insolente y burlón, con la gracia amable de los niños acróbatas.

Hubiera querido ponerle un nombre, distinguirle con el atributo germinal de unas sílabas y un azar, y, sin embargo, sé que no debo hacerlo: cómo llamarle Alberto después de aquello, o cómo llamarle Carlos, o Arturo, o Jesús, si en todos los casos sería como estar diciendo Alberto, Alberto, y a la vez como estar mintiendo, o despojándola de aquellos nueve meses que fueron suyos y de aquella aciaga madrugada en maternidad, antes aún de que todos los niños vivos se llamaran Alberto.

Marta mueve los pies bajo las mantas, y yo pienso: no te vuelvas ahora, sobre todo no me des hoy la espalda, hoy que las cosas empiezan tan bien… Y digo en voz alta: mándame otro, le hago sitio, mándame el que más se mueva o el que quieras, no importa si es grande o pequeño, tranquilo o nervioso. Ella protesta, pero en broma, como siempre que le pido un fosfeno, y después accede y me pasa uno con la cola larga que pronto empieza a enrollarse sobre sí mismo como las serpientes. Ten cuidado, me dice, ése es difícil de domesticar, y yo me río porque todo es un juego, y relato en un susurro su rápido curso por mi párpado:

qué buscas ahí, desharrapado, malévolo, qué pretendes con ese zigzag.

¡Malandrín!, esclama Marta; ¡bellaco!, exclamo yo, y de golpe nos encontramos los dos compartiendo una risa cómplice y gratificante. Con una alegría impropia en mi caso, porque no es fácil contener a este fosfeno, especialmente después de haberle dicho quietecito, a descansar, que mañana hay que madrugar. Ha sido justo entonces cuando se ha encabritado, como recriminándome con sus brincos mi flexible horario de desempleado, y los desolados amaneceres de enero, y las baldosas frías bajo los pies, y el hastío de cada minuto en la oficina, y todos los finales de mes desde mi despido, y estos 94 escalones por los que Marta arrastra cada tarde su cuerpo entumecido y sus ocho horas de formularios y papel de calco.

Porque esta vez sí que me ha oído, y aunque con voz melosa me pregunta ¿qué tal, cariño?, sé que no es normal que este fosfeno intente salir por donde no debe, que busque la salida hacia dentro, que se arroje con tal fuerza contra mis ojos y restalle su cola en mis pupilas como un látigo. Cuánto me va a costar echarle y mantener al mismo tiempo esta alegría aparente: qué simpático es, qué volteretas da, digo confiando en que todo quede en una ligera irritación momentánea y en que no acabemos como otras noches, sus fosfenos detestándome en mi insomnio sin perdón, mi cabeza dolorida estallando en silencio contra sus despiadados cuerpecitos.

Dejo pasar unos minutos antes de preguntar, diligente: ¿los expulsamos ya y nos dormimos?, y ella, con ternura, me declare otra guerra sin cuartel: ¿por qué expulsarlos?, ¿acaso tienes que madrugar mañana? Enciende un instante la luz, veo su sonrisa fugaz y de nuevo la oscuridad; los fosfenos resurgiendo con más brío en su intemperie, o conspirando contra mí, o simplemente odiando. De nada sirve el truco que ensayo sin convicción, ¿te los devuelvo ya?, porque ella prosigue con la

·sa y los melindres, y dice que me envía, cariño, el más
nito de todos, que yo acojo con un suspiro de gratitud
entras le veo entrar colérico, embestirme con toda la
·rza del rencor acumulado, chocar contra mis paredes
·s íntimas y vulnerables con la espantosa precisión de
ciencia del dolor.

Es inútil, lo sé, pero renuncio a transgredir las reglas:
trata de un juego, un juego nada más, mero entreteni-
ento incluso cuando ella pregunta qué nombre po-
íamos ponerle y reaparece Alberto en el horizonte de
· fosfenos, otra vez ante nosotros el horror de la muer-
en la piel inédita, su cordón umbilical ahorcándonos
a noche más, y la blanca sonrisa inepta de las enfer-
·ras, y el sabor de las lágrimas en los labios, y este
do vacío sin final.

Ojalá todo hubiera sido de otra forma y pudiera ahora
nsar que Marta no ha abierto un instante los ojos, y
·e no me ha buscado su resentimiento en la oscuridad.
·ro sí que los ha abierto, apenas un segundo, lo justo
·ra que no escapen sus fosfenos y pueda seguir ins-
·yéndolos en la pugna, la desolación, la amargura, aun
·precio de estos minutos de sueño que el cansancio le
·clamará mañana en la oficina.

El recién llegado está muy bien aleccionado, este fos-
·no que insiste en perforarme las pupilas. Yo digo tier-
· bichito, sin embargo, y utilizo palabras que son de
·arta y no mías, admitiendo así simbólicamente mi de-
·ta. Da lo mismo, en realidad: hemos alcanzado tal
·ado de refinamiento en esta guerra que la rendición y
· entrega no existen siquiera como convención, y todo
·ocede según unas pautas nunca enunciadas, pero
·eptadas desde siempre, o al menos desde que ella em-
·zó a saber que yo sabía que el bichito tierno era un
·sfeno feroz, y yo supe que ella sabía, etcétera.

Siete años de penumbra y convivencia son suficientes
·ra otorgarle este restringido derecho a la atrocidad:
·ta hora de odio cada seis o siete noches, esta ceremo-
·a sin consuelo en la que ambos participamos, oportu-

na, exacta, controlada. Un rito desafecto que conclu
cuando ella diga buenas noches, cariño, y me bese en
mejilla, y cuando yo responda buenas noches, cariño
advierta con alivio cómo los fosfenos inician una reti
da prudente o vacilante antes de ovillarse y desaparec
inofensivos y amables otra vez.

Sólo hasta entonces debo resistir: el ritmo de mi res
ración se mantendrá regular, como sometido al invar
ble gobierno del deleite, y mis esporádicos murmul
seguirán delatando la ficción de un gozo incontenib
Así transcurrirá esta breve espera, y Marta me pide e
tre tanto alguno de mis fosfenos: envíame un bichi
dice, articulando con suavidad porque sabe innecesa
el menor apremio, ahora que todos los fosfenos se h
desbocado y hostilizándome me muestran su calidad
sumisa.

Que te lo has creído, son todos para mí, estoy con
guiendo que me dediquen la danza del calidoscop
Bromeo porque no puedo hacer otra cosa que brome
y remedo el mismo tono suave de su voz cuando d
cribo una imposible coreografía de bailarines dóciles
ordenados poliedros y evoluciones simétricas.

Pero cómo hacer para espantarlos, cómo expulsar
por las fronteras apropiadas hacia otros mares o párp
dos, cómo esquivar este acoso cruel, unánime, to
Marta o sus fosfenos estrellándose contra mis sueñe
tratando de horadar o de quebrar el débil cristal que
protege. Una guerra que no conoce tregua: afilados
chillos de luz para mis células, y la grieta en cualqu
momento, la grieta definitiva del abandono y la c
mencia.

Entrar, invadirme, es su objetivo último, y poco te
dría de alarmante si no fuera porque no caben ya fin
mientos ni apócrifas dulzuras, y porque Marta me
dicho buenas noches, cariño, y me ha besado. Pero el
siguen ahí, desdeñosos y altivos, embistiéndome au
agrediendo con más fuerza incluso que antes. Resist
cuanto pueda, resistiré hasta que el cansancio me ver

almente, aunque no ignoro que también ellos me ven-
án entonces y que derribarán mis frágiles murallas,
zarán la frontera interior para habitarme, para se-
odiándome por Marta en todos los instantes de mi
ño.

ACIO Martínez de Pisón, *El País,* 8 de agosto de 1986.

COLECCIÓN AUSTRAL
CONTEMPORÁNEOS

Títulos publicados

Autores de próxima aparición

Juan BENET
Andrés BERLANGA
Isaiah BERLIN
Miguel DELIBES
Edward Morgan FORSTER
Antonio GALA
Carlos GURMÉNDEZ
Václav HAVEL
Javier MARÍAS
Terenci MOIX
Manuel MÚJICA LAÍNEZ
Antonio MUÑOZ MOLINA
Augusto ROA BASTOS
Gonzalo TORRENTE BALLESTER
Juan Antonio VALLEJO NÁJERA
Evelyn WAUGH